金融营销应用型专业人才培养用书

金融营销策划

郭小婷 编著

中国财富出版社

图书在版编目（CIP）数据

金融营销策划/郭小婷编著．—北京：中国财富出版社，2020.7

金融营销应用型专业人才培养用书

ISBN 978-7-5047-6973-2

Ⅰ.①金…　Ⅱ.①郭…　Ⅲ.①金融市场—营销策划—高等学校—教材　Ⅳ.①F830.9

中国版本图书馆CIP数据核字（2019）第135709号

策划编辑 郑欣怡　　**责任编辑** 邢有涛　张宁静

责任印制 梁　凡　　**责任校对** 杨小静　　**责任发行** 敬　东

出版发行 中国财富出版社

社　　址 北京市丰台区南四环西路188号5区20楼　　**邮政编码** 100070

电　　话 010-52227588转2098（发行部）　010-52227588转321（总编室）

010-52227588转100（读者服务部）　010-52227588转305（质检部）

网　　址 http://www.cfpress.com.cn

经　　销 新华书店

印　　刷 北京九州迅驰传媒文化有限公司

书　　号 ISBN 978-7-5047-6973-2/F·3176

开　　本 787mm×1092mm　1/16　　**版　　次** 2020年7月第1版

印　　张 15　　**印　　次** 2020年7月第1次印刷

字　　数 329千字　　**定　　价** 58.00元

前　言

本书是一本突出“应用”特色的实务教材。教材的编写以市场营销基本理论为框架、以满足金融消费需求为原则、以金融营销策划的实际操作方法为核心，为读者提供了开展金融营销策划的理论框架和实践参考。该教材强调实务操作能力的培养。编写中选取了不同类型金融机构的实务案例，目的是让学员熟悉各类金融机构的营销策划实务，能够既系统学习相关理论，又学习经验和方法。与此同时，本教材与金融营销同类型教材相比，比较明确地强调了消费者保护的重要性和必要性，在内容上引入了策划人员需要了解的法律法规作为营销策划人员必读内容，这也是本书的特色之一。

本书的策划仅限金融机构零售产品的营销活动（B2C），也就是面向个人的金融产品和金融服务的营销活动，不包括向机构销售（B2B）的金融产品和金融服务的营销策划，但是可以作为其营销策划的参考。

本书的逻辑主线构筑以营销原理为基础，将金融营销分为卖方、买方和产品（服务）三大部分：①金融产品（服务）的卖方与买方，即金融机构与消费者；②金融产品（服务）与金融需求；③金融营销策划。具体如下图所示。

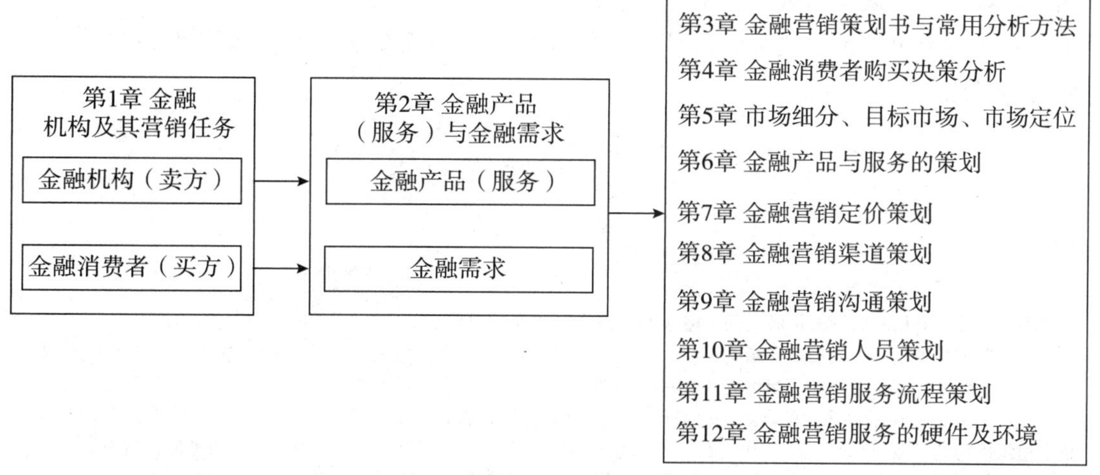

本书的逻辑主线图

全书的主线由市场营销理论的“市场细分、目标市场选择、市场定位”理论（STP 理论），以及服务营销“产品、渠道、价格、沟通、人员、流程、有形展示”理论（7Ps）组成。本书探讨金融机构[①]作为营销者，在金融法规允许的框架内，通过采用现代营销理念和手段向个人金融消费者[②]营销金融产品和金融服务。本书不涉及面向机构金融客户的金融营销活动策划。

在明确界定了营销对象、营销主体后，本书按照“分析个人消费者的金融需求、市场细分、选择目标市场、确定市场定位、设计营销组合（7Ps）[③]、策划的实施与管理”这样的逻辑顺序，对金融营销活动的策划进行说明讲解，并尽量对成熟的营销理论和方法进行简要介绍。

全书一共包括 12 章。第 1 章介绍金融机构及其营销任务；第 2 章介绍金融产品（服务）与金融需求；第 3 章介绍金融营销策划书与常用分析方法；第 4 章的主要内容是金融消费者购买决策分析；第 5 章内容为市场细分、目标市场、市场定位；第 6 章探讨金融产品与服务的策划；第 7 章的主要内容是金融营销定价策划；第 8 章的主要内容是金融营销渠道策划；第 9 章的主要内容是金融营销沟通策划；第 10 章的主要内容是金融营销人员策划；第 11 章讲解了金融营销服务流程策划；第 12 章的主要内容是金融营销服务的硬件及环境。

每章由三个部分组成。第一部分是基本理论。第二部分是代表性案例及背景介绍分析。案例一般选用金融营销实践范例，作为对理论的说明，让读者能够了解实务操作。第三部分是金融营销中各项活动的实务、章末练习以及实训项目。如果没有展开说明的必要，则该章就无第二或（和）第三部分。金融营销中各项活动的实务以及实训项目的内容针对使用本书的教师和学生设计，是学生开展金融策划练习的情景题目，这一部分是课堂学习的有益补充和重要组成，也是本书“应用”特色的体现和落实。

本书编写过程中选用了实务案例或资料进行讲解，其中未能注明引用出处的，请相关作者与本人或者出版社联系。

本书难免出现不足之处，恳请读者批评指正，也希望金融从业人员不吝赐教，在此表示感谢。

作　者

2019 年 6 月

---

① 获得国家相关监管机构颁发的金融业务经营许可执照的机构。

② 市场营销里，个人消费者指购买用以满足最终消费的消费者；而企业消费者指购买产品和服务用以投入再生产的消费者。区别在于购买目的是用以最终消费还是用作中间投入品。本书中，个人金融消费者指以满足个人（包括其家庭）生活中出现的金融需求而购买相应金融产品和服务的消费者。而机构金融消费者是指所有为满足在组织机构的运营、运转、经营和发展中产生出来的金融需求，从而购买相应金融产品和服务的消费者。

③ 由于金融具有明显的服务特质（有别于有形实物产品特质），具体区别可参考市场营销学或者营销管理课程的大学教材对于产品和服务的界定，本书采用 7Ps 组合，而非 4Ps 组合。

目　录

1　金融机构及其营销任务

在进行营销策划之前，首先要明确四个问题：谁在销售金融产品和金融服务；谁在监管金融市场；谁在购买金融产品和服务；金融机构的营销任务是什么。对以上四个问题的掌握，是设计策划方案的基础和前期准备工作，也是本章的重点。

在对以上四个问题进行探讨之前，我们先对本书所采用的基本概念进行界定。由于金融本身是一个复杂的系统，涉及多个学科的知识和概念体系，因此，本书对一些基本概念进行了界定和说明。

首先，本书中的金融消费者是指为了满足生活和发展（学习置业、养老、消费等）中存在的金融需求而购买金融产品（服务）的个人（家庭）金融消费者。市场营销理论按照购买的目的将消费者分为个人消费者和企业消费者。个人消费者是指为了满足最终消费而购买的购买者，购买的目的是满足个人生活和发展需要；而企业消费者是为了满足再生产而购买的消费者，购买的目的是作为投入品进行再生产。按照这个分类标准，并考虑到金融市场的复杂性和金融营销工作的实际需要，本书仅对面向个人消费者进行的金融产品（服务）营销活动进行探讨。

其次，本书探讨的金融营销是指金融机构为了满足个人（家庭）因生活和发展（学习、置业、养老、消费等）而产生的金融需求，向其提供金融产品和金融服务的营销行为，不包括为了满足组织（企业、单位法人、政府等机构）因运营发展而产生的金融需求，向其提供金融产品和金融服务的营销行为。

再次，基于以上界定，本书中所提到的所有金融机构均指为个人（家庭）金融需求和金融消费提供产品和服务，并且获得金融监管机构颁发的相关金融业务经营许可证书，接受金融监管部门监督管理的金融机构；不包括仅得到地方政府许可而成立的金融业务经营单位。其他类型的金融业务经营单位可以借鉴金融机构的营销管理。

最后，由于本书的主旨是讲解金融营销策划的实务操作，因此，本书提到的金融市场仅仅指个人金融消费者、金融机构以及为个人金融消费者提供的金融产品（服务）这三个要素构成的这部分市场，是金融学中提到的金融市场的一部分。

总体而言，本书中所提到的金融机构、金融产品和服务、金融消费、金融消费者、金融市场等，均指围绕个人（家庭）金融消费的这部分业务范围，目的和重点是讲解金融产品和服务的营销策划基本原理和步骤，也可作为对机构市场的金融产品与服务的营销策划的参考。

1.1 金融产品（服务）的销售者

开展金融营销策划首先应了解金融营销活动的发起主体。在一个垄断的市场中，因为缺乏竞争，营销的动机总是消极的。而在目前的金融市场里，开展金融营销的迫切性显而易见。由于同一类金融产品和服务有多家不同类机构在向市场提供，同类金融机构的数量又在快速增加，因此激烈的竞争就在所难免。

那么，我们从营销的角度梳理一下市场上的金融产品（服务）销售机构。

我国的金融机构主要有银行、信托公司、财务公司、金融租赁公司、汽车金融公司、货币金融公司、消费金融公司、保险公司、期货公司、证券公司、基金公司。其中，财务公司、金融租赁公司、货币金融公司的服务对象是企业、机构、组织，因此，这三类金融机构本书不做展开说明。

还有一些公司的部分业务涉及金融，如支付公司，取得了金融业务经营许可证。这类获得了金融业务经营权的非金融类机构也在本书的探讨范围之内。

以上这些金融机构提供了绝大部分的金融产品（服务）。下面，我们对以上这些机构分别进行说明。

1.1.1 银行

银行是最被消费者熟悉的金融机构之一，也是现代经济中为金融消费者提供金融产品和服务的主要机构。根据其所有者组成结构，我国的银行可以分为政策性银行、国有商业银行、股份制商业银行、邮政储蓄银行、城市商业银行、农商行、农合行、农信社、三类新型农村金融机构、外资银行。

下面对这些不同类型的银行及代表性机构进行说明，目的是让读者明白这些银行在为消费者提供产品和服务上的共性和差别，从而明白不同类型银行的营销任务、营销对象、营销范围。

1.1.1.1 政策性银行

我国的政策性银行有三家：国家开发银行、中国进出口银行、中国农业发展银行。政策性银行是国家设立的非营利金融机构，主要承担政府特定经济政策实施中的金融工作，是国家经济政策实施具体承办机构，本质上是政府部门，我国的三家政策性银行均属国务院领导。

1.1.1.2 国有商业银行

我国的国有商业银行目前有中国工商银行、中国农业银行、中国银行、中国建设银行、交通银行五家。这五家银行也称国有控股大型商业银行，是指由国家（财政部、中央汇金公司）直接控股的商业银行。国有商业银行有政府信用作为保障，经营稳健，资金雄厚，是众多金融消费者购买金融产品和服务的首选。

1.1.1.3 股份制商业银行

相比于大型的国有商业银行，股份制商业银行的规模较小，是市场经济中产生的新体制银行，经营视野开阔，注重现代营销。目前我国一共有中信银行、中国光大银行、华夏银行、中国民生银行、招商银行、兴业银行、广发银行、平安银行、上海浦东发展银行、恒丰银行、浙商银行、渤海银行这十二家。

股份制商业银行是由多家企业共同出资注册并获得国家金融监管部门批准成立的银行。最早成立的招商银行是由企业法人出资控股的股份制商业银行，于 1987 年成立于深圳。

股份制商业银行受体制影响较小，经营思路国际化，管理更加尊重现代管理规律，重视营销，注重市场的需求，因此在近 30 年的发展中，获得了较高的市场品牌认知度和信誉度，并且在全国范围均有经营活动。

1.1.1.4 城市商业银行

我国有 132 家城市商业银行①。城市商业银行的前身是城市信用合作社。由于市场发展的需要，城市信用合作社通过建立现代企业制度，转型为城市商业银行。与股份制商业银行相比，城市商业银行规模更小，且主要的市场范围是银行所在的地区，也就是说市场定位是“服务地方经济、服务中小企业和服务城市居民”。

1.1.1.5 农商行、农合行、农信社以及三类新型农村金融机构

农商行、农合行、农信社以及三类新型农村金融机构（村镇银行、贷款公司和资金互助社）的主要服务市场范围是当地的农村地区市场，有明显的经营地域限制。但是农村商业银行有较好的发展势头，其中不乏经营较为出色的企业，例如，上海农商行的市场营销理念先进，业务发展效果突出。

农村商业银行（Rural Commercial Bank）是股份制的地方性金融机构，股东包括辖内农民、农村工商户、企业法人和其他经济组织等。农村商业银行用现代企业制度来根除原农村信用社的天然弊端，目的是更安全和更有效率地满足当地农村地区的金融需求。

1.1.1.6 邮政储蓄银行

中国邮政储蓄银行是商业银行里比较特别的一家，它是在原国家邮政局、中国邮政集团公司的邮政金融业务及因此而形成的资产和负债的基础上建立的金融机构，正式挂牌成立于 2007 年 3 月 20 日，并于 2012 年 2 月经国务院同意整体变更为中国邮政储蓄银行股份有限公司。

与其他商业银行相比，中国邮政储蓄银行继承了原中国邮政局、中国邮政集团公司的金融业务经营范围，以及相关的获得业务许可文件批准、核准的金融业务。从 2015 年 12 月开始，中国邮政储蓄银行由单一股东向股权多元化迈进，采取发行新股方

① 原中国银行业监督管理委员会网站统计资料。

式，融资规模451亿元，发行比例为16.92%。[①]

因此，中国邮政储蓄银行与其他银行相比，特殊的行业背景和业务领域是其特色之处。

1.1.1.7 外资银行

目前，我国批准的外资银行有46家。外资银行是指在本国境内由外国独资创办的银行。外资银行的经营范围根据各国银行法律和管理制度的不同而有所不同。有的国家为稳定本国货币，对外资银行的经营范围加以限制；也有些国家对外资银行的业务管理与本国银行一视同仁。外资银行主要凭借对国际金融市场的了解和广泛的国际网点等有利条件，为在其他国家的本国企业和跨国公司提供贷款，支持向外扩张和直接投资。外资银行有的是由一个国家的银行创办的，也有的是由几个国家的银行共同投资创办的。

我国对外资银行可以经营的业务范围[②]进行了如下规定。

第三章　业务范围

第二十九条　外商独资银行、中外合资银行按照国务院银行业监督管理机构批准的业务范围，可以经营下列部分或者全部外汇业务和人民币业务：

（一）吸收公众存款；

（二）发放短期、中期和长期贷款；

（三）办理票据承兑与贴现；

（四）买卖政府债券、金融债券，买卖股票以外的其他外币有价证券；

（五）提供信用证服务及担保；

（六）办理国内外结算；

（七）买卖、代理买卖外汇；

（八）代理保险；

（九）从事同业拆借；

（十）从事银行卡业务；

（十一）提供保管箱服务；

（十二）提供资信调查和咨询服务；

（十三）经国务院银行业监督管理机构批准的其他业务。

外商独资银行、中外合资银行经中国人民银行批准，可以经营结汇、售汇业务。

---

① 《中国邮政储蓄银行成功引进战略投资者》，源自中国经济网，引用日期为2015年12月9日。

② 引自《中华人民共和国外资银行管理条例》。《中华人民共和国外资银行管理条例》由中华人民共和国国务院于2006年11月11日发布，根据2014年7月29日《国务院关于修改部分行政法规的决定》第一次修订，根据2014年11月27日《国务院关于修改〈中华人民共和国外资银行管理条例〉的决定》第二次修订。

第三十条 外商独资银行、中外合资银行的分支机构在总行授权范围内开展业务，其民事责任由总行承担。

第三十一条 外国银行分行按照国务院银行业监督管理机构批准的业务范围，可以经营下列部分或者全部外汇业务以及对除中国境内公民以外客户的人民币业务：

（一）吸收公众存款；

（二）发放短期、中期和长期贷款；

（三）办理票据承兑与贴现；

（四）买卖政府债券、金融债券，买卖股票以外的其他外币有价证券；

（五）提供信用证服务及担保；

（六）办理国内外结算；

（七）买卖、代理买卖外汇；

（八）代理保险；

（九）从事同业拆借；

（十）提供保管箱服务；

（十一）提供资信调查和咨询服务；

（十二）经国务院银行业监督管理机构批准的其他业务。

外国银行分行可以吸收中国境内公民每笔不少于100万元人民币的定期存款。

外国银行分行经中国人民银行批准，可以经营结汇、售汇业务。

第三十二条 外国银行分行及其分支机构的民事责任由其总行承担。

第三十三条 外国银行代表处可以从事与其代表的外国银行业务相关的联络、市场调查、咨询等非经营性活动。

外国银行代表处的行为所产生的民事责任，由其所代表的外国银行承担。

每一类银行的服务对象和业务类型均存在差别，这是银行进行市场细分和目标市场选择、并进一步确定市场定位的主要决定因素。

1.1.2 汽车金融公司

汽车金融公司指经原中国银行业监督管理委员会（现中国银行保险监督委员会）批准设立的，为中国境内的汽车购买者及销售者提供金融服务的非银行金融机构。

我国主要的汽车企业均已成立了金融公司，有19家获得经营执照的汽车金融公司，包括丰田汽车金融公司、大众汽车金融（中国）有限公司、奔驰汽车金融公司、东风标致汽车金融公司、沃尔沃汽车金融公司、宝马汽车金融公司、北京现代汽车金融公司、华泰汽车金融有限公司、长城滨银汽车金融公司、一汽汽车金融公司、上汽通用汽车金融公司、福特汽车金融公司、东风日产汽车金融公司、菲亚特汽车金融公司、奇瑞徽银汽车金融公司、瑞福德汽车金融公司、三一汽车金融公司、广汽汇理汽车金融有限公司、重庆汽车金融公司。

1.1.3 消费金融公司

消费金融公司是指不吸收公众存款，以小额、分散为经营原则的非银行金融机构。消费金融公司为中国境内居民个人提供以消费为目的的贷款，贷款类型包括个人耐用消费品贷款及一般用途个人消费贷款等。由于消费金融公司发放的贷款是无担保、无抵押贷款，风险相对较高，金融监管机构针对性地设立了严格的监管标准。

消费金融公司是新型金融机构，是我国消费升级的需要。个人耐用消费品贷款通常是通过经销商发放，一般用途个人消费贷款直接向借款人发放。因此，消费金融公司有推动制造商和零售商产销量增长的经济价值，同时还会刺激对相关产业的需求。

已经批准设立的消费金融公司有：北银消费金融公司、捷信消费金融公司中银消费金融公司、海尔消费金融公司、马上消费金融股份有限公司、锦程消费金融公司。①

1.1.4 信托公司

信托公司是指依照《中华人民共和国公司法》和根据《信托公司管理办法》② 规定设立的主要经营信托业务的金融机构。信托是指委托人基于对受托人的信任，将其合法拥有的财产委托给受托人，由受托人按委托人的意愿以自己的名义，为受益人的利益或者其他特定的目的进行管理或处分的行为。根据信托的特点，信托公司是目前唯一准许同时在资本市场、货币市场和实业领域投资的金融机构。投资领域的多元化可以在一定程度上有效降低投资风险，实现投资人收益的最大化。

我国已有72家获得牌照的信托公司③。《信托公司管理办法》对信托公司的经营范围做了如下的规定。

第三章　经营范围

第十六条　信托公司可以申请经营下列部分或者全部本外币业务：

（一）资金信托；

（二）动产信托；

（三）不动产信托；

（四）有价证券信托；

---

① http：//xkz. cbirc. gov. cn/ilicence/licence/licenceQuery. jsp.

② http：//www. cbrc. gov. cn/chinese/home/docDOC_ ReadView/2007020146C75FE4E C42DAA9FFADADCB71D8A300. html.

③ http：//xkz. cbirc. gov. cn/ilicence/licence/licenceQuery. jsp.

（五）其他财产或财产权信托；

（六）作为投资基金或者基金管理公司的发起人从事投资基金业务；

（七）经营企业资产的重组、购并及项目融资、公司理财、财务顾问等业务；

（八）受托经营国务院有关部门批准的证券承销业务；

（九）办理居间、咨询、资信调查等业务；

（十）代保管及保管箱业务；

（十一）法律法规规定或中国银行业监督管理委员会批准的其他业务。

投资领域的多元化可以在一定程度上降低投资风险，实现投资人收益的最大化。

1.1.5 保险公司

保险公司是专业的保险业务经营机构。保险理论上是集合了具有同类风险的众多单位和个人支付的风险分担金，并向少数因为该风险事故发生而遭受经济损失的投保成员提供保险经纪保障的经济行为。保险常见形式包括合作保险、互助保险、商业保险和社会保险等。

根据其经营业务种类，保险公司可以分为财产险、寿险、再保险三大类公司。其中寿险类公司资产规模最大，是财产险类保险公司的5倍多。

财产险公司主要提供的保险产品和服务有机动车辆保险（该产品收入约占全部产险产品收入的70%）、企业财产险、意外伤害险、责任保险、农业保险、货物运输保险、工程保险、船舶保险等。人寿保险公司主要是为投保人提供寿险，寿险保费收入约占人寿保险类产品的90%，除寿险外，还有健康险、人身意外伤害险。

我国已有保险集团控股公司12家[①]，包括：中国人民保险集团股份有限公司、中国人寿保险（集团）公司、中国再保险（集团）股份有限公司、中国太平洋保险（集团）股份有限公司、中国平安保险（集团）股份有限公司、华泰保险集团股份有限公司、中国太平保险集团有限责任公司、安邦保险集团股份有限公司、阳光保险集团股份有限公司、中华联合保险控股股份有限公司、富德保险控股股份有限公司、泰康保险集团股份有限公司。

寿险公司有97家，其中包括同一控股集团设立的多家公司，如友邦集团下设了上海、广东、江苏、北京、深圳等分公司。

财产险公司有87家，再保险公司12家，保险资产管理公司24家，外资保险公司代表处190家，农村保险互助社3家，中石油（中国石油天然气集团公司）专属财产保险公司1家，财产互助保险社1家。

---

① http：//bxjg. circ. gov. cn/tabid/5254/Default. aspx.

1.1.6 基金公司

资本市场证券投资基金（以下简称“基金”）管理公司称为基金公司。基金公司是专业的管理运作基金的机构，需经中国证券监督管理委员会批准，在中国境内设立，获得从事证券投资基金管理业务的企业法人资格。公司董事会是基金公司的最高权力机构。基金公司发行基金股份或者收益凭证即基金。基金公司将投资者分散的资金集中起来，由专业管理人员分散投资于股票、债券或其他金融资产，投资获得的收益分配给基金持有者。基金公司的收益主要来自基金管理费，管理费用按照基金净资产的固定比例提取。基金财产独立于基金管理人固有财产，因此，一方面，基金公司不得将基金财产归入其固有财产，在基金公司破产清算或追债的时候，基金不在此列；另一方面，投资者购买基金的行为不属于购买基金公司资产的行为。

我国共有持照公募基金管理机构 126 家。但是，基金的销售机构不仅仅限于基金公司商业银行（128 家）、在华外资法人银行（10 家）、证券公司（99 家）、期货公司（18 家）、保险公司（4 家）、保险代理公司和保险经纪公司（5 家）、证券投资咨询机构（6 家）、独立基金销售机构（100 家）、支付公司（40 家）都是基金的销售渠道。

1.1.7 证券公司

证券公司从事资本市场证券发行、买卖及相关业务，具体包括股票、债券的一级市场承销；为投资者在二级市场买卖有价证券充当经纪人。因此，证券公司的本质是资本市场上投融资双方专业中介机构。我国已经成立了 131 家证券公司。

证券公司的客户分为两大类，一类是机构客户，这类客户主要是一级市场的参与者；另一类是二级市场的投资客户。机构和大众都是客户对象。证券公司还提供债券（国债、企业可转债）、权证等产品的经济服务；此外，证券公司也进行投资研究信息、咨询服务、各类讲座、投资者教育等服务。

1.1.8 期货公司

期货公司是指依法设立的、接受客户委托、按照客户的指令、以自己的名义为客户进行期货交易并收取交易手续费的中介组织，其交易结果由客户承担。我国已登记在案的期货公司有 149 家。期货公司是交易者与期货交易所之间的桥梁。

期货市场的交易者就是期货市场参与者，分为套期保值型交易者和投机性交易者。生产经营单位和贸易机构等利用期货市场进行保值交易，减少商品价格波动带来的风险，确保正常的经营利润。投机者的交易动机是以少博大，用少量资金博取丰厚的利润。

期货市场是期货交易的场所，是在现货市场的基础上发展起来的高度组织化、高度规范化的市场形式，是现货市场的延伸和高级阶段。

期货市场分为商品期货市场和金融期货市场。商品期货品种有17个；金融期货市场交易的金融衍生产品包括沪深300股指期货等。

尽管每一个交易者都希望直接进入期货市场进行交易，但是由于期货交易的高风险性，决定了期货交易所必须制定严格的会员交易制度，非会员不得入场交易。

1.1.9 获得行政许可的支付公司

我国已有238家支付公司获得了中国人民银行支付业务行政许可。[①] 能够经营支付业务的机构既有银行等金融机构，也有非金融机构。目前网络支付业务尚在立法规范阶段。根据相关管理办法规定，运营网络支付业务的支付机构是指依法取得《支付业务许可证》，获准办理互联网支付、移动电话支付、固定电话支付、数字电视支付等网络支付业务的非金融机构。而网络支付业务，是指收款人或付款人通过计算机、移动终端等电子设备，依托公共网络信息系统远程发起支付指令，且付款人电子设备不与收款人特定专属设备交互，由支付机构为收付款人提供货币资金转移服务的活动[②]。

例如，上海银联电子支付服务有限公司（银联电子）、北京通融通信息技术有限公司（易宝支付）、深圳市财付通科技有限公司（财付通）、支付宝（中国）网络技术有限公司（支付宝）、拉卡拉支付有限公司（拉卡拉）等在品牌知名度建设和业务开拓方面有比较突出的业绩。

以上，是目前主要的个人消费金融产品和服务提供者。由于市场的发展，个人金融需求的细分和多样化，相关机构需要通过金融营销管理工作来提升其竞争力和业绩。

1.2 金融监管部门

金融市场由于关乎个人家庭和组织的财富安全，对社会稳定和经济健康发展有关键性作用，因此，金融产品和服务的营销（产品、销售渠道、定价、宣传）等要合乎相关法律法规的要求，并且要接受监管部门的监督管理。

金融产品和服务的销售主要受到以下监管机构的监督管理：中国人民银行、中国银行保险监督管理委员会（以下简称“银保监会”）、中国证券监督管理委员会（以下简称“证监会”）、各地金融服务（工作）办公室。

1.2.1 中国人民银行

中国人民银行是国务院组成部门，其历史可以追溯到第二次国内革命战争时期。1931年11月7日，在江西瑞金召开的“全国苏维埃第一次代表大会”上，通过决议成

---

① http：//www. pbc. gov. cn/zhengwugongkai/127924/128041/2951606/1923625/1923629/index. html.

② http：//www. pbc. gov. cn/zhifujiesuansi/128525/128535/128629/3301282/index. html.

立“中共苏维埃共和国国家银行”（以下简称“苏维埃国家银行”），并发行货币。从土地革命到抗日战争时期一直到中华人民共和国诞生前夕，人民政权被分割成彼此不能连接的区域。各根据地建立了相对独立、分散管理的根据地银行，并各自发行在本根据地内流通的货币。1948 年 12 月 1 日，以华北银行为基础，合并北海银行、西北农民银行，在河北省石家庄市组建了中国人民银行，并发行了人民币，成为中华人民共和国成立后的中央银行和法定本位币。2003 年，按照党的十六届二中全会审议通过的《关于深化行政管理体制和机构改革的意见》和十届人大一次会议批准的国务院机构改革方案，将中国人民银行对银行、金融资产管理公司、信托投资公司及其他存款类金融机构的监管职能分离出来，并和中央金融工委的相关职能进行整合，成立中国银行业监督管理委员会。同年 9 月，中央机构编制委员会正式批准人民银行的“三定”调整意见。12 月 27 日，十届全国人民代表大会常务委员会第六次会议审议通过了《中华人民共和国中国人民银行法（修正案）》。

中国人民银行新的职能正式表述为“制定和执行货币政策、维护金融稳定、提供金融服务。”同时，明确界定：“中国人民银行为国务院组成部门，是中华人民共和国的中央银行，是在国务院领导下制定和执行货币政策、维护金融稳定、提供金融服务的宏观调控部门”。

中国人民银行的主要职责如下①。

（1）拟订金融业改革和发展战略规划，承担综合研究并协调解决金融运行中的重大问题、促进金融业协调健康发展的责任，参与评估重大金融并购活动对国家金融安全的影响并提出政策建议，促进金融业有序开放。

（2）起草有关法律和行政法规草案，完善有关金融机构运行规则，发布与履行职责有关的命令和规章。

（3）依法制定和执行货币政策；制定和实施宏观信贷指导政策。

（4）完善金融宏观调控体系，负责防范、化解系统性金融风险，维护国家金融稳定与安全。

（5）负责制定和实施人民币汇率政策，不断完善汇率形成机制，维护国际收支平衡，实施外汇管理，负责对国际金融市场的跟踪监测和风险预警，监测和管理跨境资本流动，持有、管理和经营国家外汇储备和黄金储备。

（6）监督管理银行间同业拆借市场、银行间债券市场、银行间票据市场、银行间外汇市场和黄金市场及上述市场的有关衍生产品交易。

（7）负责会同金融监管部门制定金融控股公司的监管规则和交叉性金融业务的标准、规范，负责金融控股公司和交叉性金融工具的监测。

（8）承担最后贷款人的责任，负责对因化解金融风险而使用中央银行资金机构的

---

① http：//www. pbc. gov. cn/rmyh/105226/105436/index. html.

行为进行检查监督。

（9）制定和组织实施金融业综合统计制度，负责数据汇总和宏观经济分析与预测，统一编制全国金融统计数据、报表，并按国家有关规定予以公布。

（10）组织制定金融业信息化发展规划，负责金融标准化的组织管理协调工作，指导金融业信息安全工作。

（11）发行人民币，管理人民币流通。

（12）制定全国支付体系发展规划，统筹协调全国支付体系建设，会同有关部门制定支付结算规则，负责全国支付、清算系统的正常运行。

（13）经理国库。

（14）承担全国反洗钱工作的组织协调和监督管理的责任，负责涉嫌洗钱及恐怖活动的资金监测。

（15）管理征信业，推动建立社会信用体系。

（16）从事与中国人民银行业务有关的国际金融活动。

（17）按照有关规定从事金融业务活动。

（18）承办国务院交办的其他事项。

1.2.2　中国银行保险监督管理委员会

在2018年国务院机构改革中，中国银行业监督管理委员会和中国保险监督管理委员会的职责经整合组建了中国银行保险监督管理委员会，作为国务院直属正部级事业单位。其主要职责是，依照法律法规统一监督管理银行业和保险业，维护银行业和保险业合法、稳健运行，防范和化解金融风险，保护金融消费者合法权益，维护金融稳定。专门设立的金融监管机构，目的是通过审慎有效的监管，保护广大存款人和消费者的利益；通过审慎有效的监管，增进市场信心；通过宣传教育工作和相关信息披露，增进公众对现代金融的了解；努力减少金融犯罪。

1.2.3　中国证券监督管理委员会

中国证监会为国务院直属正部级事业单位，依照法律法规和国务院授权，统一监督管理全国证券期货市场，维护证券期货市场秩序，保障其合法运行。

依据有关法律法规，中国证监会在对证券市场实施监督管理中履行下列职责①。

（1）研究和拟订证券期货市场的方针政策、发展规划；起草证券期货市场的有关法律、法规，提出制定和修改的建议；制定有关证券期货市场监管的规章、规则和办法。

（2）垂直领导全国证券期货监管机构，对证券期货市场实行集中统一监管；管理

---

① http：//www. csrc. gov. cn/pub/newsite/zjhjs/.

有关证券公司的领导班子和领导成员。

（3）监管股票、可转换债券、证券公司债券和国务院确定由证监会负责的债券及其他证券的发行、上市、交易、托管和结算；监管证券投资基金活动；批准企业债券的上市；监管上市国债和企业债券的交易活动。

（4）监管上市公司及其按法律法规必须履行有关义务的股东的证券市场行为。

（5）监管境内期货合约的上市、交易和结算；按规定监管境内机构从事境外期货业务。

（6）管理证券期货交易所；按规定管理证券期货交易所的高级管理人员；归口管理证券业、期货业协会。

（7）监管证券期货经营机构、证券投资基金管理公司、证券登记结算公司、期货结算机构、证券期货投资咨询机构、证券资信评级机构；审批基金托管机构的资格并监管其基金托管业务；制定有关机构高级管理人员任职资格的管理办法并组织实施；指导中国证券业、期货业协会开展证券期货从业人员资格管理工作。

（8）监管境内企业直接或间接到境外发行股票、上市以及在境外上市的公司到境外发行可转换债券；监管境内证券、期货经营机构到境外设立证券、期货机构；监管境外机构到境内设立证券、期货机构，从事证券、期货业务。

（9）监管证券期货信息传播活动，负责证券期货市场的统计与信息资源管理。

（10）会同有关部门审批会计师事务所、资产评估机构及其成员从事证券期货中介业务的资格，并监管律师事务所、律师及有资格的会计师事务所、资产评估机构及其成员从事证券期货相关业务的活动。

（11）依法对证券期货违法违规行为进行调查、处罚。

（12）归口管理证券期货行业的对外交往和国际合作事务。

（13）承办国务院交办的其他事项。

1.2.4　金融服务（工作）办公室

地方政府金融服务（工作）办公室简称为金融办。金融办是规划地方经济发展的金融大管家、地方金融生态建设的组织者、金融产业布局的掌控人、地方金融监控的防火墙。金融办在行政设置上为地方政府下辖的一个办公室，一般与地方政府各部门同级别，即省政府金融办——正厅级、市政府金融办——正处级、县政府金融办——正科级，乡镇人民政府无金融办公室。金融办受同级党委、政府领导，由上级政府金融办业务指导。

金融办服务（工作）公室是代表地方政府负责金融监督、协调、服务的办事机构。以上海市金融服务（工作）办公室为例，其主要工作职责包括以下几个。①

（1）贯彻落实加强党对金融工作的集中统一领导，贯彻执行党的路线、方针和政

① http：//jrj. sh. gov. cn/Category/Index？ categoryid = 43.

策，保证市委、市政府重大决策在本系统贯彻落实并组织督促检查。代行合署办公的上海市地方金融监督管理局的党组职能，支持其依法行政，积极主动开展工作，发挥好把方向、管大局、保落实的重要作用。领导中共上海市金融工作委员会机关、上海市地方金融监督管理局机关及直属单位党组织的工作。

（2）研究讨论地方金融监督管理和推进上海国际金融中心建设的有关重大问题，统筹协调有关重大决策，及时妥善处理金融系统影响安全稳定的各类重大事件。

（3）按照干部管理权限，协助市委管理归口部门和单位的市管干部。协助做好中央金融机构和其他金融机构在沪分支机构领导干部相关工作。负责归口部门和单位干部队伍的思想政治建设，做好干部的培养、选拔、任免、教育、监督和管理工作，提升干部队伍的政治素质和专业化水平，推进干部人事制度改革。

（4）根据党管人才原则，加强金融人才队伍建设，推进上海金融人才高地建设。

（5）负责归口部门和单位基层党的建设工作，指导在沪中央金融机构、各省区市金融机构和其他金融机构基层党的建设工作，探索加强基层党的建设的有效途径、活动方式和工作机制。建立健全党的基层组织和制度。加强党员队伍建设，做好发展党员工作和党员教育、管理、监督工作。

（6）负责或者联系指导归口部门和单位落实全面从严治党主体责任，构筑教育、制度、监督并重的惩治和预防腐败体系。负责归口部门和单位党的宣传、思想政治和精神文明建设工作。领导金融系统工会、共青团、妇联等群众团体按照有关规定独立开展工作。指导推进金融业窗口服务工作。

（7）负责归口部门和单位离退休干部的管理、教育和服务工作，充分发挥离退休干部的作用。负责归口部门和单位统战工作，充分发挥民主党派、无党派人士和党外知识分子在经济建设和社会发展中的作用。

（8）加强对金融领域党的工作中新情况、新问题的调查研究，及时向市委提出加强和改进党的领导的建议，为市委提供决策参考。

（9）负责反映有关中央和各省区市在沪金融企事业单位的意见和要求，协商解决其发展中的困难。

（10）完成市委交办的其他任务。

一般来讲，金融机构及其面向个人消费者的金融产品及服务的营销管理工作主要由以上监管部门进行监督指导管理，同时，还要受相关法律的规范。我们在进行金融营销策划时，务必先明确法律监管框架内允许的金融营销活动范畴，避免法律风险。

1.3 金融产品（服务）的购买者

本书仅限于讨论针对个人（家庭）金融消费者的营销策划。但是，个人及其家庭是一个集合概念，主要是相对于为生产和经营（运营管理）而购买金融产品和服务的组织而言。下面我们从营销的角度，对购买金融产品和金融服务的个人消费者进行阐述，以便我们能够更好地理解金融营销策划的核心。

金融需求是个人和其家庭源于生活发展的需要而产生的。要了解购买金融产品和服务的金融消费者，可以通过以下角度来认识金融消费者以及他们的金融需求。

金融消费是人们出于个人、家庭成员或家庭发展的目的而从金融机构获得金融产品和服务的过程。广义上讲，只要是从金融市场获得资金融通的行为都可归入金融消费的范畴，因此，既包括了剩余资金的投资，也包括获得短缺资金的借贷。金融消费的历史源远流长，到现在已经发展出了丰富多样的产品服务体系。但长期以来，由于金融体系主要围绕企业运作，个人作为金融消费者所能获得的产品和服务极其有限，金融消费的蓬勃兴起在全球都不过是近几十年的事情。

我国现代金融消费的历史更加短暂，银行储蓄长期以来是人们最主要乃至唯一的金融消费行为，直到20世纪末期，保险、银行理财、证券投资、个人信贷等产品才开始进入大众视野。由于金融服务基础设施薄弱、直接投融资市场不发达和个人收入低下，除储蓄、个别类型的贷款（如住房按揭贷款）和证券（如股票）外，金融消费在我国整个金融服务体系中长期所占的分量极低，但是现在，金融消费的巨大市场正在形成，因此，金融营销将对金融机构的经营产生越来越关键的影响。

互联网是相对于传统金融机构网点的新型销售渠道。该渠道在理财产品销售、基金销售方面有较快的发展。这与金融消费者使用移动互联网终端行为习惯有直接关系。

如表1－1所示，根据市场营销的基本原理，按照年龄细分市场，举例说明消费者生命周期中的主要金融需求，了解购买金融产品和服务的消费者。

表1－1　年龄及生命阶段中的金融消费需求与对应产品示例

年龄（段）	该阶段特征	金融需求的产生	对应的金融产品与服务
0岁—正式工作	无正式稳定的工作收入来源	教育、医疗、保险、消费	支付服务、消费贷款、人寿保险、教育贷款
正式工作—结婚	单身，有收入来源，信用成立	消费、储蓄、投资	房屋按揭、车贷、保险、消费贷款、投资、理财产品
结婚—退休前	家庭发展的金融需求凸显	子女教育、成长消费	房屋按揭、车贷、保险、消费贷款、投资、理财产品
退休后	个人改善提高生活品质，以及为养老做准备	旅游、消费、医疗、储蓄投资方面的需求	医疗健康保险、意外保险、旅游金融、消费金融、金融投资

案例阅读1－1提供了银行划分客户群体的实际操作方法，即用客户的资产规模来划分不同的客户群体，再根据不同客户群体的需求提供相对应的金融服务。

案例阅读1-1 以客户资产规模进行划分的金融服务①

西方银行业对自然人的服务共有四大类，是根据金融资产的多少进行分类的。第一类是大众银行，不限制客户资产规模；第二类是贵宾银行，客户资产在10万美元以上；第三类是私人银行，要求客户资产在100万美元以上；第四类是家庭办公室，要求客户资产在3000万美元以上。当然，各家国际性大银行在不同地区、不同时间，对这四类服务要求的最低金融资产额度也略有不同，比如高盛对中国港澳地区私人银行客户设置的门槛是1000万美元，HSBC（汇丰银行）的最低门槛是300万美元，而UBS（全球私人银行资产名列第一）对中国大陆客户的离岸账户的金融资产要求仅为50万美元。

原银监会的《商业银行理财产品销售管理办法》对商业银行私人客户的门槛定义为“金融净资产达到600万元人民币及以上的商业银行客户”。该办法还规定，高资产净值客户是满足下列条件之一的商业银行客户：一是单笔认购理财产品不少于100万元人民币的自然人；二是认购理财产品时，个人或家庭金融净资产总计超过100万元人民币，且能提供相关证明的自然人；三是个人收入在最近三年每年超过20万元人民币或者家庭合计收入在最近三年内每年超过30万元人民币。

2007年开始，国内商业银行就已开始重点关注和发掘财富高端人士的需求。传统的银行理财产品和服务，已经不再能满足这部分客户对于银行更趋苛刻的要求。这些客户在财富传承、医疗保健、子女教育和财富安全等方面都有着强烈的愿望，而私人银行正是为了满足这些日益复杂的需求。

目前设立私人银行的中资商业银行数量已经达到9家。此外，汇丰、渣打、花旗、瑞银等外资银行也在中国境内开展了针对高净值客户的私人银行业务，数据显示，目前国内这些私人银行管理超过1.3万亿元人民币的资产。

目前各家银行的私人银行业务主要涵盖个人财务管理、个人资产管理、个人的增值服务、跨境咨询服务、金融顾问咨询服务五大领域。

开展私人银行业务的几家银行金融机构目前的业务表现大致如下②。

（1）第一梯队。

从私人银行客户数量来看，中国银行有8.65万名“粉丝”，成为客户数最多的银行，其后依次为农行和工行。中国银行截至2015年年末在中国内地设立理财中心7204家、财富中心303家、私人银行34家，中高端客户数及金融资产均比2014年年末增长超过10%，私人银行客户达到8.65万人。

---

① http：//www.bbanet.org/page/service/content.aspx？id=1085.

② http：//www.ocn.com.cn/jinrong/201605/vguvy24113809.shtml.

2015 年年报的数据显示，招商银行（600036）在管理资产总规模和户均管理规模两项指标上稳坐头把交椅。2014 年上市银行私人银行管理资产排名中，招行以 7526 亿元人民币，首次超越工商银行并夺得行业第一，工行、中行和农行的私人银行管理资产规模分别为 7357 亿元人民币、7200 亿元人民币、6400 亿元人民币。招商银行截至 2015 年年底的私人银行客户（指在本公司日均总资产在 1000 万元人民币及以上的零售客户）数为 49032 户，较 2014 年年初增长 49.12%。

工商银行依靠逾百亿元的业务收入在上市银行中遥遥领先，私人银行管理资产 1.06 万亿元，增加 3259 亿元人民币，增长 44.3%；中国银行管理客户金融资产规模超过 8100 亿元人民币；工商银行私人银行客户 6.24 万户，比 2014 年年底增加 1.93 万户，增长 44.8%；工商银行 2014 年私人银行业务收入 106.42 亿元人民币，增加 71.14 亿元人民币，增长 201.6%；招商银行私人银行持卡客户营业净收入（不含信用卡收入）为 48.21 亿元人民币，同比增长 31.97%。对比两家银行管理资产规模增速和收入增速来看：工商银行收入的增速 4.55 倍于资产规模增速，而招商银行收入增速约 0.5 倍于管理资产的增速。

此外，建设银行没有直接披露 2015 年私人银行管理的资产规模，仅表示“客户金融资产总量增长 32.94%”。建设银行 2015 年金融资产 1000 万元人民币以上的私人银行客户数量增长 23.08%，客户金融资产总量增长 32.94%。

2015 年农业银行有 34 家分行成立私人银行部，私人银行客户数为 6.9 万户；农业银行私人银行管理资产余额为 8077 亿元人民币，较 2014 年年末增长 25.7%。

（2）第二梯队。

交通银行 2015 年年末私人银行客户数较 2015 年年初增长 26%，管理的私人银行客户资产达人民币 4073 亿元人民币，较 2014 年年初增长 39.97%。

民生银行（600016）2015 年管理私人银行金融资产规模达到 2730.08 亿元人民币，增幅 18.50%；私人银行业务非利息净收入 35.67 亿元人民币，同比增加 14.12 亿元人民币，增幅为 65.52%。

兴业银行（601166）2015 年私人银行客户已达到 18381 户，较期初增长 24%；私人银行客户综合金融资产 2639 亿元人民币，较期初增长 20%。

中信银行（601998）2015 年管理资产超过 600 万元人民币的私人银行客户数量达 17069 户，比 2014 年年末增加 3426 户，增长 25.11%；私人银行客户管理资产规模 2595.68 亿元人民币，增长 28.78%。

浦发银行（600000）2014 年年末私人银行客户数突破 15000 户，管理私人银行客户金融资产近 3000 亿元人民币，全行私人银行客户贡献业务净收入超过 20 亿元人民币。

光大银行（601818）2015 年年末私人银行客户总量达 24250 户，比 2014 年年末增加 5939 户，增长 32.43%；管理资产总量 2285 亿元人民币，比 2014 年年末增加 600 亿元人民币，增长 35.61%。

平安银行（000001）私人银行业务截至2015年年末管理资产突破2500亿元人民币，较2015年年初增长64%，规模增速均居市场前列。

北京银行（601169）2015年私人银行达标与潜在存量客户超过2万户，达标客户增长56%。

金融需求在每个人出生开始便已经产生，也是现代社会实现个人人生发展和经济安全的重要手段。但是购买金融产品和服务的并不一定是其本人。下面我们看一下每个年龄段的消费者和其家庭的金融需求以及主要的金融产品与服务的购买者。

在个人金融消费市场中，金融产品与服务购买者可以分为以下四大类。

第一类：购买者也是消费者。这个群体包括了绝大多数消费者。

第二类：非购买者，但是是消费者，例如为婴幼儿购买的医疗保险，未成年子女获得的教育类储蓄和投资。

第三类：购买者，非消费者。这与第二类群体正好对应。既包括为子女、为家庭其他成员购买金融产品的个人；也包括为职工购买金融产品的机构，为顾客购买金融产品的商业机构。

第四类：既非购买者，也非消费者。广义上讲，这类消费者是指不接触任何金融机构的产品和服务，例如在经济不发达地区，存在大量消费者不接触任何金融产品和服务。这类消费者可以成为“待开拓市场”，这个市场存在的原因很多：例如，由于政治原因不允许接触；地理原因接触不到等。

针对不同类型的购买者，在金融营销策划方案中，要有所考虑。案例阅读1－2中，介绍说明汽车购买客户的金融需求，以及汽车金融公司等金融机构的产品（服务）特点。

案例阅读1－2　汽车金融公司的多样化产品可更好地满足消费者需求①

个人或其家庭购买汽车，通常都会考虑申请汽车贷款。提供汽车贷款的金融机构包括：汽车金融公司、商业银行，或者通过信用卡分期付款方式。下面对三种渠道获得的金融产品进行对比。

汽车金融公司提供的购车贷款手续便捷，流程简单，审批速度快；贷款期限较长，首付比例较低；虽然基础利率较高，但由于各汽车厂商的广泛贴息政策，使得利率大幅降低，甚至可低至0%；产品灵活丰富，可最大程度地满足消费者的个性化需求；专属服务所属汽车品牌，产品服务更专业高效；二手车业务也积极开展。以大众汽车金融（中国）有限公司为例，其产品线包括了标准信贷、弹性信贷、跃贷、缓冲贷、阶

① 资料来源：大众汽车金融（中国）有限公司发布的《2014—2015年度中国汽车金融消费者行为调研报告》。

梯贷、二手车信贷等。消费者可根据具体需求，选择不同的汽车金融产品，以获得最低 20% 的首付，最长 5 年的贷款期限，或者最少只需一张身份证和一张申请表的便捷手续，最快 2 小时内批复的审批速度，或者阶梯式递增或递减的月供。

商业银行：由于较低的融资成本，通常可提供较低的利率，网点相对较多较广；但通常只提供标准贷款，对个人资质要求高，审批手续相对烦琐，审批时间长。

信用卡分期：对于已有信用卡的客户来说，贷款审批快捷，但额度相对有限，贷款期限相对较短；对于需要新办信用卡的客户来说，审批流程较长。

汽车购买者是一个具体的细分市场。在该市场内，有汽车金融贷款机构、商业银行等不同类型的竞争者。他们都在自己的业务范围内提供了不同类型的金融产品（服务），这是金融机构开展营销活动的原因和客观环境。

1.4 金融机构的营销任务

以上三部分介绍了谁在营销，谁监管营销中的金融产品和服务，谁购买。这一部分则说明金融机构的营销任务是什么。

1. 证券公司的营销任务

证券公司主要的营销业务包括：① 投资银行业务，即为企业提供上市服务；②经济业务，即为机构和个人提供投资交易服务；③代客理财业务，即为非专业客户的资金或投资提供专业管理服务；④自营业务，即用自有资金从事以股票交易为主的投资业务。

2. 银行的营销任务

银行的主要营销任务是吸引储户，发行信用卡，销售理财产品，推广个人用户各项贷款（房屋按揭、车贷、消费贷等）以及为客户提供定制的资产管理服务，同时，银行也代为销售基金、保险等金融产品。

3. 基金公司的营销任务

基金公司的营销任务是销售基金，接受客户的委托投资和资金管理。

4. 信托公司的营销任务

信托公司的主要营销任务是向合格投资者销售信托合同。信托基于投资的种类，成立了产品，再与合格投资者签署信托合同，资金投向合同所指项目或金融产品。合同到期，投资者获得收益。

信托公司的营销对象是合格投资者。根据《信托公司集合资金信托计划管理办法》第六条规定，合格投资者是指符合下列条件之一，能够识别判断和承担信托计划相应风险的人。

（1）投资一个信托计划的最低金额不少于 100 万元人民币的自然人、法人或者依法成立的其他组织。

（2）个人或家庭金融资产总计在其认购时超过 100 万元人民币，且能提供相关财产证明的自然人。

（3）个人收入在最近三年内每年收入超过 20 万元人民币或者夫妻双方合计收入在最近三年内每年收入超过 30 万元人民币，且能提供相关收入证明的自然人。

5. 保险公司的营销任务

保险公司要向个人和企业销售保险产品。具体保险产品种类见本章的相关内容产品介绍。

6. 支付公司的营销任务

支付公司是买卖双方进行销售支付的资金中转站。一方面支付公司需要扩大卖方市场的使用份额；另一方面支付公司要吸引更多的个人用户来使用其支付业务。因此，现在的非金融机构在吸引消费者使用其支付业务时，都在移动终端的推广方面做了大量的努力，提高支付的便捷性和安全性。

7. 期货公司的营销任务

年满 18 周岁的自然人都可以通过在期货公司开户来进行期货交易。期货公司的主要营销任务就是吸引投资者开户，并提供交易中所需的服务。

1.5 金融营销策划实务

了解了面向个人消费者的金融市场的主要组成，我们就可以明确金融营销策划的一些基本特征和要求了。

1.5.1 金融营销策划的“三合”原则

金融营销策划的“三合”原则，就是金融营销策划方案的合法、合理、合情。

1. 合法

这是最重要的原则。金融营销的策划方案及细节都要在现有的法律规定框架内设计。金融是各个国家高度监管的行业，是事关整体经济安全及每一个家庭财务安全的行业。因此，金融产品和服务的营销策划也必须遵守各种法律规定。

2. 合理

绝大部分金融机构都是营利性组织，非营利性组织的金融行为也是以实现社会效益为目标。因此，符合经济规律、符合市场规律、符合金融企业经营实际需要的营销策划，视为合理的策划。

3. 合情

营销策划是针对金融产品（服务）购买者的需求而设计的。因此，好的策划能够充分满足顾客的需要，让顾客满意。这就是“合情”原则。“合情”原则的本质就是“研究透彻消费者的需求，针对性地设计营销策划方案”。

金融营销策划方案的“合法”“合理”“合情”三个原则也是本书的编写依据。

在每一章里，通过引入部分法律法规的全文或者摘录条款，提醒读者，在进行金融营销策划之前，一定要熟知相关监管法律的具体规定。

全书的编写以市场营销理论为框架。该框架的特点就是将“需求分析与需求满足”作为营销的核心。需求有两个层次：一个是市场需求，是整体宏观的概念，是一个经济体发展到每一阶段表现出来的整体性的需求；另一个是消费者微观层面的需求，这个需求由细分市场来体现，也就是说，每一个消费者的金融需求都有其特征。金融机构目前的普遍做法是根据消费者的财富规模来进行市场细分，在这个基础上，再根据职业、收入等指标来进一步细分市场。这样的做法既符合经济规律，也能够客观地反映出消费者的实际需要。

1.5.2 营销策划实务：金融营销策划方案的准备工作

准备工作是为接下来的策划方案提供基础信息和策划框架的前期阶段，以信息收集为主，目的是给策划人员（团队）提供讨论和设计所需的基础文件。营销策划以报告书形式为主，其基本内容如下。

1. 说明介绍销售金融产品和服务的金融机构

这部分内容包括机构名称、总部所在地、机构规模、机构的主要业务。

2. 声明本策划方案的法律依据及出台该法律的监管部门

例如，根据某某监管部门制定的于某某年正式施行的《×××规定》《×××法》，设计并实施本策划方案。

3. 基本概念的界定

本策划方案所指：××产品（××服务）具体是指……

对于产品服务概念的界定，必须符合法律规定。

4. 目标顾客的描述

目标顾客的描述，按照目前的常用标准，主要从以下几个方面进行。

（1）顾客的资产规模。

（2）顾客的收入来源和水平。

（3）顾客的地理区域。

（4）顾客的职业。

（5）顾客的主要金融需求特征。

5. 本机构的营销策划的目标

例如，提高产品销售额、提高实现品牌认知度。

准备工作要为以上内容提供相关的信息和数据。

本章小结

从事金融营销策划工作，除了掌握市场营销的基本理论和方法，掌握金融市场的运作和基本规律，还需要清楚地认识金融监管政策的重要性。本章归纳了面向零售市场的金融机构及其基本产品，同时对金融市场的监管部门做了介绍。由于国民经济的快速发展，金融市场也在不断发展，金融机构及其产品不断创新，监管政策也在调整，这些都是策划人员必须了解的基本知识。

复习思考题

1. 列举三类商业性金融机构及其基本产品类型。
2. 说明金融监管机构的职责。
3. 分析和描述个人金融消费者的行为特征和需求。
4. 分析商业性金融机构的营销任务。

实训项目

一、实训目标

归纳概括金融机构营销策划方案的战略目标。

二、实训内容

1. 复习本章第一节中第一部分内容：金融产品和金融服务销售者。选择其中一类金融机构。通过该金融机构的监管部门的统计信息，了解该类金融机构的全部名单。

2. 从名单中选择两家金融机构，并通过走访该金融机构的网点或者访问该金融机构的官方网站，了解该金融机构的历史沿革、组织结构、主要业务。

3. 对比这两家金融机构的规模、总部所在地、股东关系、业务，总结这两家金融机构的基本特征：市场地位、规模与竞争力、竞争优势、利益相关者、经营战略。

4. 分别为两家金融机构撰写介绍其战略发展目标的总结文字。

第一段：归纳概括出该金融机构的特点（全称、总部所在地、资本规模、产品、股东或者投资人关系、经营地域或者地理范围）。

第二段：归纳总结该金融机构当前的市场地位、竞争优势与劣势、当前的发展方向与策略、面临的问题。

本章的实训内容是营销策划方案文案中的第一部分，即概要。实训目标是练习高度概括一家金融机构亟待解决的具体问题。

2 金融产品（服务）与金融需求

本章的内容是介绍目前主要的金融产品与服务，并说明每种金融产品（服务）对应的金融需求。对个人消费者金融需求的阐述也是本章的主要内容之一。因此，这一章的作用是建立金融供给与金融需求的对应与匹配，让读者更加一目了然地认识到金融营销策划最核心的问题：消费者为什么要购买金融产品。

2.1 金融产品与服务

目前出售给个人（家庭）金融消费者的金融产品和服务主要包括：存款、贷款、支付、保险、证券、基金、理财产品、信托、外汇、贵金属、期货、艺术品金融方案及商业银行中间业务。

下面分别对以上金融产品和服务进行介绍，以说明这些产品满足消费者的哪些金融需求。

2.1.1 存款

在我国，商业银行是目前唯一被允许接受公众存款的金融机构。存款有多种形式。针对个人金融消费者的存款种类主要是储蓄存款、发行支票和定期存款。储蓄存款包括本外币、活期、定期、存款证明。

利息是存款机构付给储户的资金存放价格，由存款金额与利率共同决定。不同的存款种类，利率也不同。以中国银行 2015 年 10 月公布的该行本币存款年利率（见表 2－1）为例。

表 2－1　中国银行 2015 年本币存款年利率

项目（人民币存款）	年利率（%）
一、城乡居民及单位存款	
（一）活期存款	0.30
（二）定期存款	
1. 整存整取	
三个月	1.35

续 表

项目（人民币存款）	年利率（%）
六个月	1.55
一年	1.75
二年	2.25
三年	2.75
五年	2.75
2. 零存整取、整存零取、存本取息	
一年	1.35
三年	1.55
五年	1.55
3. 定活两便	按一年以内定期整存整取同档次利率打6折
二、协定存款	1.00
三、通知存款	
一天	0.55
七天	1.10

不同存期和存款种类，得到的存款利率不同。商业银行除了接受人民币存款，还接受部分外币的存款，并付给利息。表2－2是中国银行2015年2月开始执行的外币存款年利率。与人民币存款利率的设置一样，外币根据存期的长短和存款种类，利率也有所不同。

表2－2　　中国银行2015年外币存款年利率　　单位：（%）

货币	活期	7天通知	一个月	三个月	六个月	一年	二年
美　元	0.0500	0.0500	0.2000	0.3000	0.5000	0.7500	0.7500
英　镑	0.0500	0.0500	0.1000	0.1000	0.1000	0.1000	0.1000
欧　元	0.0001	0.0005	0.0100	0.0100	0.0100	0.0100	0.0100
日　元	0.0001	0.0005	0.0100	0.0100	0.0100	0.0100	0.0100
港　币	0.0100	0.0100	0.1000	0.2500	0.5000	0.7000	0.7000
加拿大元	0.0100	0.0500	0.0500	0.0500	0.3000	0.4000	0.4000
瑞士法郎	0.0001	0.0001	0.0001	0.0001	0.0001	0.0001	0.0001
澳大利亚元	0.2375	0.2625	1.2400	1.3125	1.3250	1.5000	1.5000
新加坡元	0.0001	0.0005	0.0100	0.0100	0.0100	0.0100	0.0100

如果考虑到利率市场化这样的大前提，作为金融营销者就需要对不同家银行的存贷款利率有所比较。

利率目前主要由国家管理。利率就是钱的价格。国家管控利率就是对钱的价格进行管控。利率市场化是由市场供需机制来决定钱的价格。这和大部商品的价格决定机制类似。各个金融机构根据自身的经营情况，在允许的幅度内，调整资金的市场价格，即各家金融机构给予消费者的存贷款利率有所不同，形成竞争机制。

我国的利率市场化改革始于2004年。2004年1月1日起，商业银行、城市信用社贷款利率的浮动区间扩大为贷款基准利率的0.9~1.7倍，农村信用社贷款利率的浮动区间扩大为贷款基准利率的0.9~2倍。与此同时，金融机构基本不再根据企业规模和所有制性质，而是根据企业的信誉、风险等因素确定合理的贷款利率，逐步形成了按照贷款风险成本差别定价的格局。2004年10月29日起，央行放开金融机构（城乡信用社除外）人民币贷款利率上限并允许人民币存款利率下浮。2012年6月8日，央行宣布，银行存款利率可在央行规定的基准利率上有所上浮，最高为基准利率的1.1倍，金融机构贷款利率浮动区间的下限调整为基准利率的0.8倍。

下面我们选择四家代表性银行的存款利率进行比较：中国银行、民生银行、北京农商行、上海银行。表2-3中的银行年利率仅以同一时期各行公布的参考利率为例，选例仅为阐述利率市场化的具体表现。

表2-3　　　四家银行公布年利率比较列表

项目	中国银行年利率（%）	民生银行年利率（%）	北京农商行年利率（%）	上海银行年利率（%）
一、城乡居民及单位存款				
（一）活期存款	0.30		0.30	0.30
（二）定期存款				
1. 整存整取				
三个月	1.35	1.40	1.40	1.40
六个月	1.55	1.65	1.56	1.65
一年	1.75	1.95	1.95	1.95
二年	2.25	2.35	2.52	2.40
三年	2.75	2.80	3.20	2.75

续 表

项目	中国银行年利率（%）	民生银行年利率（%）	北京农商行年利率（%）	上海银行年利率（%）
五年	2.75	2.80	3.30	2.75
2. 零存整取、整存零取、存本取息				
一年	1.35	1.40	1.40	1.30
三年	1.55	1.65	1.56	1.40
五年	1.55	1.65	1.95	1.40
3. 定活两便	按一年以内定期整存整取同档次利率打6折		按一年以内定期整存整取同档次利率打6折	
二、协定存款	1.00			
三、通知存款				
一天	0.55	0.55	0.55	0.55
七天	1.10	1.10	1.10	1.10

各行的存款利率有差别，形成了储蓄产品的市场竞争。而在实际的营销中，各行的存款利率还有更多的差别，增加了储蓄产品和金融服务的市场竞争。

2.1.2 贷款

贷款通俗来讲就是个人消费者借贷款机构的钱来办自己和家庭的事。商业银行为个人消费者提供的贷款主要有商业贷款、消费贷款、抵押贷款。具体的贷款用途有住房按揭贷款、汽车贷款、大额消费贷款、信用卡授信、教育贷款等。

储户把钱存入银行，银行支付存款利息，个人消费者从银行借钱出来办事，个人也要向银行支付贷款利息。银行的收入主要来自借贷利息差。中国人民银行自2015年10月24日起决定金融机构一年期贷款基准利率下调0.25个百分点至4.35%；一年期存款基准利率下调0.25个百分点至1.5%；其他各档次贷款及存款基准利率、人民银行对金融机构贷款利率相应调整；个人住房公积金贷款利率保持不变。同时央行对商业银行和农村合作金融机构等不再设置存款利率浮动上限。

表2-4是中国银行2015年10月24日利率调整后执行的贷款利率。

表2-4　　　　中国银行人民币贷款利率（2015年10月24日）

项目	年利率（%）
一、短期贷款	
一年以内（含一年）	4.35
二、中长期贷款	
一至五年（含五年）	4.75
五年以上	4.90

而贷款这一大类金融服务已经发展出多种具体产品，这些贷款产品主要是个人汽车贷款、消费贷款、助学贷款、家居装修、留学等个人及其家庭在相关消费活动中产生的资金需求而提供的金融贷款产品。各行贷款产品具体名称不同，且申请和执行以及还款方式等政策也有差别，形成了贷款服务的市场竞争。表2-5对我国四大国有商业银行个人信贷类产品进行了比较，从中可以明确地看到各家银行的信贷类产品存在差别。

表2-5　　　　我国四大国有商业银行个人信贷类产品比较

总类	子类	工行 幸福贷款	农行 金钥匙	中行	建行 乐得家
住房类	个人住房贷款	✓	✓	✓	✓
	个人商用房贷款	✓	✓	✓	✓
	个人156贷款	✓	✓	✓	✓
	个人住房组合贷款	✓		✓	✓
	个人二手房贷款	✓	✓	✓	✓
	个人住房转按揭贷款	✓	✓	✓	
汽车类	个人汽车消费贷款	✓	✓	✓	✓
消费类	个人综合消费贷款	✓	✓	✓	
	个人住房装修贷款	✓		✓	✓
	个人家居消费贷款	✓		✓	✓
	大额耐用消费贷款			✓	
	度假旅游贷款			✓	✓
经营类	个人生产经营性（助业）贷款	✓	✓	✓	✓
	下岗失业人员小额担保贷款	✓		✓	
	柯达创业宝贷款			✓	

续 表

总类	子类	工行幸福贷款	农行金钥匙	中行	建行乐得家
助学类	国家助学贷款	✓	✓	✓	✓
	一般商业性助学贷款	✓		✓	✓
	出国留学外汇贷款			✓	
质押类	个人质押贷款	✓	✓	✓	✓
信用类	个人小额短期信用贷款	✓	✓	✓	
	网上贷款	✓			
特色产品及服务	个人住房加按揭服务	✓		✓	
	购房借款合同要素变更调整	✓			
	个人委托贷款			✓	✓
	个人消费额度贷款				✓
	住房贷款减按业务		✓		
	贷款资金托管（上海）		✓		

资料来源：焦宁．中国工商银行个人客户金融服务方案策划研究［D］．沈阳：东北大学，2009.

2.1.3 支付

支付业务是消费者在购买产品和服务时，金融机构提供的资金从消费者账户转移到销售者账户的经营行为。尽管我国消费者在过去很长时间习惯于在个人消费中采用现金支付，但是，随着人们活动范围的扩大、工作生活节奏的加速、消费方式的多样化，在支付方面上，存在着巨大的市场需求。

目前除了银行类金融机构具备合格的支付业务资格，非金融机构提供的支付服务也成为潜在的市场空间，对现有的金融营销格局产生了巨大的影响。

非金融机构的支付服务，是指非金融机构在收付款人之间作为中介机构提供下列部分或全部货币资金转移服务。

（1）网络支付。

（2）预付卡的发行与受理。

（3）银行卡收单。

（4）中国人民银行确定的其他支付服务。

该类非金融机构提供了持牌支付服务，被称为支付机构。

获得中国人民银行支付许可证的部分支付机构名单如表 2－6 所示。

表 2-6　　获得中国人民银行支付许可证的部分支付机构名单

许可证编号	支付机构名称	发证日期
Z2000133000019	支付宝（中国）网络技术有限公司	2014 年 1 月 16 日
Z2000231000010	银联商务有限公司	2013 年 5 月 21 日
Z2000444000013	财付通支付科技有限公司（包括微信支付功能）	2014 年 7 月 8 日
Z2000531000017	通联支付网络服务股份有限公司	2012 年 6 月 27 日
Z2000611000010	开联通网络技术服务有限公司	2014 年 7 月 8 日
Z2000711000019	易宝支付有限公司	2013 年 9 月 30 日
Z2000831000014	快钱支付清算信息有限公司	2012 年 7 月 20 日
Z2002511000017	拉卡拉支付有限公司	2014 年 7 月 10 日

支付服务打破了消费者只能通过银行类金融机构的账户操作才能完成支付的限制。为金融消费者在诸如购物、付费、小规模转款等方面带来便捷，特别是支付服务与移动终端、计算机网络平台的结合，为消费者带来了便利，同时给银行类金融机构同类服务的营销带来挑战。

2.1.4　保险

面向个人消费市场的保险产品一般有两大类：财产险和人寿保险。财产险的主要产品（按照产品的收入份额大小排序）有机动车辆保险（占全部财产产品收入的70%）、企业财产险、意外伤害险、责任保险、农业保险、货物运输保险、工程保险、船舶保险等。人寿保险的主要产品是寿险，占此类保费收入的90%，其余部分为健康险和人身意外伤害险。

2.1.5　证券

本书所涉及的证券是指适用于《中华人民共和国证券法》的股票、公司债券和国务院依法认定的其他证券。理论上证券是多种经济权益凭证的统称，也指专门的种类产品，是用来证明券票持有人享有的某种特定权益的法律凭证。主要包括资本证券、货币证券和商品证券等。狭义上的证券主要指证券市场中的证券产品，其中包括产权市场产品如股票，债权市场产品如债券，衍生市场产品如股票期货、期权、利率期货等。

证券市场分为一级市场和二级市场。一级市场是需要资金的单位（企业和政府部门）通过发行股票和债券，直接从资本市场筹集资金的市场，是股票、债券发行者直接销售给购买者的市场。证券公司在一级市场上协助证券的首次销售（IPO）。与之对应的是证券的二级市场，即股票、债券及其他合法交易证券的持有者（非发行者）向其他个人进行销售的市场，也就是证券的流通市场。

股票是股份公司发行的所有权凭证，是股份公司为筹集资金而发行给股东作为持股凭证并借以取得股息和红利的一种有价证券。每股股票都代表股东对企业拥有一个基本单位的所有权。每只股票背后都有一家上市公司。同时，每家上市公司都会发行股票。每一份股票所代表的公司所有权是相等的。每个股东所拥有的公司所有权份额的大小，取决于其持有的股票数量占公司总股本的比重。股票是股份公司资本的构成部分，可以转让、买卖。

目前，投资者交易在上交所和深交所交易挂牌的A股、基金、债券时，需交纳的各项费用主要有佣金、印花税、过户费、其他费用等。佣金是指投资者在委托买卖证券成交之后按成交金额的一定比例支付给券商的费用。此项费用一般由券商的经纪佣金、证券交易所交易经手费及管理机构的监管费等构成。

债券（Bonds / Debenture）是一种金融契约，是政府、金融机构、工商企业等直接向社会借债筹措资金时，向投资者发行，同时承诺按一定利率支付利息并按约定条件偿还本金的债权债务凭证。债券的本质是债的证明书，具有法律效力。债券购买者或投资者与发行者之间是一种债权债务关系，债券发行人即债务人，投资者（债券购买者）即债权人①。

简而言之，债券包含了以下四层含义。

（1）债券的发行人（政府、金融机构、企业等机构）是资金的借入者。

（2）购买债券的投资者是资金的借出者。

（3）发行人（借入者）需要在一定时期还本付息。

（4）债券是债的证明书，具有法律效力。债券购买者与发行者之间是一种债权债务关系，债券发行人即债务人，投资者（或债券持有人）即债权人。

债券是一种有价证券。由于债券的利息通常是事先确定的，所以债券是固定利息证券（定息证券）的一种。在金融市场发达的国家和地区，债券可以上市流通。在中国，比较典型的政府债券是国库券。

可在证券交易所挂牌交易的债券为上市债券；反之为非上市债券。上市债券的交易方式大致有债券现货交易、债券回购交易、债券期货交易。

债券现货交易：又叫现金现货交易，是债券买卖双方对债券的买卖价格均表示满意，在成交后立即办理交割，或在很短的时间内办理交割的一种交易方式。

例如，投资者可直接通过证券账户在深交所全国各证券经营网点买卖已经上市的债券品种。

债券回购交易：是指债券持有一方，即出券方和购券方在达成一笔交易的同时，规定出券方必须在未来某一约定时间以双方约定的价格再从购券方那里购回原先售出的那笔债券，并以商定的利率（价格）支付利息。深、沪证券交易所均有债券回购交易，机构法人和个人投资者都能参与。

---

① 吴晓求．证券投资学［M］．北京：中国人民大学出版社，2000：23－27.

债券期货交易：是指一批交易双方成交以后，交割和清算按照期货合约中规定的价格在未来某一特定时间进行的交易。

2.1.6 基金

基金的全称是资本市场证券投资基金。基金公司发行基金（基金股份或受益凭证），并将集中起来的投资者的资金分散投资于股票、债券或其他金融资产，并将投资收益分配给基金持有者，是集合投资。目前，基金已成为中小投资者投资资本市场的主要产品。

基金管理费是基金公司的主要收益，管理费用按照基金净资产的固定比例收取。由于市场竞争激烈，基金的购买费用和管理费用是购买者的投资成本。基金的收益取决于基金公司专业化投资质量。

基金按照可否赎回，分为开放式基金和封闭式基金。开放式基金在合同约定的时间和场所申购和赎回，可以发行新份额或者赎回；封闭式基金在未发行之前已经确定，封闭期内（合同期内）不得赎回，不能追加，但可以向第三方转让。

2.1.7 理财产品

理财产品是由商业银行和正规金融机构自行设计并发行，将募集到的资金根据产品合同约定投入相关金融市场及购买相关金融产品，获取投资收益后，根据合同约定分配给投资人的一类理财产品。

理财产品的实质是集合投资。目前，银行人民币理财产品大致可分为债券型、信托型、挂钩型和 QDII 型。

1. 债券型

债券型，投资于货币市场中，投资的产品一般为央行票据与企业短期融资券。由于个人无法直接投资央行票据与企业短期融资券，债券型人民币理财产品实际上为个人客户提供了分享货币市场投资收益的机会。

2. 信托型

信托型，既有投资于由商业银行或其他信用等级较高的金融机构担保或回购的信托产品，也有投资于商业银行优良信贷资产受益权信托的产品。

3. 挂钩型

挂钩型，产品最终收益率与相关市场或产品的表现挂钩，如与汇率挂钩、与利率挂钩、与国际黄金价格挂钩、与国际原油价格挂钩、与道·琼斯指数或与港股挂购等。

4. QDII 型

QDII（Qualified Domestic Institutional Investor），合格境内机构投资者。QDII 型人民币理财产品，即客户将手中的人民币资金委托给合格境内机构投资者，由其在境外投资，到期后将投资收益及本金结汇成人民币后分配给客户的理财产品。

2.1.8　信托

信托，其字面意思为“受人之托，替人理财”，我国 2001 年 10 月 1 日施行的《中华人民共和国信托法》第 1 章第 2 条中对信托进行了如下诠释：信托是指委托人基于对受托人的信任，将其财产权委托给受托人，由受托人按委托人意愿以自己的名义，为受益人的利益或者特定目的进行管理或者处分的行为。信托与银行、证券公司、保险一起成为现代中国金融体系主要组成部分。信托公司受银保监会监管，持有监管机构颁发的颁发标准金融牌照。

信托计划：是信托公司发起设立和管理，由合格的委托人投资，由独立账户进行托管（收取托管费），用于投资有实力融资方的优质项目的金融产品。

信托计划的分类：①集合资金信托计划（面向一般客户买销售）；②单一资金信托计划（面向高端委托人销售）。（备注：所有的集合资金信托计划都需要经过银保监会审批和监管。）

2.1.9　外汇

面向个人金融消费者的外汇服务主要包括境内外汇款、外汇借记卡、支票、自主存取。提供外汇买卖的渠道包括网上银行、电话银行、手机银行、短信银行、ATM 机、营业网点柜台。外汇服务的提供者主要是商业银行。

2.1.10　贵金属

贵金属主要指金、银和铂族金属（钌、铑、钯、锇、铱、铂）8 种金属元素。

贵金属投资分为实物投资和电子盘交易投资。实物黄金买卖包括金条、金币和金饰等交易，以持有黄金作为投资。其中金币有两种，即纯金币和纪念性金币。其中，纯金币的价值基本与黄金含量一致，价格随国际金价波动，流通变现能力强，并具有保值功能。市场参与者主要有黄金生产商、提炼商，投资者和其他需求方。实物黄金投资有两个缺点：一是必须支付储藏和安全费用；二是持有黄金无利息收入。

电子盘交易是指根据黄金、白银等贵金属市场价格的波动变化，确定买入或卖出，这种交易一般都存在杠杆，可以用较小的成本套取较大的回报。在通货膨胀加剧、全球经济形势的动荡，或者世界金融危机爆发时，具有避险保值功能的贵金属投资需求会呈现出爆发式的增长。这是由于贵金属的变现性和保值性高，可以抵御通胀带来的币值变动和物价上涨。

纸黄金：纸黄金交易没有实物黄金介入，是一种由银行提供的金融投资产品。该金融产品为贵金属交易专门开设账户，不通过实物买卖，而是通过记账方式投资黄金，交易成本低，手续便利。

黄金期货：黄金期货的购买和销售，都是在合同到期日前出售或者购回与先前合同相同数量的合约，也就是平仓，无须真正交割实物黄金，每笔交易所得利润或亏损，等于两笔相反方向合约买卖差额。

2.1.11 期货

我国的期货市场分为商品期货市场和金融期货市场两类。商品期货市场品种目前有17个，涉及农产品、金属、能源和化工领域，我国主要期货交易所及主要交易品种如表2-7所示。国际市场大宗商品的期货交易品种也基本都在中国市场上市交易。金融期货市场于2010年4月推出金融衍生产品——沪深300股指期货。

表2-7 我国主要期货交易所及主要交易品种

交易所	交易品种
上海期货交易所	铜、铝、锌、铅、天然橡胶、燃料油、黄金、螺纹钢、线材
郑州商品交易所	硬麦、强麦、棉花、白糖、精对苯二甲酸（PAT），菜籽油，早籼稻
大连商品交易所	黄大豆、豆粕、玉米、豆油、线性低密度聚乙烯（LLDPE）、棕榈油、聚氯乙烯（PVC）
中国金融期货交易所	沪深300股指期货

资料来源：http：//www. csrc. gov. cn/pub/zjhpublic/G00306209/qhscjyzb/201908/t20190812_ 360532. htm? keywords = % E6% 9C% 9F% E8% B4% A7.

2.1.12 艺术品金融

艺术品金融是以艺术品为核心设计出来的金融产品和服务，在资本主义发展历史悠久的欧美国家，已经形成了比较成熟的艺术品金融市场。而在我国，目前仅处于被关注的阶段。尽管从发展前景来看，艺术品金融市场的形成是经济发展到一定阶段的必然，但是目前操作层面仍然存在不确定的因素。案例阅读2-1介绍了发达国家艺术品金融市场的形成与发展历程。通过阅读材料我们可以了解一些艺术品金融市场的基本概况。

案例阅读2-1 艺术品金融市场的形成与发展①

艺术品金融化在西方金融界有着悠久的历史，世界上历史最悠久和投资业务最大的几家银行，包括瑞士联合银行、瑞士信贷、荷兰银行等金融机构，都涉猎并已经形成了一套完整的艺术银行服务系统，下设有专门的艺术银行部。在中国，艺术品被视

① 案例改编自：黄隽．艺术品与金融的融合需要深刻理解其内在逻辑，https：//finance. sina. com. cn/roll/2016-04-06/doc-ifxqxcnz9192706. shtml.

为资产，艺术品金融产品涉足银行、信托、证券、基金、保险、租赁等几乎所有的金融门类，相关金融机构如银行、信托、基金等，纷纷介入艺术品领域，金融资本的介入，使艺术品成为一种投资产品；金融资本与艺术品投资的融合，使艺术资源变为金融资产。

商业银行的艺术品金融业务，主要包括艺术品质押贷款、拍卖过程的保证金贷款、分期付款、高净值客户的私人银行艺术品服务。

中国的商业银行与欧美国家银行相比，其私人银行的艺术品金融业务上的差异在于：第一，欧美国家的银行不少都做艺术品的自营业务，也就是说，银行自己会大量收藏和投资艺术品。例如摩根大通银行、德意志银行等本身都拥有不少艺术家的作品。而在中国，较少银行直接进入艺术品市场购买艺术品。第二，艺术品的贷款抵质押的要求不同。目前国内有一些银行与拍卖公司或艺术品经营机构合作的艺术品拍卖成交付款的贷款。由于艺术品专业门槛较高和国内诚信缺失，银行无从判别艺术品的价值，所以除了要求将艺术品质押并按照估值提供一定折扣的贷款外，一般还要求拍卖公司为贷款提供担保。而欧美国家针对私人银行客户的艺术品抵质押贷款只需根据专业机构对艺术品的估值，就可给一定折扣的贷款。总体来说，欧美银行涉足艺术品市场的程度更深，服务也更为专业。

在信托业务方面，2009—2011 年是中国艺术品市场最高峰的年份，很多信托公司都做了艺术品融资和投资的业务。最近几年，事务管理类信托业务中的家族信托和消费信托发展迅速。数以百万计的民营企业家面临代际传承难题，艺术品资产可以作为传承家庭文脉的上佳选择。艺术品消费信托面对高净值人群的消费需求，在将有经济实力和消费意愿的人群导入到艺术品市场上起着重要的作用。

艺术品市场的活跃催生了展览、运输、仓储对专业艺术品保险的需求。同时艺术品租赁的艺术银行、互联网金融产品艺术品 P2P 平台、众筹也非常活跃。

中国艺术品金融市场的出现是最近十几年的事情，还处于探索和尝试的过程中，需要时间检验、消化和总结。一方面，艺术品资产的精神价值是其他股票、债券等传统资产无法比拟的；另一方面，艺术品的异质性、交易的不频繁、藏购的专业门槛较高，使非标准化的艺术品与金融对接难度较大，很难作为金融机构的常规业务批量复制。虽然艺术品生产、评估、抵押、流通、保管、保险、物流、消费等方面有很多金融机构的业务机会，但是艺术品与金融各自的专业性很强，两者的融合需要深度理解两个市场的特质、属性和内在逻辑，只有把握了规律，控制住风险，才能带来利润流，形成财务上可持续的商业模式。

艺术品要成为一个产业，必须要有多数人关注。艺术品金融产品主要分为两大类：财富管理和艺术消费。财富管理主要服务高净值客户，在高端拍卖市场明显萎缩的今天，高端艺术财富管理的市场压力较大，精耕细作很重要。艺术消费金融产品对于处于中等收入国家的中国，不仅受众广泛，而且消费类金融产品的风险小很多。在中国，有大量具有经济实力和消费意愿的人群，通过艺术消费金融产品将他们导入到艺术品市场很有意义。

艺术品金融市场的发展，是以金融机构设计的成熟艺术品金融产品（服务）为基础的。案例阅读2-2介绍了国外金融机构的艺术银行业务实务操作。

案例阅读2-2　国外商业银行的艺术银行业务①

世界上历史最久和规模最大的几家银行，例如，瑞士联合银行集团、德意志银行、巴黎银行、荷兰银行、摩根大通银行等，都有相当完整的艺术银行部和一整套艺术银行服务系统，包括从鉴定、收藏到保存、信托等。

例如，加拿大艺术银行的主要业务活动包括购买、租赁和衍生服务。就购买环节而言，有意出售作品的艺术家需要向加拿大艺术银行提出申请，如果申请被接受的话加拿大艺术银行就会委派专家对艺术家进行考察。这些专家对艺术家的作品价值进行评估之后，会向加拿大艺术银行提供评估报告和购买建议。

加拿大艺术银行通过购买加拿大当代艺术家的作品并将之租借给各地的客户，使办公场所和公共空间都能接触到加拿大艺术家的作品，从而使更广泛的受众接触到加拿大当代艺术。它租借的艺术品适合面对公众和私人部门的办公环境，客户辐射加拿大境内外。作为一家自负盈亏的机构，它用挣来的所得通过同行评估机制购买艺术家的作品，最终支持艺术家的创作。

被欧洲货币杂志社评为“世界最佳艺术银行”的瑞士联合银行集团（简称瑞银）的瑞银艺术银行的艺术银行业务主要由5个部分组成：艺术研究业务、艺术交易业务、艺术管理业务、结构解决业务、艺术平台业务。

艺术研究业务为客户提供收藏品市场的相关信息；艺术交易业务为客户提供艺术交易和收藏体系建立等方面的建议；艺术管理业务为客户提供收藏品估价服务，以及收藏品运输、保险、仓储和修复等方面的服务；结构解决业务为客户提供艺术资产保护方面的服务，例如协助遗产继承人或基金会保护艺术资产；艺术平台业务以巴塞尔艺术博览会和巴塞尔迈阿密艺术博览会等艺术展会为平台，为客户提供现场的艺术银行服务。

瑞银艺术银行的重要优势在于艺术银行业务与艺术收藏体系相得益彰。因为“艺术银行涉及艺术品买卖、维护、估值等咨询服务，艺术资产信托、管理、保护等，而其艺术银行的广泛声誉，也得益于瑞银艺术收藏体系的存在以及艺术赞助等活动带来

---

① 案例改编自：马健．国外艺术银行的运作模式与影响_ 基金_ 雅昌新闻 https：//news. artron. net/20140719/n630606_ 3. html.

的客户信任。瑞银的收藏体系，本身就是一个金字招牌，无疑对其现有和潜在客户都有一定的号召力。”

与瑞士联合银行集团的艺术银行业务相比，德意志银行的艺术银行业务显得低调得多。事实上，德意志银行本身的收藏规模就蔚为壮观，甚至比许多专业美术馆的收藏品数量还要多。作为世界上规模最大的机构收藏者之一，德意志银行的艺术银行业务主要由以下四个方面组成。

第一方面是收藏体系规划，即新收藏的建立或现有收藏的拓展。德意志银行借助其多年艺术收藏运作的经验和国际化的网络平台，为客户寻找高质量、保值的艺术品。在尊重客户个人艺术爱好的基础上，通过拍卖行、展会、画廊等途径，为客户提供战略性规划、规避不当投资风险。

第二方面是价值保存，当客户希望保有现存的艺术收藏或者想在此基础上进一步发展时，德意志银行为其提供价值评估、鉴定和相关文件。此外，还提供艺术资产的修复、运输和保险方面的建议，同时也提供个人基金会筹建、艺术品捐献等建议和规划。

第三方面是未来规划，这一业务涉及遗产继承。当客户继承了一批艺术品和古董时，德意志银行可以为其提供各种可选择的发展建议，包括巩固遗产所得、拆分遗产以达到价值最大化等。

第四方面是收藏管理。当客户苦于收藏管理过于耗费时间时，德意志银行为其提供专家帮助，包括确立收藏观念和艺术市场运营建议，也可以提供实际的操作，代理客户的收藏管理。作为世界上最早涉足当代艺术收藏的商业银行，摩根大通银行已经拥有 30000 余件收藏品。摩根大通银行的艺术银行业务正是建立在其丰富的当代艺术收藏基础之上。

与瑞士联合银行集团和德意志银行的艺术银行业务相比，摩根大通银行并没有单独开展艺术银行业务，而是将其置于私人银行业务中的私人资产管理。收藏品与珠宝、航空器、船只、古董汽车等一起归入私人资产之中。摩根大通银行对这些个人资产提供财产管理和增值、财产转移、信托、财产保护等服务，同时还设有专门的“基金会和捐赠”业务。

随着国民经济的发展、国民收入水平的上升，艺术品市场逐渐形成，针对艺术品需求的金融产品也成为一个重要的金融产品类型。

2.1.13 商业银行中间业务

我国有明确的文件对中间业务的定义和业务进行说明。根据中国人民银行《商业银行中间业务暂行规定》，商业银行中间业务的分类和定义如下。

定义：中间业务是指不构成商业银行表内资产、表内负债，形成银行非利息收入的业务。

业务分类：商业银行中间业务可分为以下九大类。

1. 支付结算类中间业务

支付结算类中间业务是指由商业银行为客户办理因债权债务关系引起的与货币支付、资金划拨有关的收费业务。

（1）结算工具。结算业务借助的主要结算工具包括银行汇票、商业汇票、银行本票和支票。

①银行汇票是出票银行签发的、由其在见票时按照实际结算金额无条件支付给收款人或者持票人的票据。

②商业汇票是出票人签发的、委托付款人在指定日期无条件支付确定的金额给收款人或持票人的票据。商业汇票分银行承兑汇票和商业承兑汇票。

③银行本票是银行签发的、承诺自己在见票时无条件支付确定的金额给收款人或者持票人的票据。

④支票是出票人签发的、委托办理支票存款业务的银行在见票时无条件支付确定的金额给收款人或持票人的票据。

（2）结算方式。结算方式主要包括同城结算方式和异地结算方式。

①汇款业务，是由付款人委托银行将款项汇给外地某收款人的一种结算业务。汇款结算分为电汇、信汇和票汇三种形式。

②托收业务，是指债权人或售货人为向外地债务人或购货人收取款项而向其开出汇票，并委托银行代为收取的一种结算方式。

③信用证业务，是由银行根据申请人的要求和指示，向收益人开立的载有一定金额，在一定期限内凭规定的单据在指定地点付款的书面保证文件。

（3）其他支付结算业务，包括利用现代支付系统实现的资金划拨、清算，利用银行内外部网络实现的转账等业务。

2. 银行卡业务

银行卡是由经授权的金融机构（主要指商业银行）向社会发行的具有消费信用、转账结算、存取现金等全部或部分功能的信用支付工具。银行卡业务的分类方式一般包括以下几类。

（1）依据清偿方式，银行卡业务可分为贷记卡业务、准贷记卡业务和借记卡业务。借记卡可进一步分为转账卡、专用卡和储值卡。

（2）依据结算的币种不同，银行卡可分为人民币卡业务和外币卡业务。

（3）按使用对象不同，银行卡可以分为单位卡和个人卡。

（4）按载体材料的不同，银行卡可以分为磁性卡和智能卡（IC 卡）。

（5）按使用对象的信誉等级不同，银行卡可分为金卡和普通卡。

（6）按流通范围不同，银行卡可分为国际卡和地区卡。

（7）其他分类方式，包括商业银行与营利性机构/非营利性机构合作发行联名卡/认同卡。

3. 代理类中间业务

代理类中间业务，指商业银行接受客户委托、代为办理客户指定的经济事务、提供金融服务并收取一定费用的业务，包括代理政策性银行业务、代理中国人民银行业务、代理商业银行业务、代收代付业务、代理证券业务、代理保险业务、以及其他代理业务等。

（1）代理政策性银行业务，指商业银行接受政策性银行委托，代为办理政策性银行因服务功能和网点设置等方面的限制而无法办理的业务，包括代理贷款项目管理等。

（2）代理中国人民银行业务，指根据政策、法规应由中央银行承担，但由于机构设置、专业优势等方面的原因，由中央银行指定或委托商业银行承担的业务，主要包括财政性存款代理业务、国库代理业务、发行库代理业务、金银代理业务。

（3）代理商业银行业务，指商业银行之间相互代理的业务，例如为委托行办理支票托收等业务。

（4）代收代付业务，指商业银行利用自身的结算便利，接受客户的委托代为办理指定款项的收付事宜的业务，例如代理各项公用事业收费、代理行政事业性收费和财政性收费、代发工资、代扣住房按揭消费贷款还款等。

（5）代理证券业务，指银行接受委托办理的代理发行、兑付、买卖各类有价证券的业务，还包括接受委托代办债券还本付息、代发股票红利、代理证券资金清算等业务。此处有价证券主要包括国债、公司债券、金融债券、股票等。

（6）代理保险业务，指商业银行接受保险公司委托代其办理保险业务的业务。商业银行代理保险业务，可以受托代个人或法人投保各险种的保险事宜，也可以作为保险公司的代表，与保险公司签订代理协议，代保险公司承接有关的保险业务。代理保险业务一般包括代售保单业务和代付保险金业务。

（7）其他代理业务，包括代理财政委托业务、代理其他银行银行卡收单业务等。

4. 担保类中间业务

担保类中间业务指商业银行为客户债务清偿能力提供担保，承担客户违约风险的业务。主要包括银行承兑汇票、备用信用证、各类保函等。

（1）银行承兑汇票，是由收款人或付款人（或承兑申请人）签发，并由承兑申请人向开户银行申请，经银行审查同意承兑的商业汇票。

（2）备用信用证，是开证行应借款人要求，以放款人作为信用证的收益人而开具的一种特殊信用证，以保证在借款人破产或不能及时履行义务的情况下，由开证行向收益人及时支付本利。

（3）各类保函业务，包括投标保函、承包保函、还款担保函、借款保函等。

（4）其他担保业务。

5. 承诺类中间业务

承诺类中间业务是指商业银行在未来某一日期按照事前约定的条件向客户提供约定信用的业务，主要指贷款承诺，包括可撤销承诺和不可撤销承诺两种。

（1）可撤销承诺附有客户在取得贷款前必须履行的特定条款，在银行承诺期内，客户如没有履行条款，则银行可撤销该项承诺。可撤销承诺包括透支额度等。

（2）不可撤销承诺是银行不经客户允许不得随意取消的贷款承诺，具有法律约束力，包括备用信用额度、回购协议、票据发行便利等。

6. 交易类中间业务

交易类中间业务指商业银行为满足客户保值或自身风险管理等方面的需要，利用各种金融工具进行的资金交易活动，主要包括金融衍生业务。

（1）远期合约，是指交易双方约定在未来某个特定时间以约定价格买卖约定数量的资产，包括利率远期合约和远期外汇合约。

（2）金融期货，是指以金融工具或金融指标为标的的期货合约。

（3）互换，是指交易双方基于自己的比较利益，对各自的现金流量进行交换，一般分为利率互换和货币互换。

（4）期权，是指期权的买方支付给卖方一笔权利金，获得一种权利，可于期权的存续期内或到期日当天，以执行价格与期权卖方进行约定数量的特定标的的交易。按交易标的分，期权可分为股票指数期权、外汇期权、利率期权、期货期权、债券期权等。

7. 基金托管业务

基金托管业务是指有托管资格的商业银行接受基金管理公司委托，安全保管所托管的基金的全部资产，为所托管的基金办理基金资金清算款项划拨、会计核算、基金估值、监督管理人投资运作。包括封闭式证券投资基金托管业务、开放式证券投资基金托管业务和其他基金的托管业务。

8. 咨询顾问类业务

咨询顾问类业务指商业银行依靠自身在信息、人才、信誉等方面的优势，收集和整理有关信息，并通过对这些信息以及银行和客户资金运动的记录和分析，形成系统的资料和方案，提供给客户，以满足其业务经营管理或发展需要的服务活动。

（1）企业信息咨询业务，包括项目评估、企业信用等级评估、验证企业注册资金、资信证明、企业管理咨询等。

（2）资产管理顾问业务，指为机构投资者或个人投资者提供全面的资产管理服务，包括投资组合建议、投资分析、税务服务、信息提供、风险控制等。

（3）财务顾问业务，包括大型建设项目财务顾问业务和企业并购顾问业务。大型建设项目财务顾问业务指商业银行为大型建设项目的融资结构、融资安排提出专业性方案。

企业并购顾问业务指商业银行为企业的兼并和收购双方提供的财务顾问业务，银行不仅参与企业兼并与收购的过程，而且作为企业的持续发展顾问，参与公司结构调整、资本充实和重新核定、破产和困境公司的重组等策划和操作过程。

（4）现金管理业务，指商业银行协助企业，科学合理地管理现金账户头寸及活期存款余额，以达到提高资金流动性和使用效益的目的。

9. 其他类中间业务

其他类中间业务包括保管箱业务以及其他不能归入以上八类的业务。

以上是监管机构对中间业务的相关规定。

金融机构的产品（服务）存在差别，是开展差异化营销的基础。策划人员通过比较分析各金融机构产品服务的差异点，设计营销方案，突出自身的产品优势。

2.2 金融需求

本章第一部分详细罗列并解释了个人金融市场上的主要金融产品与服务。表2－8列举了部分个人消费者的金融需求以及金融机构当前提供的对应产品。

表2－8　　个人金融消费者的金融需求及金融机构提供的对应产品

金融需求（个人金融消费者）	对应的金融产品（金融机构）
可以安全、方便地存取现金的账户；便于管理资金进出及支付转账的账户	活期存款账户、各种支付平台
可以安全存放现金并有一定利息收入	活期及定期存款账户、基金、部分保险产品、信托、理财产品
投资需求	期货、基金、证券、外汇
能够满足消费要求的金融产品	消费贷款、信用卡
支持实现购买房产、汽车的金融安排	按揭贷款、汽车贷款
能够保护并弥补财产损失风险	财险
能够弥补保护人身在失业、退休、疾病、意外中承受的风险	寿险、医疗保险、意外险等

金融需求是金融产品与服务的营销基础。尽管现有的金融机构提供了丰富多样的金融产品，但是，消费者的金融需求并没有得到完全的满足。消费者生活模式、工作模式、消费模式等都在发生改变，对金融的需求也越来越细化，要求也越来越高。

每一家银行的目标客户群都有差别。表2－9选择比较了外资银行渣打银行和股份制银行民生银行的部分个人银行金融产品和服务，可以看到各个银行提供给客户的金融产品与银行的市场定位以及目标市场有关。

表 2-9　金融机构为目标市场提供的金融服务和产品对比

渣打银行	为国际客户在生活、子女教育、工作中产生的金融需求提供产品与服务	民生银行	除常规客户外，针对小微企业主这一目标群体提供了针对性的金融服务
个人金融服务产品	信用卡 借记卡 账户与存款 投资理财：特别对有海外求学、经营的个人客户有多种产品 保险	个人金融服务产品	储蓄：如存贷合一卡 贷款 理财产品 基金产品 贵金属 出国金融 便利金融（汇款，代收） 账户交易产品 商贷通（小微企业主）
服务	支付宝快捷支付 国际银行服务 挂钩国际学校学分的公益活动	便捷服务	手机充值 备付金查询 养老金查询
服务渠道	网上银行 电子银行 信用卡在线服务渠道 ATM 短信银行	渠道	服务网点 自助设备 手机银行 网上银行

再以支付服务为例。中国传统的现金支付手段不断发生变革。信用卡的普及成为一段时间内的主要支付手段。而借助移动终端和网络的第三方支付，因为其灵活的服务形式，能更好地满足消费者和商家的支付需要，在短短几年内快速占据了市场。

案例阅读 2-3 介绍了第三方支付市场规模及运营公司的发展，个人金融需求中存在一个巨大的空白，现有金融机构没有能够满足这个需求空白的产品和服务，因此为第三方支付的发展提供了机会。

案例阅读 2-3　2015 年第三方支付市场支付宝份额占大头①

2015 年第三方支付市场核心数据显示，2015 年中国第三方移动支付交易规模达到 101713.6 亿元，同比增长 69.7%，同比增速较 2014 年大幅下降。中国第三方移动支付

① 改编自：http://news.iresearch.cn/zt/259694.shtml.

市场由于巨头的补贴和App（应用程序）的活跃，使得人们逐步适应移动终端支付方式，移动支付在2013—2014年得到高速发展。在线上增长相对缓和后，各大第三方支付机构开始线下扩展，如餐馆、超市、商场等，使其线下消费场景的业务得到增长。数据显示，2015年中国第三方移动支付市场交易总规模达9.31万亿元，同比增长57.3%。

在移动支付领域，主流的厂商有支付宝、财付通、易宝支付等。数据显示，在2015年第三方移动支付交易规模市场份额中，支付宝以72.9%的份额居首，财付通（微信+QQ）以17.4%位居第二，拉卡拉、百度钱包、易宝支付的市场份额均在1%以上，分别为3%、2.2%、1.5%；快钱、平安付、京东支付、连连支付相对较小。

而具体到第三方支付公司的市场表现，2015年中国第三方互联网支付交易规模市场份额（见图2-1）支付宝稳居第一，占比达47.5%，财付通位居第二，占比不到支付宝的一半。

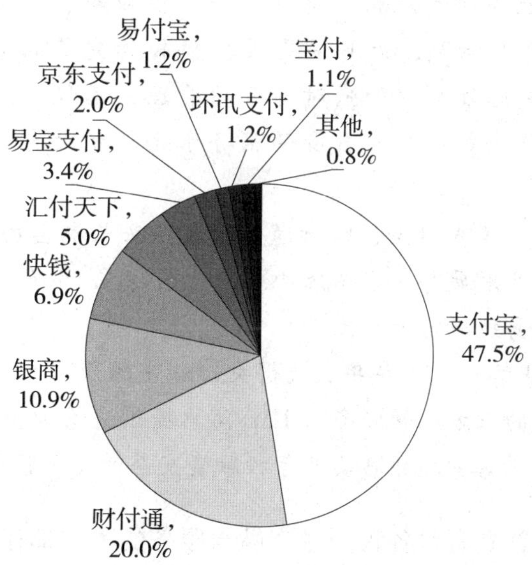

图2-1　2015年中国第三方互联网支付交易规模市场份额

注释：1. 互联网支付是指客户通过桌式电脑、便携式电脑等设备，依托互联网发起支付指令，实现货币资金转移的行为；2. 统计企业中不含银行、银联，仅指规模以上非金融机构支付企业；3. 2015Q4中国第三方互联网支付交易规模为35481.3亿元；4. 艾瑞根据最新掌握的市场情况，对历史数据进行修正。

资料来源：综合企业及专家访谈，根据艾瑞统计模型核算。

移动互联网的快速发展，使得各支付公司都积极布局移动终端，2015年支付宝用户移动终端支付占比已超过半数，达到65%的比例，PC端的用户黏性不断下降，互联网交易规模增速有所放缓，相较于2014年，支付宝2015年市场份额降至47.5%。支付宝由于其电商业务和金融业务的支撑，以及线下场景的开拓，因而遥遥领先；而财付通则是以连接器的方式，连接各行各业（如打车、餐饮、理财等）

使其得到增长；拉卡拉依托其线下社区电商和金融业务；百度钱包则打通手机百度、百度糯米、百度地图、91 助手等 14 款用户过亿 App 的入口流量，使其在电影票、餐饮等 O2O 领域得到发展。易宝支付在航旅行业具有优势，同时其金融业务的全面发展，如网络借贷、金融超市、众筹、金融超市等，以及与购物场景的合作，使其得到快速发展。

2015 年，财付通金融战略升级，构建开放合作平台，依托微信和 QQ 社交工具，拓展支付场景，将移动支付与互联网支付相结合，2015 年市场份额达 20%。

艾瑞咨询认为，京东拥有以支付为基础的七大业务线，能结合自身电商优势加快互联网金融的布局，拓展京东金融版图，虽然 2015 年京东支付市场份额占比仅为 2.0%，但未来将更具发展潜力。

此外，虽然 2015 年 P2P 行业面临行业监管和规范化发展，但整体交易规模仍呈现出较高增长，汇付天下、易宝支付及宝付获得较快增长。

2015 年各支付企业深耕于航旅、电商 B2B、供应链、互联网金融等领域，如易宝支付、快钱、中金支付等，为 B 端企业提供较为完善的第三方支付行业解决方案，帮助企业提高支付效率，加强对资金的管理，不仅有助于促进行业支付水平的提高，也有助于提升支付企业自身的服务水平，扩大自身在行业中的影响力和竞争力。

在显示的数据中，除了支付宝、财付通等支付巨头长期占据市场份额前两位，一些独立的第三方支付企业发展势头也不容小觑。宝付以 1.1% 的占比，进入 2015 年中国第三方互联网支付交易规模前十的位置。

支宝付成立于2010 年，2011 年年底获得央行颁发的《支付业务许可证》。作为第三方支付企业，其平台的三方托管服务为 P2P 商户提供交易资金的网关支付和结算服务，满足 P2P 网贷平台为客户提供各类基于投融资交易的支付服务需求。

与支付市场相似，消费者对各种金融产品与服务的需求都存在巨大的空间未被满足。这一方面是金融市场发育水平限制了金融产品在开发与营销上的速度和规模，另一方面也是因为金融产品与服务的提供者在技术及管理方面存在短板。

案例阅读 2 -4 以拉卡拉针对消费人群的金融需求提供金融服务为例，说明了发现客户金融需求，并根据需求进行金融产品（服务）设计的思路和方法。

案例阅读 2 -4　超前消费观盛行　拉卡拉信贷产品满足多样金融需求[①]

消费者不仅消费能力不断提升，超前消费的观念也越来越盛行，各色的小额信贷

① 改编自：http：//tech. qianlong. com/2016/0810/822283. shtml.

产品成为了人们常常办理的金融业务之一。当人们想要购买某件物品，或有资金急用时，与其开口向亲朋好友借钱，不如点开手机中的 App 直接在线申请。针对多样化的消费场景，拉卡拉推出了不同的信贷产品，满足用户在金融信贷方面的需求。

超前消费观的早期普及，信用卡功不可没。据统计，在2006—2015 年的十年间，信用卡累计发行量将近26 亿张。其中，仅2015 年、2016 年两年的发行量就占到十年总发行量的1/3。信用卡的发卡量不断增加，使用率也在逐年提升。然而，许多信用卡持卡人发现，自己的发薪日与信用卡还款的时间具有一定的时间差。有时是工资未到，还款日先到，这给信用卡消费造成了诸多限制。这样的时间差也让发薪日贷款拥有十分广阔的市场。

作为最早一批服务中国信用卡持卡人的金融机构，拉卡拉通过对用户金融需求的研究，推出的“替你还”成为国内首个发薪日贷款产品。拉卡拉“替你还”额度在1000 元到 10000 元，覆盖了大多数信用卡的额度。申请人可根据自己发薪日的时间，将还款周期设在 1 ~4 周，待到发薪日之后再将钱一次性归还给拉卡拉即可。

拉卡拉为个人用户提供“替你还”“易分期”和“员工贷”等信贷产品，除了前文提到的“替你还”外，“易分期”的额度在1000 元至10 万元，“员工贷”则在3 万元至30 万元，分期周期也在6 ~36 个月不等。小到手机、电脑等商品消费，大至买车、购房等大额支出，拉卡拉信贷产品均能够覆盖。

通过拉卡拉钱包 App 实际操作后可以发现，除了各信贷产品覆盖范围广之外，申请流程也十分简便。拉卡拉的三款信贷产品均为在线申请，无须抵押与担保，在填写了相关的资料后提交，审核放款十分迅速。基于拉卡拉的风控水平，即便是额度高达30 万元的“员工贷”，也能够实现当天放款。

支付公司通过产品创新来应对市场竞争，创新的基础是分析金融需求的变化和特点。换而言之，金融产品与服务是以金融需求为导向的。这既是现代营销理论的核心思想，也是市场经济的规律。

2.3 策划实务

2.3.1 金融产品或者服务的描述

这一节，我们将首先练习如何描述、介绍金融产品（服务）。

产品名称：每个金融机构给自己产品和服务起的名字。

产品类型：每一种金融产品根据其收益率特点，都有一个具体的归类，如非保本浮动收益型的理财产品、证券投资类集合资金信托计划。

产品的管理：顾客购买了金融产品，实际是把资金或者资产交给金融机构，金融机构帮助顾客实现资金（资产）的保存、投资等金融目标。因此，要说明金融机构营销的该款金融产品的管理细节。例如，理财类产品说明其资金投向和投资组合安排；

信托类产品说明其投资范围和资产配置比例。

管理方式还包括收益的预期收益率、是否保本、管理费用、账户管理、利率、风险等。其中，金融机构通过设计的产品和服务，获得顾客的资金并通过对资金的运用，为顾客获得收益，这种劳动也是金融机构收取顾客管理费用的基础。但是，必须非常详细地书面告知顾客各种管理费用的收取方式。

1. 信托计划费用

认购费率 1.00%（可视认购金额免除）；固定信托报酬 0.50%/年；托管费率 0.03%/年；浮动业绩报酬 5%（针对信托计划单位净值 1 以上部分收取）。

定增基金费用：管理费 1%/年（按日计提）；托管及运营外包费不超过 0.2%/年；业绩报酬：收益部分的 15%（针对定增基金净值 1 以上部分收取）。

2. 理财产品费用、收益分析及计算

（1）理财资金管理费用：销售费用及其支付方式；固定管理费及其支付方式；托管费及其支付方式；浮动管理费及其支付方式；交易费用（以上费用一般为理财本金金额乘以一个年化比率）。

（2）收益分析。

①收益分析来源。投资资产所得的利息、买卖资产的差价、信托收益权转让产生的收益、银行存款利息以及其他投资所得。

②理财收益公式。（理财产品实际投资收益率 - 交易费费率 - 销售费费率 - 托管费费率 - 固定管理费费率 - 浮动管理费费率）×（理财收益计算期限 ÷ 365）× 客户理财本金。

一般情况下，根据客户的购买规模，费率和收益率有所差别。对于购买规模大的客户，费率有所优惠，收益率有所提高。传统的金融机构都设置了金融产品和服务的购买门槛。例如，银行的理财产品一般是 5 万元起售；基金销售视渠道而有差别，银行等渠道要求 1000 元起售；定投根据合同要求，资金可以 100 元起。

新兴的非金融机构的销售渠道，例如余额宝，门槛极低，几元钱也可以购买金融产品，获得利息收入。

这些都是金融产品的差异化营销。

2.3.2 对应的金融需求分析

金融消费需求对不同资产规模和收入水平的顾客有不同的含义。金融机构一般会根据顾客的资产规模和收入（职业）先进行市场细分，再提供有针对性的服务。因此，在策划营销方案时，分析描述目标市场的金融需求是十分必要的。

案例阅读 2-5 是某外资银行推出的理财产品文案，该产品是针对企业经营主这一细分市场的特别金融需求而设计的。

案例阅读2－5 企业家金融方案[①]

人生的成功，事业和家庭兼顾才算圆满。商业之路，您想运筹帷幄，成就不凡；事业之上，您愿家人尊荣共享，财富传承，家业常青。

本行推出的“YX理财”即为企业家实现个人灵活变通和财富自由而设计的。

（1）专业个人财富管理。

（2）周全计划保障一生。

（3）企业家专属优先体验。

（4）企业家专属产品定制。

财富管理：为您在纷繁复杂的金融市场中精选资讯，提供专业的研究报告和投资者教育，助您将宝贵的精力和时间专注于您的事业，而财富管理则有我们鼎力帮助。

保障一生：作为家庭的经济支柱，为自己做好周全保障才能给家人带来更多安心。我们帮助您制订健康、财务安全以及应对未来不确定的周全计划。

优先体验：现有企业主，将有机会享受免除一年的“优先理财”账户管理费的优先体验。

产品定制：针对您作为企业主的特定身份，我们为您定制相关保险产品，合理地将您自身和企业的风险进行隔离。

“优先理财”，作为您值得信赖的金融伙伴，助您成就商业梦想与财富之上的心愿，让家业代代传承。

（1）定制化家庭财富管理。

（2）专业团队助力把握财富先机。

（3）优先礼遇家庭共享。

（4）子女成长一路相伴。

专属客户经理提供定制化的财富管理方案：针对您的财务状况、风险承受度与财富目标，以资产配置理念和“智衡家庭财富规划系统”，为您定制财富管理方案。并为您跟踪回顾方案的表现，根据市场情况及时调整。

专业投资团队为您提供及时权威的市场资讯和研究报告：我们自有的全球研究团队每周为您提供市场最新趋势。

为您配置的专属“家庭财富团队”（包括投资顾问、财富安全规划师和外汇专员）随时提供专业的市场解读，助您捕捉市场机会。

家庭共享：家庭各成员账户资产只需加总达到优先理财资质要求，您的家人都可以升级为优先理财客户，与您共同享受外资银行的一流服务及各项尊崇礼遇、产品及费率优惠和优先银行服务（仅限配偶和直系亲属）。

---

① http：//scb. helloshineshow. com/entrepreneur/index. html？from = timeline.

为子女保驾护航："天骄少年"成长账户，帮助您的孩子从小培养财商、情商和综合素养，助力您的孩子在未来成长发展的道路上自信独立、乐观前行。"畅学宝"深耕留学家庭诉求，满足储蓄、投资、保障多种金融需求。

从以上产品说明文案可以看出，企业主的个人金融需求有其特殊性，因此，金融机构针对该群体的需求设计金融产品能够更好地服务该目标市场客户。

本章对主要的个人及家庭所需的金融产品进行了介绍。同时简要地说明了金融机构如何分析和描述目标市场的金融需求，并针对需求进行金融产品的开发和设计。

复习思考题

1. 试说明个人及家庭所需的主要金融产品。
2. 试介绍和说明商业银行中间业务。
3. 如何发现和描述金融需求？

实训项目

一、实训目标

观察和分析个人及家庭的消费金融需求，并学会对金融需求进行描述。

二、实训内容

1. 阅读本章末所附的案例阅读2－6《消费金融需求不断增长　巨头涌入加速产业发展》。

2. 设计市场调查，选择恰当的调查方法和工具，对个人及家庭的消费金融需求进行调查。

（1）确定市场调查的目标。

阅读完案例阅读2－6《消费金融需求不断增长　巨头涌入加速产业发展》，回答以下问题。

①什么是消费金融？

②消费者在哪些消费领域存在对消费金融产品的需要？

③哪些因素影响消费金融需求？

（2）确定所需要的数据类型。

思考完以上三个问题后，确定调研的目标。根据目标，确定需要收集的一手数据和二手数据的内容和特征。

①一手数据。可以通过调查问卷、采访、观察、组织焦点小组讨论等市场调研方法，获得消费者对消费金融产品的需求信息及影响因素信息。调研方法的具体使用以及数据信息的整理分析，可以参考大学营销管理（课程的）教材中的市场调研部分内容，以及大学经济管理类统计学课程教材的相关内容。

②二手数据。可以通过收集咨询机构、金融机构、论坛与学术会议资料等方式，获得相关研究成果，从中研读信息，作为回答以上三个问题的依据。

（3）设计数据收集的方案。

学生确定一手数据的获得方式，如采访、观察、调查问卷等，以及获得二手数据的来源，如数据库、政府统计（数据）、高校及科研机构的数据等。

3. 要求学生设计调研方案的开展计划：时间、地点、周期、调研的目标人群特征。

4. 运用有计划的市场调研方案，收集数据信息，并在数据整理的基础上分析个人家庭在消费活动中产生的金融需求特征，并描述个人消费金融需求。

三、实训组织

1. 教师布置实训练习，并简要复习市场调研的基本方法和工具。

2. 学生可以个人也可以结成调研小组开展需求研究调研。

3. 要求学生对调研的过程、收集的数据和信息进行详细的记录和说明，并形成报告。

案例阅读2－6　消费金融需求不断增长　巨头涌入加速产业发展[①]

随着互联网金融的快速发展以及国家相关政策扶持，围绕消费提供金融服务和增值服务的产品不断丰富，个人用于消费的资金也迅速扩大。蚂蚁金服旗下支付宝发布的2016年全民账单显示，2016年使用消费金融产品花呗支付的笔数超过32亿笔，同比增长344%。目前“借呗”累计服务用户超过1200万人，累计放款超过3000亿元。消费金融作为金融市场的重要发展方向之一，有望迎来快速发展机遇。

作为传统个人金融服务的补充，消费金融主要以小额、短期借贷融资服务为主。消费金融强调普惠性和便捷性，具有单笔授信额度小、审批速度快、无须抵押担保、服务方式灵活、贷款期限短等特点。目前常见的消费金融形式分为购物分期和消费贷款，主要涉及衣食住行等各个消费场景。

艾瑞咨询预计，到2020年我国消费信贷规模有望达到41.51万亿元。

巨大的市场空间吸引互联网巨头纷纷布局。“京东白条”联合银行推出了联名信用卡产品，将消费场景从境内拓展到境外。2016年京东依托“白条”的大数据和信用评

① 案例改编自：张山．消费金融需求不断增长　巨头涌入加速产业发展［N］．上海证券报，2017－01－10（16）．

估体系，为用户提供消费贷款的消费金融产品“金条”。蚂蚁花呗推出了针对个人消费者的医疗分期付费，借助阿里自有电商淘宝平台入口和支付宝等积累了大量的用户优势。近年来“微粒贷”“任性付”等各类消费产品不断涌现，互联网金融P2P平台也将加速布局，这将为消费金融带来巨大的发展前景。

我国的消费金融产业仍处于起步阶段，消费金融在信贷结构中占比仅为20%左右，而美国消费信贷的占比超过六成，未来我国的市场仍有较大的提升空间。随着居民家庭可支配收入的增加以及消费升级，耐用品和服务消费需求不断增长，将进一步助推消费金融市场的扩张。我国消费金融产品主要集中在3C数码产品领域，未来将逐步向旅游、家装、教育等领域拓展。机构预计，未来几年我国消费信贷规模将维持20%的高速增长。新零售时代线上线下全渠道融合发展以及政策的不断优化，将驱动消费金融规模进一步扩大，产品渗透率有望快速提升，消费金融将成为一片新的蓝海。

政策方面，2016年3月发布的《关于加大对新消费领域金融支持的指导意见》在积极培育发展消费金融组织体系、加快推进消费信贷管理模式和产品创新、加大对新消费重点领域金融支持、改善优化消费金融发展环境等方面提出了一系列金融支持新消费领域的细化政策措施，进一步推动我国消费金融快速扩容。

3 金融营销策划书与常用分析方法

3.1 金融营销策划书

第 1 章和第 2 章是关于起草和撰写金融营销策划书的前期准备工作。我们在了解了进行金融营销活动的金融机构、营销的金融产品（服务）、营销的产品主要特征、顾客的需求特征这些设计策划方案的基础信息之后，就要开始进行正式的策划方案设计以及策划书的撰写了。

金融营销策划书的内容多种多样，但是，基本结构相似。下面我们对金融营销策划书（以下简称策划书）的结构进行简要的介绍。也可参考菲利普·科特勒的《营销管理》一书的相关章节。

金融营销策划书大纲

第一部分：策划书开篇。

1. 题目

策划书的题目包含了实施策划的企业（部门及产品）、其策划的核心内容以及策划的特色，也可以增加策划的目的。如某某保险公司母亲节特别活动策划、某某银行微博营销策划、某某基金品牌营销策划。题目是让策划书的批准人以及参与者一目了然这次策划的主角、策划的核心内容或方式。

2. 策划摘要

摘要的作用在于精炼策划的核心。因此，控制在一两段话以内，将活动的核心内容高度概括。核心内容一般有以下几个方面。

首先，这次策划要解决的最主要的问题、问题产生的原因、解决这个问题的意义和重要性。

其次，概括出策划的亮点和关键，每一个策划都有一个核心概念。例如，有明确的目标市场：商务旅行者、创业的母亲、出国旅游的游客；有明确的战略：网络营销、微博营销、App 推广等；有明确的策划活动周期：某某节日、暑期、奥运会期间等。

以上仅为举例，策划方案的核心概念是这次策划的灵魂，在摘要中明确这个核心，对于审核和探讨策划细节的可行性与战略性有重要的作用。

将策划的重要性和必要性表达清楚，有利于吸引读者进一步阅读正文。如果这个目的达到了，那么前言的作用也就被充分地发挥出来了。

最后部分可以就策划的概略情况即策划的过程，以及策划实施后要达到的理想状态作简要的说明。

3. 目录

目录的作用是使金融策划书的结构一目了然，同时也使读者能方便地查寻策划书的内容。因此，金融策划书中的目录不宜省略。如果策划书的内容篇幅不太多，目录就可以和前言同列一页。列目录时要注意的是：目录中所标的页码不能和正文的页码有出入，否则会增加读者的麻烦。因此，尽管目录位于策划书中的前列，但实际的操作往往是等策划书全部完成后，再依据策划书的内容与页码来编写目录。

第二部分：策划背景及问题描述。

4. 策划的背景——问题产生的根源

为了使读者对金融营销策划内容有一个非常清晰的概念，使读者立刻对策划者的意图与观点予以理解，作为策划背景的说明是必不可少的。换言之，读者通过了解策划背景，可以大致了解策划的要点。背景说明的撰写同样要求简明扼要，篇幅不能过长，最好控制在一页内，遣词造句等都要仔细斟酌，要起到“一滴水见大海”的效果。不应写成流水账，而应让读者理解策划的原因。

5. 环境分析

环境分析是外部分析的重要组成部分，一般可以根据分析的视角分为：国家竞争力分析、宏观环境分析、行业竞争分析、竞争对手分析。

国家竞争力分析主要围绕一家企业的母国能够给企业带来哪些方面的竞争力支持来进行。分析工具有波特菱形模型，或者叫钻石模型。

宏观环境分析一般是指企业的经营地区的政治环境、经济环境、社会文化环境、技术环境、法律环境和生态环境。这个分析框架也叫 PESTLE 分析。宏观环境分析的目的是全面评估企业经营中的不可控的环境因素。

行业竞争分析是对行业内产生竞争压力的五种来源及其作用力进行分析。分析工具有波特五力模型。一个行业的经营压力来自供应商、顾客、替代品、潜在进入者和同行这五种力量之间的相互谈判力量。

竞争对手分析的目标明确，就是要了解各个竞争对手的产品特点、竞争优势、市场定位、市场份额、销售额等。可以使用的分析工具有市场定位地图、明兹伯格矩阵、GE 矩阵等。

环境分析是金融机构进行营销策划方案设计的基础和重要依据之一。这部分的分析需要可信度高的二手数据和事实，也可以通过市场调研获得一手数据来说明。

6. 内部分析

内部分析，一般包含了竞争力分析、产品组合分析、产品生命周期分析、品牌知名度分析等。

金融机构的内部竞争力分析，目的是客观评估金融机构在哪些价值链环节具有竞争对手不能模仿和学习的能力。价值链是一个常用的管理分析工具。

产品线分析，主要是为了解机构的各个产品在相对市场份额和销售额增长率方面的综合表现。分析工具有波士顿矩阵。

产品生命周期分析，是对企业内部现有产品所处的生命周期特征进行总结分析。

品牌知名度分析，顾名思义，通过一手及二手数据来客观地描述金融机构的品牌或者产品品牌在市场的知晓度。

7. SWOT 总结

SWOT 是 Strengths（优势）、Weaknesses（劣势）、Opportunitties（机会）、Threats（威胁）的首字母组合，是常用的分析方法。SWOT 作为对以上第 5、6 部分分析结论的总结是一个很好的组织框架。SW 是内部分析结论的总结归纳，即优势和劣势；OT 是对外部分析结论的分类归纳，即环境中存在的机会和威胁。

8. 市场需求分析

市场需求分析是描述性和探索性分析，具体可以包括两部分内容：一是需求的外在表现，例如需求量、市场规模、当前满足需求的具体产品服务类型、需求模式、增长率等；二是需求的内在动机分析，主要是情感、心理因素，也有生活模式、工作方式、技术设备进步等外在力量如何推动的需求产生等方面的分析。

9. 目标市场及定位分析

目标市场是金融机构选定的主要营销对象。目标市场分析是对消费者的特征进行描述。定位是各个金融机构在营销中选择的区别于其他机构的独特性。任何一个目标市场内都有企业竞争。由于消费者的需求是多样化的，因此，企业间差别性的营销定位成为企业生存的机会。

10. 顾客消费行为分析

顾客消费行为分析主要是围绕目标消费者如何做出最终的购买决策而进行的观察分析。这是企业找到策划切入点的重要参考。

11. 金融产品及服务分析

金融产品及服务分析是聚焦于目标市场内的主要竞争对手的产品与服务的营销特征进行分析。这也是第 5 环境分析中的对手分析中，对各竞争产品分析的深化和细化。这一部分为接下来的营销策划方案和战略选择，做好了充分的准备。

第三部分：策划方案的制定。

12. 战略及行动方案的制定

策划方案是策划书的核心部分。主要根据产品或者服务的类型，选择不同的组合要素。

4Ps 适合于产品的营销组合；7Ps 适合于服务的营销组合。

4Ps 即产品（Product）、价格（Price）、渠道（Place）、沟通（Promotion）。7Ps 即以上四个部分再加上人员（People）、流程（Process）和实物展示（Physical Evidence）。

策划方案即营销组合的具体设计。

设计的方法，具体见《营销管理》一书中各章节的内容指导。

第四部分：策划方案实施与管理。

13. 金融营销策划预算

金融营销策划预算一般来自以下几个渠道：销售额、利润额、企业年度定额支出等。金融营销策划的预算投入，还要参考策划执行后的效果评估。但是在策划书中，一般都要给出以下内容，来说服管理者批准支持策划。

策划的预期回报：市场份额的提高幅度、销售额的增加比例、品牌知名度的提高程度等。

策划执行的成本细则：人员费用、用人数量、时间跨度、设备场地租赁费用、宣传费用等。

尽可能地用图表来标出盈亏平衡点（Break Even Point），即成本与收益持平点。

14. 行动方案审计

营销审计的方法有很多，可以通过聘请外部专家、对策划管理人员或基层人员进行谈话、审核其执行中的各种记录等方法，以此来确定管理人员和工作人员的履职情况；通过财务审计，掌握策划执行的方向和速度；通过递交给高层的工作汇报审查，评估策划的效果和问题。

具体的审计方法，可以参考《营销管理》一书的相关章节。

15. 结束语

结束语主要起到与前言的呼应作用，使策划书有一个圆满的结束，而不致使人感到太突然。结束语中应再重复一下主要观点并突出策划要点。

16. 附录

附录的作用在于提供策划方案设计客观性的依据及证明。因此，凡是引用、参考，以及有助于策划参与各方对方案内容的理解的资料和数据都可以列入附录。如果其中涉及一手数据，应该对一手数据获得的过程进行详细的说明，作为附录的一个单独部分，例如市场调查问卷的内容及调查过程的描述。

3.2 策划常用分析工具

策划书撰写有时需要用到一些分析工具，使文案更具说服力。下面我们简要地介绍一下市场营销管理中常用的分析工具和模型。

3.2.1 波特菱形模型

波特菱形模型是用来分析一个国家能够在哪些方面给予本国企业发展所需支持的分析方法。这个模型也叫钻石模型，包含六个要素，其中四个主要素、两个辅助要素，如图3-1所示。

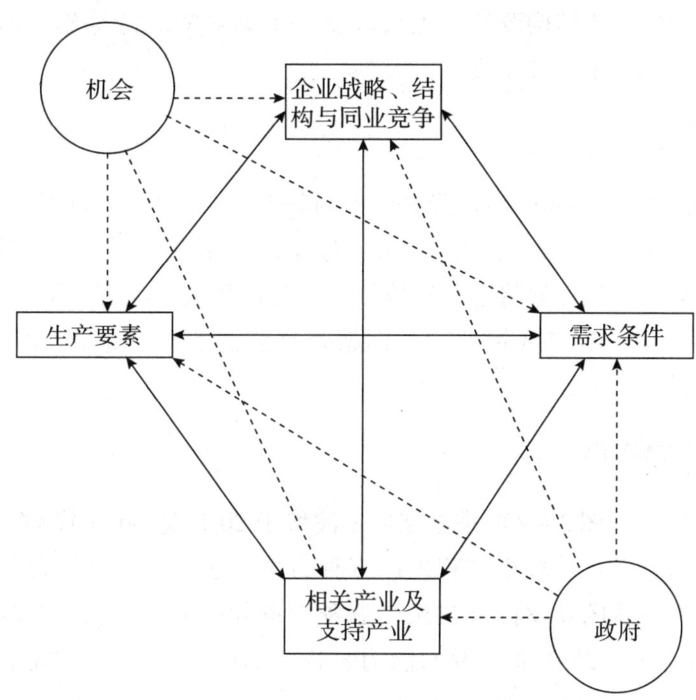

图3-1 波特菱形（钻石）模型

四个主要素是生产要素、需求条件、相关产业及支持产业，以及企业战略、结构与同业竞争。

两个辅助要素是政府和机会。

波特菱形模型是由美国哈佛商学院的迈克尔·波特（Michael Porter）教授提出的，该模型用于分析国家为企业的国际竞争力形成提供了哪些支持。波特认为，国家在六个方面为企业的竞争力提供了支持。

（1）生产要素：包括人力资源、天然资源、知识资源、资本资源、基础设施。

（2）需求条件：主要是本国市场的需求。

（3）相关产业及支持产业：企业所在的产业链和上下游企业是否具备竞争力。

（4）企业战略、结构与同业竞争：一个国家的企业采用什么样的竞争战略与该国的市场发育程度、经济水平、法律体制、文化传统等都有关系。因此，该项考察的实际上是一国的企业生态体系。例如，发展中国家一般采用低价格策略，将低端市场作为目标市场；发达国家一般采用产品差异化战略，通过技术创新，获得市场竞争力。

（5）政府：尽管西方经济学理论认为政府不应该干预市场，但是事实上，政府对于市场和国家经济的影响是客观存在的，且政府是产业政策的主导，对企业的经营有巨大影响。政府的影响力主要从法律制定、政策制定、贸易政策、产业政策来分析。政策代表了一个国家的态度和管理约束全体经营者的规则。

（6）机会：机会是一个国家不可控制的一种趋势。一门新技术可以带来产业链的革命；某一项能源的供给结构改变，也会改变一个国家的经济基础。因此，国家遇到的机会对于企业来说也是十分重要的。

3.2.2 PESTEL

PESTEL 就是政治（Political）、经济（Economic）、社会（Social）、技术（Technological）、环境（Environmental）、法律（Legal）的英文首字母的组合。这个分析框架是用来分析宏观环境的。该框架将宏观环境划分为政治环境、经济环境、社会文化环境、技术环境、法律环境、生态环境。这个框架是目前商业研究报告里常用的环境分析工具。

3.2.3 波特五力模型

波特五力模型（见图 3－2）是迈克尔·波特于 20 世纪 80 年代初提出的。他认为行业中存在着决定行业竞争规模和程度的五种力量，这五种力量综合起来影响着产业的吸引力以及现有企业的竞争战略决策。五种力量分别来自于供应商的议价能力、购买者的议价能力、潜在的新进入者的能力、替代品的替代能力、同业竞争者的竞争能力。

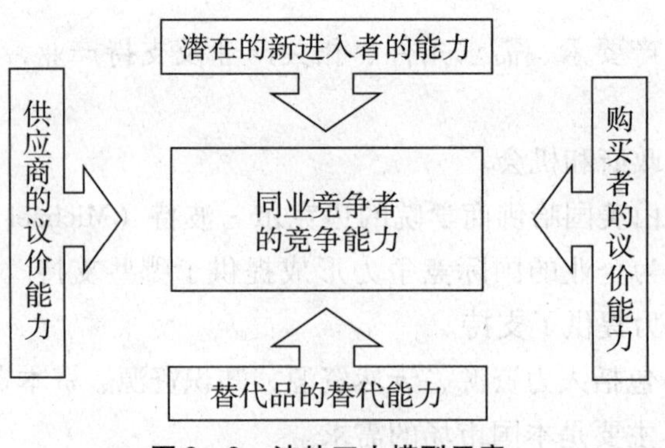

图 3－2　波特五力模型示意

波特五力模型是对一个产业竞争结构和吸引力的静态分析，说明的是该产业中的企业平均具有的盈利机会，所以这是一个产业层面的分析工具，而非企业微观层面的分析工具。

1. 供应商的议价能力

供方主要通过其提高投入要素价格与降低单位质量价值的能力，来影响行业中现有企业的盈利能力与产品竞争力。一般来说，满足以下条件的供方会具有比较强大的讨价还价力量。

（1）供方具有稳固的市场地位且不受市场竞争困扰。其产品的买主很多，以致单个买主都不可能成为供方的重要客户。

（2）供方的产品具有一定特色，以致买主难以转换或转换成本太高，或者很难找到可与供方企业产品相竞争的替代品。

（3）供方能够方便地实行前向联合或一体化，而买方难以进行后向联合或一体化。

2. 购买者的议价能力

购买者主要通过其压价与要求提供较高的产品或服务质量的能力，来影响行业中现有企业的盈利能力。影响购买者议价能力的主要原因有以下几点。

（1）购买者的总数较少，而每个购买者的购买量较大，占了卖方销售量的很大比例。

（2）卖方行业由大量相对来说规模较小的企业所组成。

（3）购买者所购买的基本上是标准化产品，可以同时向多个卖主购买产品。

（4）购买者有能力实行后向一体化，而卖方不可能进行前向一体化。

3. 潜在的新进入者的能力

新进入者在给行业带来产能增加的同时，也要在现有的市场格局中赢得一席之地，这就有可能会与现有企业发生原材料与市场份额的争夺，最终导致行业中现有企业盈利水平降低，严重的话还有可能危及这些原有企业的生存。

阻止新进入者的产业壁垒主要包括规模经济、产品差异、资本需要、转换成本、销售渠道开拓、政府行为与政策、不受规模支配的成本劣势、自然资源、地理环境等方面，这其中有些障碍是很难借助复制或仿造的方式来突破的。

预期现有企业对新进入者采取报复行动的可能性取决于有关厂商的财力情况、报复记录、固定资产规模、行业增长速度等。总之，新企业进入一个行业的可能性大小，取决于新进入者主观估计进入所能带来的潜在利益、所需花费的代价与所要承担的风险这三者的相对大小情况。

4. 替代品的替代能力

两个处于同行业或不同行业中的企业，可能会由于所生产的产品互为替代品，从而在它们之间产生相互竞争行为，这种源自替代品的竞争会以各种形式影响行业中现有企业的竞争战略。

（1）现有企业希望提高产品售价以及获利的意图，将由于存在着能被用户方便接受的替代品而受到限制。

（2）由于替代品生产者的侵入，企业必须提高产品质量、降低售价或者使其产品具有特色来维持竞争力，否则其销量与利润增长的目标就有可能受挫。

(3) 替代品生产者的竞争强度受到产品买主转换成本的影响：转换成本高，则替代品竞争力受限制；相反，替代品的竞争力则获得增强。

总之，替代品价格越低、质量越好、用户转换成本越低，其所能产生的竞争压力就强；而这种来自替代品生产者的竞争压力的强度，可以具体通过考察替代品销售增长率、替代品厂家生产能力与盈利扩张情况来进行评估。

金融业目前面临着非金融机构的金融服务对传统金融机构的巨大挑战。在支付业务、小额消费信贷业务方面，银行等传统金融机构的服务面临支付宝、微信支付、蚂蚁花呗、京东白条这样的创新业务的挑战。

5. 同业竞争者的竞争能力

大部分行业中的企业相互之间的利益都是紧密联系在一起的。现有企业之间的竞争常常表现在价格、广告、产品介绍、售后服务等方面，其竞争强度与许多因素有关。

一般来说，波特总结出以下加剧企业竞争的因素：①进入障碍较低，势均力敌的竞争对手较多；②市场趋于成熟，产品需求增长缓慢；③竞争者企图采用降价等手段促销；④竞争者提供几乎相同的产品或服务，用户转换成本很低；⑤一个战略行动如果取得成功，其收入相当可观；⑥行业外部实力强大的公司在接收了行业中实力薄弱企业后，发起进攻性行动，结果使得刚被接收的企业成为市场的主要竞争者；⑦退出障碍较高，即退出竞争要比继续参与竞争的代价更高。

在这里，退出障碍主要受经济、战略、感情以及社会政治关系等方面考虑的影响，具体包括资产的专用性、退出的固定费用、战略上的相互牵制、情绪上的难以接受、政府和社会的各种限制等。

3.2.4 价值链分析

迈克尔·波特于 1985 年提出“价值链分析”的方法。价值链理论是分析工具，把企业的生产经营活动归纳为两大类：基本活动（或主要活动）以及辅助性活动（或支持性活动）。

基本活动就是企业的核心生产流程。辅助性活动是为保障核心生产流程顺利开展而提供的必要支持，具体如图 3-3 所示。

价值链分析的核心就是将企业的经营活动按照其流程和主次进行解构，从而提供了审视企业内部经营的新视角，并发现一个企业的优势以及弱点存在于哪个环节。

根据波特的价值链，我们对金融机构的价值链进行有针对性的分析：

1. 辅助性活动

基础设施：金融机构的数据中心、营业网点、ATM 设备等。

人力资源管理：负责招聘管理金融机构工作人员。

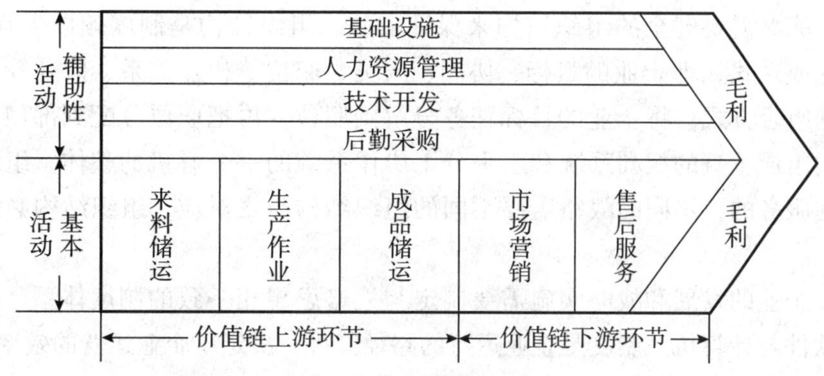

图3-3 波特的价值链

技术开发：金融行业越来越依赖信息技术和数据分析技术，因此，技术开发对金融机构的支持性越来越突出。

后勤采购：金融机构也需要采购大量的办公以及业务用的各项物品和服务，如外包设备、计算机、数据中心等。

2. 基本活动

产品的生产与销售是企业的核心，按照流程被分为五个主要活动：来料储运、生产作业、成品储运、市场营销、售后服务。显然，这五个基本活动中，将市场营销与售后服务划分为两个活动，说明在市场经济成熟的地区，企业在市场营销与售后服务中获得核心竞争力的关键性更突出，专业化分工更明确。

金融机构的基本活动包括以下两个环节。

（1）设计并提供金融产品和服务：金融机构的生产活动。

（2）金融产品的营销，包括两个方向：①向资金盈余方销售金融产品（个人、企业、同业拆解、国家），帮助其获取投资盈利，并借此销售活动获得资金；②向资金需求方销售金融服务和产品，帮助其获得资金（使用权），并通过此销售活动获得盈利。

3.2.5 麦肯锡7S模型[①]

麦肯锡7S模型（Mckinsey 7S Model），简称为7S模型，是麦肯锡管理咨询公司研究中心设计的企业组织七要素，指出企业在发展过程中必须全面考虑以下七个方面的情况，包括结构（Structure）、制度（System）、风格（Style）、人员（Staff）、技能（Skill）、战略（Strategy）、共同的价值观（Shared Values）。

7S模型强调，企业仅具有明确的战略和深思熟虑的行动计划是远远不够的，因为企业还可能会在战略执行过程中失误。因此，战略只是其中的一个要素。

① 模型介绍内容根据菲利普·科特勒《营销管理》第10版整理。

结构：战略需要健全的组织结构来保证实施。组织结构是制度赖以生存的基础，是企业的构成形式，即企业的目标、协同、人员、职位、相互关系、信息等组织要素的有效排列组合方式；将企业的目标任务分解到职位，再把职位分配到部门，最终由职位和部门组成垂直的权利系统和水平分工协作系统的一个有机的整体。组织结构是为战略实施服务的，不同的战略需要不同的组织结构与之对应，组织结构必须与战略相协调。

制度：企业的发展和战略实施需要制定与战略思想相一致的制度体系。制度与企业就像是软件与计算机。制度是企业运行的路径安排，决定了企业运营的效率和效果。

风格：风格是企业文化的一种反映，也是企业文化的特征描述。

人员：人以及人的创造力、创新力和适应力是企业的关键资源，因此也被纳入到该分析框架。

技能：在执行公司战略时，需要员工掌握一定的技能，这有赖于严格、系统的培训。

战略：战略是企业实现发展目标采用的方法集合及其实施。

共同的价值观：价值观是企业战略差异的原因之一，由企业认可的外显行为准则和内隐的共同信念组成。

因此，在企业发展过程中，应全面考虑企业的整体情况，在七个要素之间能够很好地沟通和协调的情况下，企业才能获得成功。

3.2.6 波士顿矩阵

波士顿矩阵（BCG Matrix）又称市场增长率、相对市场份额矩阵、波士顿咨询集团法、四象限分析法、产品系列结构管理法等。该方法是由波士顿咨询集团（Boston Consulting Group，BCG）在20世纪70年代初开发的。BCG矩阵将组织的每一个战略事业单位（SBU）标在二维矩阵图上，从而显示出哪个SBU提供高额的潜在收益，以及哪个SBU消耗组织资源。BCG矩阵区分出以下四种业务组合。

1. 明星类业务（Stars，指高增长、高市场份额）

这个领域中的产品处于快速增长的市场中并且占有支配地位的市场份额，但也许会或也许不会产生正现金流量，这取决于新工厂、设备和产品开发对投资的需要量。

2. 问题类业务（Question Marks，指高增长、低市场份额）

处在这个领域中的是一些投机性产品，带有较大的风险。这些产品可能利润率很高，但占有的市场份额很小。这往往是一个公司的新业务。

3. 现金牛业务（Cash cows，指低增长、高市场份额）

处在这个领域中的产品产生大量的现金，但未来的增长前景是有限的。这是成熟市场中的领导者，它是企业现金的来源。由于市场已经成熟，企业不必大量投资来扩展市场规模，同时作为市场中的领导者，该业务享有规模经济和高边际利润的优势，因而给企业带来大量现金流。企业往往用现金牛业务来支付账款并支持其他三种需大量现金的业务。

4. 瘦狗类业务（Dogs，指低增长、低市场份额）

这个领域中的产品既不能产生大量的现金，也不需要投入大量现金，这些产品没有希望改进其绩效。瘦狗类业务通常要占用很多资源，如资金、管理部门的时间等，多数时候得不偿失。

BCG 矩阵有利于帮助经营多个 SBU 的公司确定哪些产品宜于投资；宜于明确哪些产品可以获取利润；宜于从业务组合中剔除哪些产品，从而使业务组合达到最佳经营成效。

波士顿矩阵（见图 3－4）及制作说明如下。

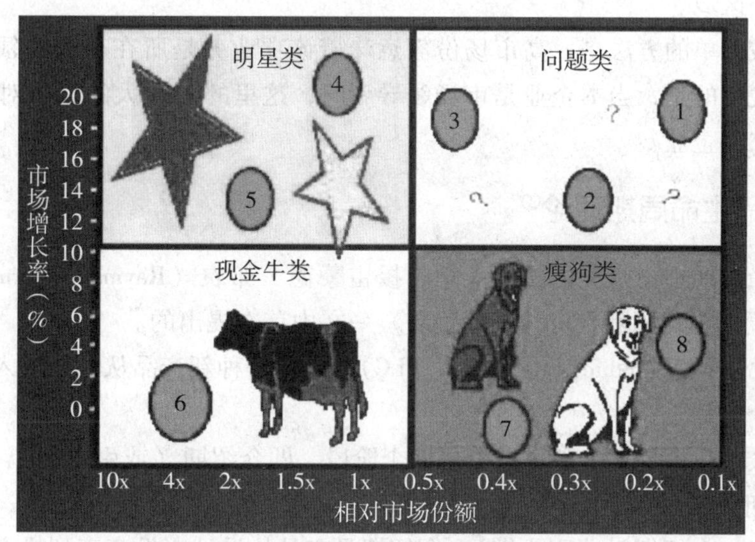

图 3－4　波士顿矩阵

（1）纵坐标："市场增长率"的数据可以从企业的经营分析系统中提取。

（2）横坐标："相对市场份额"需要做市场调查才能得到相对准确的数据。计算公式是把对象单位的收益（销售额或者利润）除以其最大竞争对手的收益。横坐标上的 10x、4x 等指本企业市场份额与市场上其他企业中市场份额最大的企业之间的比值。10x 说明本企业是剩余企业中最大的企业的 10 倍；0.1x 表示本企业是最大企业的 10%。

（3）SBU 圆圈面积：以业务在二维坐标上的坐标点为圆心画一个圆圈，圆圈的大小表示企业每项业务的销售额。

建立了坐标，确定了战略业务单元之后，既可以通过图表显示的信息诊断自己的业务组合是否健康：如果该业务是本企业销售额比重较大的业务，而该业务处于瘦狗区，对企业的未来发展是不利信号。如果企业的大部分重要业务集中在明星区，说明企业的资金需求很大，因为明星区的产品都需要大量的资源投入。矩阵模型能够让企业经营者对每一个业务单元的作用和现状一目了然，是一个辅助决策的常用工具。

（4）区域划分标准：确定纵坐标“市场增长率”的一个标准线，从而将“市场增长率”划分为高、低两个区域。

较为科学的方法有以下两种。

①把该行业市场的平均增长率作为界分点。

②把多种产品的市场增长率（加权）平均值作为界分点。

需要说明的是，高市场增长定义为销售额至少达到10%的年增长率（扣除通货膨胀因素后）。

（5）确定横坐标“相对市场份额”的一个标准线，从而将“相对市场份额”划分为高、低两个区域。

一种比较简单的方法是，高市场份额意味着该项业务是所在行业的领导者的市场份额；需要说明的是，当本企业是市场领导者时，这里的“最大的竞争对手”就是行业内排行第二的企业。

3.2.7 产品生命周期理论①

产品生命周期理论是美国哈佛大学教授雷蒙德·弗农（Raymond Vernon）于1966年在《产品周期中的国际投资与国际贸易》一文中首次提出的。

产品生命周期（Product Life Cycle，PLC），是指一种新产品从开始进入市场到被市场淘汰的整个过程。

典型的产品生命周期一般可以分成四个阶段，即介绍期（或引入期）、成长期、成熟期和衰退期。

第一阶段：介绍期（或引入期）。介绍期是产品从设计、投产直到投入市场进入测试的阶段。

第二阶段：成长期。进入该阶段后，企业开始大量的投资与市场营销，同时销售额不断上升。这个阶段典型的特征是市场成本与销售额（量）快速上升。

第三阶段：成熟期。产品普及并日趋标准化，成本低而产量大。销售增长速度缓慢直至转而下降，由于竞争的加剧，导致同类产品生产企业之间不得不在产品服务功能、渠道、收费、价格等方面加大投入，在一定程度上增加了成本。

第四阶段：衰退期。产品进入了淘汰阶段。此时成本较高的企业就会由于无利可图而陆续停止生产，该类产品的生命周期也就陆续结束，以致最后完全撤出市场。

产品生命周期曲线：用于产品生命周期描述的曲线。

---

① 菲利普·科特勒，凯文·莱恩·凯勒．营销管理［M］．第13版．北京：清华大学出版社，2011：318－319.

四类产品生命周期曲线如图 3－5 所示。

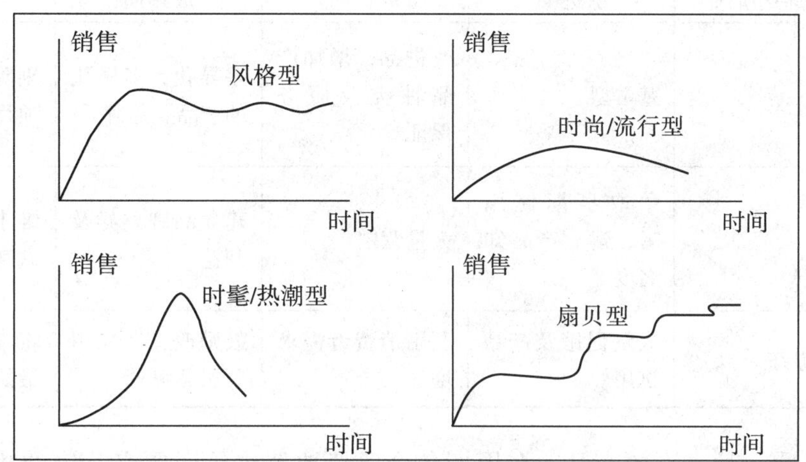

图 3－5 四类产品生命周期曲线

图 3－5 展示不同产品的生命周期轨迹。风格型的产品，销售进入成熟期后，市场销售持续稳定的进行；时髦/热潮型产品在市场上则是极速扩张又迅速消失。

产品生命周期各阶段的特征及策略归纳总结如表 3－1 所示。

表 3－1 产品生命周期各阶段的特征及策略归纳总结

产品生命周期阶段		引进期	成长期	成熟期	衰退期
特征	销售额	低	快速增长	缓慢增长	衰退
	利润	易变动	顶峰	下降	低或无
	现金流量	负数	适度	高	低
	顾客	创新使用者	大多数人	大多数人	落后者
	竞争者	稀少	渐多	最多	渐少
策略	策略重心	扩张市场	渗透市场	保持市场占有率	提高生产率
	营销支出	高	高（但百分比下降）	下降	低
	营销重点	产品知晓	品牌偏好	品牌忠诚度	选择性
	营销目的	提高产品知名度及产品试用	追求最大市场占有率	追求最大利润及保持市场占有率	减少支出及增加利润回收
	分销方式	选择性的分销	密集式	更加密集式	排除不合适、效率差的渠道
	价格	成本加成法策略	渗透性价格策略	竞争性价格策略	削价策略

续 表

产品生命周期阶段		引进期	成长期	成熟期	衰退期
策略	产品	基本型	改进品，增加产品种类及服务保证	差异化，多样化的产品及品牌	剔除弱势产品项目
	广告	争取早期使用者，建立产品知名度	大量营销	建立品牌差异及利益	维持品牌忠诚度
	销售追踪	大量促销及产品试用	利用消费者需求增加	鼓励改变，采用公司品牌	将支出降至最低

无论是哪一种类型的产品，在周期各个阶段要解决的问题有一定的相似性。表3－1的总结归纳有利于决策者对产品的推出和市场推广有全周期性的思考和准备。

3.2.8 知觉定位图（Perception Positioning Mapping）[①]

知觉定位图是消费者对某一系列产品或品牌的知觉和偏好的形象化表述。目的是尝试将消费者或潜在消费者的感知用直观的、形象化的图像表达出来。特别是用在产品、产品系列、品牌的定位方面，也会用于描述企业与竞争对手的相对位置方面。

知觉定位图不一定非要经过详细的研究得出，经营管理人员也可以运用他们的直觉和判断来绘制。

常用的知觉定位图绘制方法有几种，包括因子分析（Factor Analysis）、多维尺度量表（Multidimensional Scaling）、判别分析（Discriminant Analysis）和对应分析（Correspondence Analysis）。在这里以因子分析和对应分析为例，进行一些简单的比较，并简单说明使用工具软件绘制知觉定位图的方法。

1. 因子分析（Factor Analysis）

以下面案例为例。采用知觉定位图对几款金融 App 的效果进行比较。分析工具采用 SPSS 软件中的因子分析法。在界面美观度、功能、流程、服务速度、信息更新五个方面对其产生不同的认知评价。因子分析的作用在于，可以将多个维度缩减为少数几个公因子，并加以解释。首先采用五级量表的方式，要求被访者在上述维度上对所研究的 App 进行评价，然后，通过 SPSS 软件进行因子分析，将上述五个维度的评价缩减为两个因子，通过计算每一个影响因素与主因子之间的系数，获得最后的因子（Loading）如表 3－2 所示。

① 概念说明见菲利普·科特勒《营销管理》第 10 版。制作方法参考 https：//wiki. mbalib. com/wiki/知觉图。

表 3－2　　　　　　　　　旋转因子载荷矩阵

指标	主因子	
	1	2
界面设计美观度	0. 155	0. 909
功能齐全度	0. 335	0. 812
流程设计合理性	0. 775	0. 208
服务响应速度	0. 884	0. 131
信息更新	0. 703	0. 205

表 3－2 将五个维度缩减为二维的因子分析，通过对五个原始维度提取出的两个因子（主成分）上的载荷进行分析可以发现，流程设计合理性、服务响应速度、信息更新在因子 1 上载荷较大，而界面设计美观度、功能齐全度在因子 2 上载荷较大。流程、服务与信息突出了 App 的服务支持力度，而界面和功能则突出了软件的设计竞争力，因此，我们可以将因子 1 命名为"服务竞争力"，因子 2 命名为"设计竞争力"。

将每个被访者在两个因子上的因子得分保存为变量，利用上述两个保存的因子得分变量，就可以绘制出图 3－6 中所示的知觉定位图了。

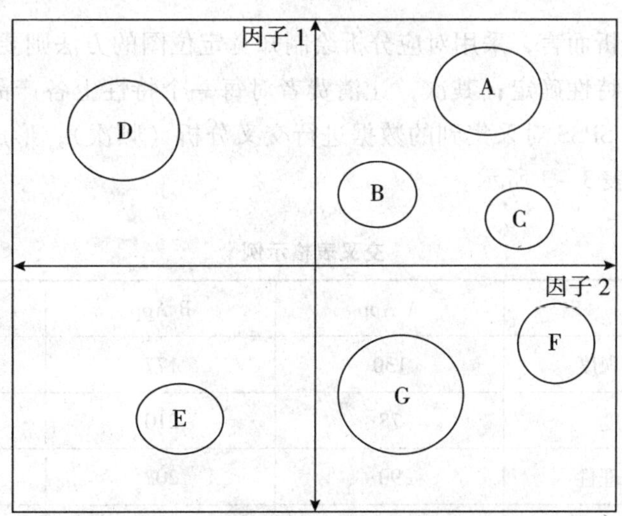

图 3－6　因子分析方法绘制的金融 App 知觉定位图

知觉定位图不单只显示消费者对相关产品的感知，很多知觉图也可以显示消费者的需求理想点。这些点反映了消费者基于两个判断指标上的维度标注出的理想点。

如图 3－7 所示，选择某产品，初步确定具有相反方向的四个特质，确定调研样本人群，收集每一个消费者在四个特质上的选择数据，即理想点。聚集了很多理想点的地方（如图 3－7 中的 A），表示那里存在着一个市场细分群体。而没有理想点的地方表示那里存在着需求真空。

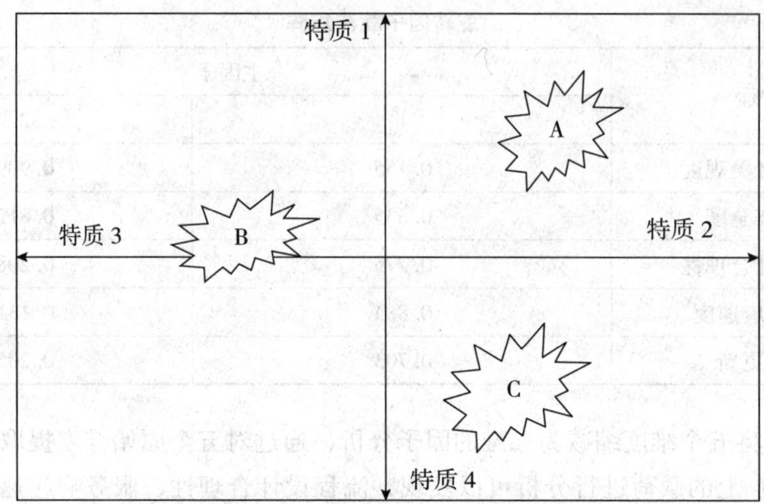

图 3 – 7　理想点和聚集群知觉定位图

2. 对应分析（Correspondence Analysis）

对应分析是一种在低维度空间（Low – dimensional Space）上描述两个变量之间相对关系的分析方法。IMS 软件提供这种对应分析的功能。也可以采用 Excel 的外部插件 XLSTAT。

相对于因子分析而言，采用对应分析绘制知觉定位图的方法则要简单许多。首先，对所选的产品进行特性确定；其次，让消费者对每一个特性上各产品的表现进行名次排比；最后，采用 SPSS 对采集到的数据进行交叉分析（频次），形成交叉表格，并粘贴到 Excel 中，如表 3 – 3 所示。

表 3 – 3　　交叉表格示例

指标	A App	B App	C App
F1 界面设计美观度	130	177	103
F2 功能齐全度	78	210	124
F3 流程设计合理性	90	202	116
F4 服务响应速度	80	207	127
F5 信息更新	93	221	105

然后，采用 XLSTAT 的对应分析方法进行分析，即可直接输出知觉定位图，如图 3 – 8所示。

图 3 – 8 中的知觉定位图也容易解释：App 与哪个属性距离越近，其在这个属性上的特征越明显；App 与 App 之间越接近，则其竞争关系越明显。

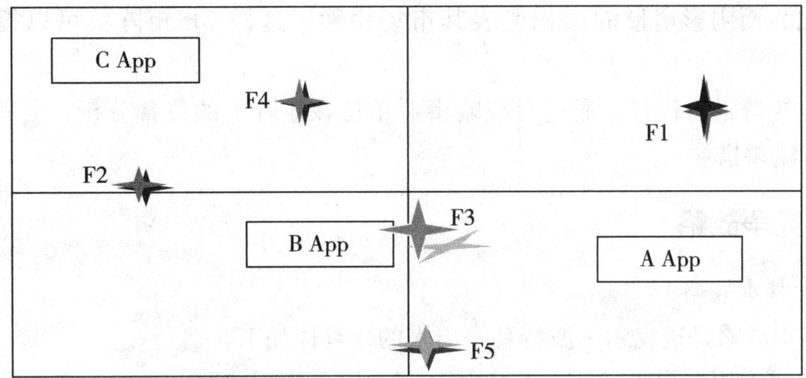

图 3-8　对应分析方法绘制的金融 App 知觉定位图

3.2.9　GE 矩阵

美国通用电气公司（GE）于20世纪70年代开发了新的投资组合分析方法——GE矩阵（GE Matrix/Mckinsey Matrix）。矩阵的应用基础是企业存在战略业务单位（Strategic Business Unit）。大部分的营销管理教材对SBU已经有了系统的说明，读者可以参考菲利普·科特勒的《营销管理》一书或者参考《管理学》。

GE矩阵法又称通用电气公司法、麦肯锡矩阵、九盒矩阵法、行业吸引力矩阵。在战略规划过程中，应用GE矩阵必须经历以下5个步骤。

（1）确定SBU，也就是战略业务单位。

（2）确定内外部影响的因素，并确定其权重——根据产业状况和企业状况定出产业吸引力因素和企业竞争力因素的级数（五级）；最后，用权重乘以级数，得出每个因素的加权数，汇总后得到整个产业吸引力的加权值。

（3）对外部因素和内部因素的重要性进行估测，得出衡量实力和吸引力的简易标准。这里有定性和定量两种方法可以选择。

①定性方法：审阅并讨论内外部因素，以在第二步中的分数为基础，按强中弱三个等级来评定该战略事业单位的实力和产业吸引力如何。

②定量方法：将内外部因素分列，分别对其进行加权，使所有因素的加权系数总和为1，然后用其在第二步中的得分乘以其权重系数，再分别相加，就得到所评估的战略事业单位在实力和吸引力两个方面的得分（介于1和5之间，1代表产业吸引力低或业务实力弱，而5代表产业吸引力高或业务实力强）。

（4）将该战略事业单位标在GE矩阵上。矩阵坐标纵轴为产业吸引力，横轴为业务实力。每条轴上用两条线将数轴划为三部分，这样坐标就成为网格图。两坐标轴刻度可以划分为高中低或1~5等级。根据经理的战略利益关注，对其他战略事业单位或竞争对手也可做同样分析。另外，在图上标出一组业务组合中位于不同市场或产业的战略事业单位时，可以用圆来表示各企业单位，图中圆面积大小与相应单位的销售规模成正比，而阴影扇形的面积代表其市场份额。这样 GE 矩阵就可以提供更多的信息。

（5）对矩阵进行诠释。通过对战略事业单位在矩阵上的位置分析，公司就可以选择相应的战略举措。

3.2.10 竞争战略

1. 三大基本战略

三大基本战略是迈克尔·波特总结出来的，具体如下。

（1）总成本领先战略（Overall Cost Leadership）。

（2）差异化战略（Differentiation）。

（3）集中化战略又称目标集中战略、目标聚集战略、专一化战略（Focus）。

第一种战略是最大努力降低成本，通过低成本降低商品价格，维持竞争优势。

第二种战略是公司提供的产品或服务别具一格，如功能多、提供更有针对性的服务、提供特有技术等。

第三种战略是主攻某个特定的客户群、某产品系列的一个细分区段或某一个地区市场。

2. 领先者战略市场

领先者是指其产品在行业同类产品的市场占有率最高的企业。一般而言，在绝大多数行业中都有一个被公认的市场领先者。

领先企业处于市场的主导地位。其营销战略首先是扩大总市场，即增加总体产品需求数量。通常可以运用三条途径。

（1）发现新的用户。通过发现新用户来扩大市场需求量，其产品必须具有能够吸引新的使用者，增加购买者数量的竞争潜力。可以运用以下 3 种有效策略寻找到新的使用者：①市场渗透策略；②市场开发策略；③地理扩展策略。

（2）开辟产品的新用途。通过开辟产品的新用途扩大市场需求量。领先者企业往往最有能力根据市场需求动态，为自己的产品寻找和开辟新的用途。

（3）增加用户的使用量。通过说服产品使用者增加使用量也是扩大市场需求量的有效途径。说服产品的使用者增加使用量的办法有许多，但最常用的是：①促使消费者在更多的场合使用该产品；②增加使用产品的频率；③增加每次消费的使用量。

3. 市场挑战者战略

市场挑战者是指在行业中占据第二位及以后位次，有能力对市场竞争者和其他竞争者采取攻击行动，希望夺取市场领导者地位的公司。

（1）确定战略目标和挑战对象。

挑战市场主导者；挑战与自己实力相当者；挑战地方性小企业。

（2）选择进攻战略。

有五种战略可供选择：正面进攻、侧翼进攻、包围进攻、迂回进攻、游击进攻。

①正面进攻。集中全力向对手的主要市场阵地发动进攻，即进攻对手的强项而不是弱点。

②侧翼进攻。集中优势力量攻击对手的弱点。

③包围进攻。是一种全方位、大规模的进攻战略，挑战者拥有优于对手的资源。

④迂回进攻。最间接的进攻战略，完全避开对手的现有阵地而迂回进攻。其具体办法有三种：一是发展无关的产品，实行产品多元化；二是以现有产品进入新地区的市场，实行市场多角化；三是发展新技术、新产品，取代现有产品。

⑤游击进攻。主要适用于规模较小、力量较弱的企业的一种战略。

4. 市场追随者战略

市场追随者战略（Second Mover/ Follower），又被称为追随战略，是指企业通常会以模仿竞争对手先前的创新产品或经营模式为立足点，力求占领部分市场。市场跟随者安于次要地位，不热衷于挑战。在大多数情况下，企业更愿意采用市场跟随者战略。

市场跟随者的主要特征是安于次要地位，在“和平共处”的状态下求得尽可能多的收益。

在同质性产品为主的行业中，市场跟随者策略是大多数企业的选择。这些行业的主要特点如下。

（1）产品的同质程度高，产品差异化和形象差异化的机会较低。

（2）服务质量和服务标准的趋同。

（3）消费者对价格的敏感程度高。

（4）行业中任何价格挑衅都可能引发价格大战。

（5）大多数企业准备在此行业中长期经营下去。

企业之间保持相对平衡的状态，不采用从对方的目标市场中拉走顾客的做法。在行业中形成这样一种格局，大多数企业跟随市场领先者走，各自的势力范围互不干扰，自觉地维持共处局面。市场追随者采用的策略包括以下几个。

（1）纯模仿。追随者运用更完善的专业知识，以更低廉的价格制造相同的产品。

（2）增加特性。增加产品或服务的特性可以让追随者在既有的市场中挖掘出新的市场。

（3）简化产品。追随者可减去次要的或不必要的环节。例如，除了支付宝和微信在支付的便利性上的服务创新，传统银行也在简化支付环节，如农行的快捷支付。

（4）侧面攻击。以稍微不同的方式，制造目的相同、客户群相同或类似的产品，这是增加特性对策的一种变化。

（5）重新定义产品。改变产品的用法。

（6）加深产品印象。如果客户觉得太花时间而不去寻找新的产品，或是担心质量不好而不愿试用新出产品，追随者可以提供免费样品及免费的产品示范等，让消费者愿意使用替代品。

（7）相容产品。如果客户转换到新产品需承担额外成本，追随者可制造相容的产品。

5. 利基市场战略

利基市场是指被大企业所忽略的某些专业性较高的细分市场；利基市场战略则是指通过专业化经营来占领这些市场，为最大限度地获取收益所采取的策略。

利基市场战略和波特提出的目标集聚战略都是在对目标市场进行细分的基础上做出的，但在市场选择上，利基市场战略侧重于选择那些强大竞争对手并不是很感兴趣的领域，而目标集聚化战略则强调对所选领域的持续占领。

一般来说，理想的利基市场具有以下特征。

（1）该市场具有足够的规模和购买力，能够盈利。

（2）该市场具备发展的潜力。

（3）强大的竞争者对该市场不屑一顾。

（4）公司具备所必需的能力和资源以对这个市场提供优质的服务。

（5）公司已在顾客中建立了良好的声誉，能够以此抵挡强大竞争者的入侵。

利基市场战略是适用于弱者/中小企业的成功战略，凝聚了以下战略思想与原则。

（1）避实击虚。不与大企业/强者展开硬碰硬的直接竞争，而是选择其忽视、不愿做或不会全力去做的业务范围。

（2）局部优势。坚持“单位空间内高兵力比”原则，集中全力于某个狭窄的业务范围内，在这个局部形成相对于强大者的优势，努力成为第一。

（3）集中原则。分散是战略的大忌，利基战略要求集中于利基业务，集中于战略目标，集中于建造壁垒。

（4）根据地原则：在某地域市场获取第一的地位并巩固之后，再向其他地域市场扩展，集中全力成为第一之后再扩展，如此持续下去，最终由各地的根据地组成一个大的根据地。

如要对以上基本战略深入学习和研究，学员可以参考菲利普·科特勒的《营销管理》教材相关内容。

本章小结

本章对金融营销策划人员应该掌握的基本知识点进行了说明和讲解。策划人员需要实际撰写策划书。策划书，也可称为计划书、营销战略计划书。金融营销策划书的基本结构有比较成熟的格式。针对策划书中战略分析部分的需要，本章对大学营销管理和管理学课程中讲解到的基本战略分析工具和模型进行了梳理和说明。

复习思考题

1. 试起草金融营销策划书的大纲。
2. 说明波特菱形模型的分析对象。
3. 解释价值链的基本构成。
4. 解释波士顿矩阵模型的核心组成要素。
5. 用 SPSS 中的因子分析法绘制知觉图。

实训项目

一、实训目标

学习起草金融营销策划书，并做好策划书撰写的前期准备工作。

二、实训内容

1. 选择一家目标金融机构 A，对其个人金融产品和服务进行梳理，并选择其中一类产品（或者一款产品），列举提供同类（款）产品的其他金融机构（B、C、D 等）。

2. 对该产品（服务）的目标顾客进行调研，绘制知觉定位图，即绘制目标客户对其已经知道的同类金融机构及其产品的评价，并在坐标图上标注出来。

3. 采用菱形模型、五力模型、价值链、波士顿矩阵等工具对该类（款）产品市场及机构进行分析。

4. 探讨 A、B、C、D 等金融机构在该款产品市场上的竞争战略。

5. 聚焦金融机构 A，研究其提升该款产品市场竞争力/扩大市场份额的营销策划方案，并草拟方案大纲。

4 金融消费者购买决策分析

消费者购买决策过程是一个成熟的理论，也是营销管理课程重要的教学目标。这里我们专门针对金融消费者列出一章进行介绍，一是为了强调营销策划要尊重消费者行为规律和特征；二是因为策划方案内容的设计是以针对消费者购买决策每一个阶段的特征为依据，因此对购买决策过程的每一个阶段进行了解就尤为必要了。

4.1 营销策划的理论基础：消费者购买决策理论

金融消费者购买决策过程的基本理论是：一个消费者产生购买动机的根源，是要去解决自己面临的实际问题，例如渴了，要喝水；饿了，要吃东西。有些问题，消费者明确地清楚是什么问题；有些问题，消费者甚至没有意识到，或者不知道有解决方法的存在。因此，我们要深入了解并弄清楚消费者真正要解决的问题，就可以找到提供比竞争企业更好的金融产品（服务）的机会。

按照消费者购买的心理与行为发生的次序，整个购买决策过程分为以下几个阶段，如图 4－1 所示。

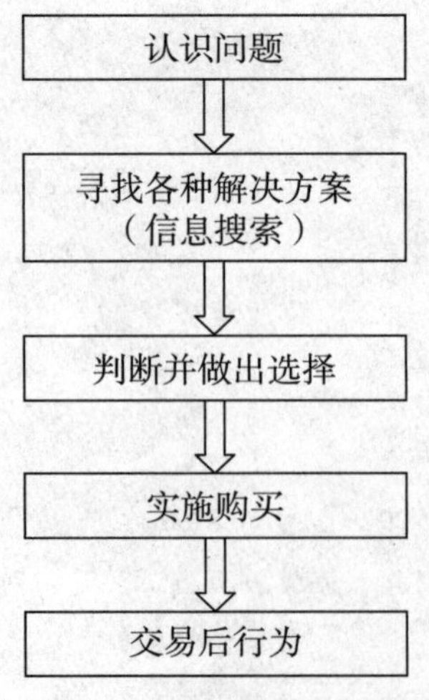

图 4－1 消费者购买决策过程

这个过程，第一步、第二步和第三步是发生在消费者头脑里的，虽然是三个阶段，但是这三个阶段既可以是瞬间完成，也可以是经历了很长的时间。这取决于消费者个人的认识水平、信息储备量和信息获取渠道和能力。消费者做出的判断和选择，既与企业的营销力度和技巧有关，也与消费者自身的判断标准有关。消费者的判断标准可以通过企业的营销来改变或者施加影响。

第四阶段和第五阶段，是购买的外显行为，易于观察记录和跟进。我们可以从行为反推出消费者的内心世界，但是，要想挖掘出最根本的深层需求，需要较高的专业技巧和实践经验。

以我们都熟悉的手机为例。在沟通方面，消费者内心存在很多需要，但是消费者本人不一定都能够确切地知道所有这些需要是什么。但是，专业的营销人员（包括技术及产品开发人员）因为掌握了技术和设计生产能力，因此知道还有哪些需要可以被满足，只有懂得消费者心理和潜藏深处需要的营销人员，才能发现市场机会。金融创新在挖掘和设计支付产品、理财产品、个人消费贷款方面满足了消费者对方便、零散小额资金理财需求和分期付款方面存在的普遍需要。

在金融需求方面，只懂金融知识和技术的人员，还不能胜任开拓消费市场机会的工作，既懂得分析和挖掘消费者需求，又能管理营销活动的专业人才，才有利于发现金融市场的机会。

下面我们对金融消费者决策过程的五个阶段逐一进行简要说明，目的是让读者了解策划方案对消费者的购买决策产生影响的路径。

第一阶段，认识问题。消费者的金融需求是多种多样的。每一个消费者的收入结构不同，解决的具体问题不同，因此对金融产品的需求内容也不同。例如，同是投资，消费者的知识结构和收入水平以及性格等心理因素，决定了消费者对投资的理解不同。购买相对安全的理财产品和基金，获得不太高的收益，对部分金融消费者是理想的投资，但是对偏好高风险高收益的消费者就失去了吸引力，而购买期货产品及其他金融衍生品，获得巨额回报，对部分风险偏好型消费者来说就是令其感兴趣的投资。

因此，金融营销策划方案在其制定之初，首先要分析目标市场消费者对策划方案的核心产品和服务的定义是什么，对解决的实际问题是什么如何解读。

第二阶段，信息搜索。消费者确定了自己要解决的问题之后，就要寻找问题的解决方案。例如消费者手头有一笔资金，希望进行一些投资。尽管不同的顾客对投资的定义不同，但是，消费者在明确了“自己要通过投资获得理想中的收益”这一要求后，就会按照自己的理解去寻找“投资”。

一般来说，个人及家庭消费者获得金融产品及服务的信息渠道有以下四种。①公共信息，包括大众传媒、中介机构、评级机构等。②商业信息，即广告、营销推广，人员促销等。③个人信息，即家庭、朋友、邻居、同事、同学等的信息。④经验信息，自身的经历、经验、知识储备、学习等。

金融营销策划方案中的信息沟通设计就是针对消费者购买决策过程中的第二阶段而进行的。要在第二阶段成功地将金融产品和服务的信息传达给消费者，并且让消费者记住、感兴趣，这是信息沟通的目的之一。

第三阶段，判断并做出选择。消费者在获得信息后，会根据自己的要求和客观条件，对信息进行判断。消费者的判断标准和判断方法与消费者的经历和知识结构有关。而且，消费者在不同的交易中不一定适用同一种标准。

一般来说，消费者会用几个主要标准来筛选信息：金融机构的品牌、产品属性，包括预估的收益率、风险以及信息来源。

首先，由于绝大多数个人消费者并不具备全面的金融知识，也不了解金融机构的管理特点，因此，金融机构的品牌对于消费者判断有很重要的影响作用。国家背景的或者老字号的金融机构是众多消费者的首选。另外，一些公众人物代言的金融机构也容易让消费者产生信任。消费者用这些外在标志来判断一个金融机构是否可信，这是由于：一方面我国经济学和金融知识教育普及不够，很多消费者并不清楚金融产品的属性，更加不能判断其风险所在；另一方面市场信息透明度不高以及金融产品广告相关法律规定等诸多监管方面尚需加强完善。

其次，金融产品属性是消费者信息判断的重要指标。金融产品的收益率和风险是金融产品营销中突出的宣传点，也是消费者最为关心的产品属性，其他属性包括购买金融产品的成本以及流动性等。但是，也有相当一部分具备金融知识的消费者会对金融产品进行深入的了解。例如，理财产品，其资金的投资结构以及比例是很多消费者关心的问题。

表4－1是对储蓄型金融产品属性的一个简要归纳。

表4－1　　储蓄型金融产品属性归纳

产品	期限	利率或收入	成本	流动性	风险
存款账户（活期，定期）	三个月到五年	根据各银行公布的各档利率	开户成本	活期流动性高，定期流动性低	低
国债	三年期凭证式国债	4%（2016年）	提前赎回扣除的手续费，免税	高，银行可随时回购	低
	五年期凭证式国债	4.42%（2016年）	提前赎回扣除的手续费，免税	高，可随时变现	低
理财产品	具体见合同约定	一般高于存款利率	手续费，免税	低，合同期内不能赎回	见合同具体说明
基金	开放式基金	具体见每日公布的基金收益率	手续费	高，按市价售出变现	高

最后，信息的来源对于消费者的判断也会产生重要的影响。一般来说，权威媒体、机构以及亲朋好友的信息容易引起并获得消费者重视。因此，其策划人员在金融营销

中既要对信息发布渠道有所选择，也要重视口碑营销的影响力。

第四阶段，实施购买。尽管消费者在购买行动执行之前已经有了基本的判断，但是实际中，在购买的现场，很多因素也会导致消费者改变原有的决定，这些现场因素包括他人的态度、预期现场影响、非预期现场影响。因此，策划方案中，也要注重金融产品销售点的营销工作，特别是销售人员的培训、现场的环境与信息宣传等，都会对消费者产生重要的影响。

第五阶段，交易后行为。消费者在购买金融产品以后，都会产生评价，也会有后续行为。例如，理财产品没有实现预期回报率，消费者会降低对理财产品的评价，并影响他人的判断。如果出现了更为严重的金融产品风险，消费者会采取各种行动来保护资产。因此，在金融营销策划方案中，应该尽可能地保证各种广告宣传以及资料都能够如实地反映产品的价值，并告知消费者各种潜在的风险。

4.2 金融营销策划法律基础

下面是关于消费者权益保护的工作指引，在进行金融营销策划方案的设计时，也应当熟悉相关指引内容，改善我国的金融消费环境，这有利于我国金融市场的规范化和国际化，是我国改善营商环境、吸引国际投资、促进金融市场规模提升的重要保证。

为了让读者能够充分认识金融营销活动策划要充分地对金融消费者进行保护这一问题的重要性，本节将全文录入《中国银监会关于印发银行业消费者权益保护工作指引的通知（银监发〔2013〕38号）》。

中国银监会关于印发银行业消费者权益保护工作指引的通知
（银监发〔2013〕38号）

各银监局，各政策性银行、国有商业银行、股份制商业银行、金融资产管理公司，邮政储蓄银行，银监会直接监管的信托公司、企业集团财务公司、金融租赁公司，中国银行业协会、中国信托业协会、中国财务公司协会：

现将《银行业消费者权益保护工作指引》印发给你们，请遵照执行。

银监会

2013年8月30日

银行业消费者权益保护工作指引

第一章 总 则

第一条 为保护银行业消费者合法权益，维护公平、公正的市场环境，增强公众对银行业的市场信心，促进银行业健康发展，保持金融体系稳定，根据《中华人民共和国银行业监督管理法》《中华人民共和国商业银行法》等法律法规，制定本指引。

第二条 在中国境内依法设立的银行业金融机构适用本指引。

第三条 本指引所称银行业消费者是指购买或使用银行业产品和接受银行业服务的自然人。

第四条 本指引所称银行业消费者权益保护，是指银行业通过适当的程序和措施，推动实现银行业消费者在与银行业金融机构发生业务往来的各个阶段始终得到公平、公正和诚信的对待。

第五条 银行业消费者权益保护工作应当坚持以人为本，坚持服务至上，坚持社会责任，践行向银行业消费者公开信息的义务，履行公正对待银行业消费者的责任，遵从公平交易的原则，依法维护银行业消费者的合法权益。

第六条 中国银监会及其派出机构依法对银行业金融机构消费者权益保护工作实施监督管理。

第七条 银行业金融机构是实施银行业消费者权益保护的工作主体。

银行业金融机构应当遵循依法合规和内部自律原则，构建落实银行业消费者权益保护工作的体制机制，履行保护银行业消费者合法权益的义务。

第八条 银行业消费者有权依法主张自身合法权益不受侵害，并对银行业金融机构消费者权益保护工作进行监督，提出批评和建议，对侵害自身合法权益的行为和相关人员进行检举和控告。

第二章 行为准则

第九条 银行业金融机构应当尊重银行业消费者的知情权和自主选择权，履行告知义务，不得在营销产品和服务过程中以任何方式隐瞒风险、夸大收益，或者进行强制性交易。

第十条 银行业金融机构应当尊重银行业消费者的公平交易权，公平、公正制定格式合同和协议文本，不得出现误导、欺诈等侵害银行业消费者合法权益的条款。

第十一条 银行业金融机构应当了解银行业消费者的风险偏好和风险承受能力，提供相应的产品和服务，不得主动提供与银行业消费者风险承受能力不相符合的产品和服务。

第十二条 银行业金融机构应当尊重银行业消费者的个人金融信息安全权，采取有效措施加强对个人金融信息的保护，不得篡改、违法使用银行业消费者个人金融信息，不得在未经银行业消费者授权或同意的情况下向第三方提供个人金融信息。

第十三条 银行业金融机构应当在产品销售过程中，严格区分自有产品和代销产品，不得混淆、模糊两者性质向银行业消费者误导销售金融产品。

第十四条 银行业金融机构应当严格遵守国家关于金融服务收费的各项规定，披露收费项目和标准，不得随意增加收费项目或提高收费标准。

第十五条 银行业金融机构应当坚持服务便利性原则，合理安排柜面窗口，缩减等候时间，不得无故拒绝银行业消费者合理的服务需求。

第十六条 银行业金融机构应当尊重银行业消费者，照顾残疾人等特殊消费者的实际需要，尽量提供便利化服务，不得有歧视性行为。

第三章 制度保障

第十七条 银行业金融机构应当加强银行业消费者权益保护工作的体制机制建设。

（一）银行业金融机构应当积极主动开展银行业消费者权益保护工作，明确将其纳入公司治理和企业文化建设，并体现在发展战略之中。

（二）银行业金融机构董（理）事会承担银行业消费者权益保护工作的最终责任。

银行业金融机构董（理）事会负责制定银行业消费者权益保护工作的战略、政策和目标，督促高管层有效执行和落实相关工作，定期听取高管层关于银行业消费者权益保护工作开展情况的专题报告，并将相关工作作为信息披露的重要内容。

银行业金融机构董（理）事会负责监督、评价银行业消费者权益保护工作的全面性、及时性、有效性以及高管层相关履职情况。

银行业金融机构董（理）事会可以授权下设的专门委员会履行以上部分职能。获得授权的委员会应当定期向董（理）事会提交有关报告。

（三）银行业金融机构高管层负责制定、定期审查和监督落实银行业消费者权益保护工作的措施、程序以及具体的操作规程，及时了解相关工作状况，并确保提供必要的资源支持，推动银行业消费者权益保护工作积极、有序开展。

银行业金融机构可以结合自身实际，设立由相关高级管理人员和有关部门主要负责人组成的银行业消费者权益保护工作委员会，统一规划、统筹部署整个机构的银行业消费者权益保护工作。

（四）银行业金融机构应当设立或指定专门部门负责银行业消费者权益保护工作。银行业消费者权益保护职能部门应当具备开展相关工作的独立性、权威性和专业能力，并享有向董（理）事会、行长（主任）会议直接报告的途径。

（五）银行业金融机构消费者权益保护职能部门负责牵头组织、协调、督促、指导本级机构其他部门及下级机构开展银行业消费者权益保护工作。

第十八条 银行业金融机构应当建立健全银行业消费者权益保护工作制度体系，包括但不局限于如下内容：

（一）银行业消费者权益保护工作组织架构和运行机制；

（二）银行业消费者权益保护工作内部控制体系；

（三）银行业产品和服务的信息披露规定；

（四）银行业消费者投诉受理流程及处理程序；

（五）银行业消费者金融知识宣传教育框架安排；

（六）银行业消费者权益保护工作报告体系；

（七）银行业消费者权益保护工作监督考评制度；

（八）银行业消费者权益保护工作重大突发事件应急预案。

第十九条 银行业金融机构应当建立健全涉及银行业消费者权益保护工作的事前协调和管控机制，在产品和服务的设计开发、定价管理、协议制定、审批准入、营销推介及售后管理等各个业务环节，落实有关银行业消费者权益保护的内部规章和监管要求，使银行业消费者权益保护的措施在产品和服务进入市场前得以实施。

第二十条 银行业金融机构应当加强产品和服务信息的披露，并在产品和服务推介过程中主动向银行业消费者真实说明产品和服务的性质、收费情况、合同主要条款等内容，禁止欺诈性、误导性宣传，提高信息真实性和透明度，合理揭示产品风险，以便银行业消费者根据相关信息做出合理判断。

第二十一条 银行业金融机构应当积极开展员工教育和培训，帮助员工强化银行业消费者权益保护意识，理解本机构的银行业消费者权益保护工作政策和程序，提高服务技能，丰富专业知识，提升银行业消费者权益保护能力。

第二十二条 银行业金融机构应当积极主动开展银行业金融知识宣传教育活动，通过提升公众的金融意识和金融素质，主动预防和化解潜在矛盾。

第二十三条 银行业金融机构应当为银行业消费者投诉提供必要的便利，实现各类投诉管理的统一化、规范化和系统化，确保投诉渠道畅通。

（一）银行业金融机构应当在营业网点和门户网站醒目位置公布投诉方式和投诉流程。

（二）银行业金融机构应当做好投诉登记工作，并通过有效方式告知投诉者受理情况、处理时限和联系方式。

第二十四条 银行业金融机构应当完善银行业消费者投诉处置工作机制，在规定时限内调查核实并及时处理银行业消费者投诉。对于确实存在问题的银行业产品和服务，应当采取措施进行补救或纠正；造成损失的，可以通过和解、调解、仲裁、诉讼等方式，根据有关法律法规或合同约定向银行业消费者进行赔偿或补偿。

银行业金融机构应当确保公平处理对同一产品和服务的投诉。

第二十五条 银行业金融机构应当加强对投诉处理结果的跟踪管理，定期汇总分析客户建议、集中投诉问题等信息，认真查找产品和服务的薄弱环节和风险隐患，督促有关部门从管理制度、运营机制、操作流程、协议文本等层面予以改进，切实维护银行业消费者合法权益。

第二十六条 银行业金融机构应当制定银行业消费者权益保护工作考核评价体系，并将考评结果纳入机构内部综合考核评价指标体系当中。

银行业金融机构可以委托社会中介机构对其银行业消费者权益保护工作情况进行定期评估，提高银行业消费者权益保护工作的有效性。

第二十七条 银行业金融机构内部审计职能部门应当定期对银行业消费者权益保护工作制度建设及执行情况进行独立的审查和评价。

第二十八条 银行业金融机构应当完善银行业消费者权益保护工作的内部监督约束机制，强化对银行业消费者权益保护工作的内部规章和外部监管要求落实不力的责任追究，根据对银行业消费者合法权益造成侵害的严重程度或危害程度，采取必要的处罚措施，确保银行业消费者权益保护工作各项规定得以落实。

第二十九条 银行业金融机构应当建立银行业消费者权益保护工作的应急响应机制，主动监测并处理涉及银行业消费者权益保护问题的重大负面舆情和突发事件，并及时报告银监会或其派出机构。

第三十条 银行业金融机构应当定期总结本机构银行业消费者权益保护工作的开展情况，将工作计划及工作开展情况按照监管职责划分报送银监会及其派出机构。同时，应当通过适当方式，将银行业消费者权益保护工作开展情况定期向社会披露。

第四章 监督管理

第三十一条 银监会及其派出机构应当按照预防为先、教育为主、依法维权、协调处置的原则，在深入研究国内外金融领域消费者权益保护的良好实践，合理评估我国银行业消费者权益保护实施情况的基础上，制定银行业消费者权益保护工作的总体战略和制度规范，持续完善和健全相关监管体系。

第三十二条 银行业消费者权益保护工作是银行业监管工作的重要组成部分。银监会及其派出机构应当在市场准入、非现场监管、现场检查等各个监管环节充分体现、落实银行业消费者权益保护工作的理念和要求。

第三十三条 银监会及其派出机构承担对银行业消费者权益保护工作的监管职责，通过采取风险监管与行为监管并重的措施和手段，督促银行业金融机构落实银行业消费者权益保护工作的各项要求。

第三十四条 银监会及其派出机构应当组织搭建银行业消费者保护工作的沟通交流平台，调动社会各界力量，利用现有机制和资源，推动构建银行业消费者权益保护的社会化网络，提高银行业消费者权益保护工作的有效性和时效性。

第三十五条 银监会及其派出机构应当充分了解、核实银行业金融机构消费者权益保护体制机制建设情况、工作开展情况及实际效果；建立健全银行业金融机构消费者权益保护工作评估体系，并将考评结果纳入监管综合考评体系，与市场准入、非现场监管、现场检查等监管措施形成联动，督促银行业金融机构履行银行业消费者权益保护工作的主体责任。

第三十六条 银监会及其派出机构应当对银行业金融机构消费者权益保护工作中存在的问题进行风险提示或提出监管意见。

第三十七条 银监会及其派出机构应当督促银行业金融机构对侵害银行业消费者

合法权益的行为予以整改和问责。

第三十八条 银监会及其派出机构应当对经查实的侵害银行业消费者合法权益的银行业金融机构采取必要的监管措施，督促其纠正。

第三十九条 银监会及其派出机构应当根据需要对银行业金融机构侵害银行业消费者合法权益的违规行为以及纠正、处理情况予以通报。

第四十条 银监会及其派出机构应当督促银行业金融机构妥善解决与银行业消费者之间的纠纷，并依法受理银行业消费者认为未得到银行业金融机构妥善处理的投诉，进行协调处理。

第四十一条 银监会及其派出机构应当制定银行业消费者教育工作目标和方案，督促银行业金融机构将银行业知识宣传与消费者教育工作制度化。

第五章 附 则

第四十二条 本指引由银监会负责解释。

第四十三条 本指引自公布之日起施行。

中国银行业监督管理委员会

二〇一三年八月三十日

规范的市场和消费者投资安全保障体系，是金融市场健康发展的标志之一。有法可依、有法必依也应是每一个金融工作者的基本责任。

4.3 金融营销策划实务

消费者购买金融产品与服务的决策过程的分析与描述，是设计策划方案的重要依据。因此，在制定方案前，对金融消费者决策过程的观察、总结与分析描述，显得十分必要。

根据本章所讲的理论，我们可以按照决策过程的五个步骤对消费者的决策特征进行分析描述。

（1）消费者购买某一类金融产品和服务想要重点解决的问题是什么？具体有哪些问题？我们可以通过对一线工作人员的询问来了解顾客的需求，也可以通过直接的顾客调研来找到问题答案。

（2）顾客寻找解决方案信息的途径有哪些？顾客了解的金融产品和服务，或者金融机构有哪些？什么因素影响了顾客接收信息的数量和质量？

（3）顾客判断金融产品信息与服务的标准是什么？影响顾客判断的因素有哪些？

（4）顾客购买金融产品与服务的行为特征有哪些？例如，从购买渠道、购买频率、购买规模等分析。

(5) 顾客购买了金融产品与服务以后作出的反馈意见有哪些？是否有忠诚顾客的总体特征？只购买了一次的顾客，机构是否与之沟通，了解反馈情况？

以上是分析金融产品（服务）顾客的购买决策过程的大纲，为接下来提出的营销方案提供支持。

案例阅读4－1展示了金融机构开展目标消费市场行为分析的实务操作，通过阅读材料，可以了解到消费者购买金融产品时的实际行为特征主要由哪些方面构成。

案例阅读4－1　汽车金融消费行为调查与分析

大众汽车金融（中国）有限公司

1. 汽车金融消费者购买行为的主要因素

汽车金融的用户，主要考虑因素排名前三的为：首付比例（83%）、贷款期限（75%）、还款方式（69%）和利率/手续费（69%）（括号中的百分比是指被调查用户中选择该项的比例）。

2. 大众汽车金融中国消费者的信息来源和决策过程：赢口碑者赢天下

(1) “有经验的朋友介绍”作为信息来源的最信赖渠道（52%）和主要渠道（78%）的占比均最高，说明大众汽车金融中国有着很好的口碑，而口碑的建立不是一朝一夕能够达成的，说明大众汽车金融中国以其丰富的产品和优质的服务赢得了消费者的信赖，这一数据也与其之前良好的客户满意度相呼应。

(2) “销售顾问介绍”以78%的主要渠道排列第二，说明大众汽车金融中国在渠道方面做得很好，经销商在决策过程中的重要影响也已在之前做过分析。

(3) 汽车金融产品的宣传，以及多样化产品的推出，能够促使更多消费者选择汽车金融。

3. “高尔夫”典型用户特征描述

(1) 典型用户情况简介。

深圳的胡先生，32岁，大学毕业后在一家律师行工作，经过几年打拼，目前月薪15000元。已结婚四年，女儿一岁半。虽然可以和父母一起住，但胡先生夫妇还是希望有一个独立的空间，于是贷款在龙岗区购买了一套商品房，当夫妇二人心满意足地拥有属于自己的一片天地后，他们又有了新的梦想。和所有的80后一样，胡先生和胡太太也有着丰富的业余生活，如钓鱼、户外运动、看电影、K歌、打麻将等，如果能拥有一辆私家车，既方便自己工作，又能享受生活的乐趣，尤其是妻子怀孕阶段，乘坐公共交通工具或出租车往返医院的各种不便更坚定了夫妇二人购车的决心。

（2）典型用户的决策过程。

在付完住房的首付款后，胡先生夫妇的积蓄所剩无几。女儿的出生给夫妇俩带来无限欢乐的同时也让夫妇俩体会到了责任感的加重。有了贷款买房的经验，胡先生和胡太太也决定申请贷款购买汽车，他们利用休息时间先后到几家国有商业银行咨询了解个人申请汽车消费贷款的条件、程序、利率、期限、还款方式等。在到4S店看车时，胡先生向销售顾问询问了贷款购车的相关问题，经过销售顾问介绍后，胡先生惊喜地发现，大众汽车金融（中国）有限公司也能提供个人汽车消费贷款，而且考虑到消费者个人到商业银行申请汽车消费贷款的种种不便，大众汽车金融（中国）有限公司简化了申请材料和审批流程，胡先生只需提供身份证并填写一张申请表就可申请贷款购车，购车手续如上户、上牌、抵押登记等可在经销商处一次完成，而且审批时间短，方便胡先生尽早提车。胡先生在权衡首付、利率、月供之后，最终申请以首付50%、36期的标准信贷购买了一辆高尔夫1.4T舒适版汽车。

4. "途观"典型用户特征描述

（1）典型用户情况简介。

成都的王先生，37岁，从事建筑贸易工作，和妻子及4岁的儿子居住在巴黎小区的一套两居室内。平时喜欢听音乐、打羽毛球、到轻松休闲的地方旅游。接送孩子去幼儿园，周末及假日出去旅游，这些都让王先生夫妇将买车提上日程。在对比了东风日产逍客之后，王先生还是决定购买安全性口碑更好的上海大众途观。

（2）典型用户的决策过程。

王先生在广播中听说大众汽车金融（中国）有限公司针对全系车型有贴息贷款的金融政策，于是在与销售顾问议价时询问了汽车金融的相关政策，销售顾问介绍了两种贷款方式，一是使用大众汽车金融（中国）有限公司提供的个人汽车消费贷款，二是使用中国建设银行的信用卡。因为王先生没有建设银行的信用卡，而申请建行信用卡需要十个工作日，并且还需要收取一定的手续费和利息。王先生希望在年前提到车，因而选择了更加方便快捷的大众汽车金融（中国）有限公司提供的个人汽车消费贷款。最终，王先生申请了首付30%，30期的标准信贷。

资料来源：大众汽车金融（中国）有限公司发布的《2014—2015年度中国汽车金融消费者行为调研报告》。

以上汽车金融产品的消费者行为特征包括：购买的价格区间决策、还款能力、还款规模和周期、购买者的个人偏好等。不同的金融产品的购买行为特征有所不同，策划人员应该学会并熟悉目标消费者的行为特征分析方法。

本章小结

本章讲解了消费者购买决策模型的基本概念。该理论是设计金融服务和产品营销方案的重要基础。同时，金融活动还需要认真学习相关的监管法规，做到对消费者的保护。本章全文录入《中国银监会关于印发银行业消费者权益保护工作指引的通知》（银监发〔2013〕38 号），供读者学习领会。

复习思考题

1. 简述消费者购买决策理论。

2. 国家在金融消费者保护方面实行了哪些措施？

3. 从国家发展、行业健康、社会发展、金融机构品牌价值四个角度分析和探讨消费者保护的意义。

4. 列举可以起到金融消费者保护的措施和方法。

实训项目

一、实训目标

学习应用消费者购买决策理论来理解和分析消费者做出购买决策的影响因素和关键阶段。

二、实训内容

结合第 2 章实训项目的章末案例《消费金融需求不断增长　巨头涌入加速产业发展》提供的背景，继续采用适当的调研方法，调研消费者选择消费金融产品和服务的决策过程和影响因素。具体步骤及任务要求如下。

（一）调研的目标：我国××地区（或者××人群）的金融产品消费决策过程及影响因素。

该部分练习，要求学员确定调研的地域及目标人群的特征。如上海高收入人群、上海私营企业主、上海居住的外国人群体等。

（二）确定调研方法和执行方案：

1. 调研方法：根据调研需要确定是一手资料还是二手资料，再分别确定收集一手资料和二手资料的调研方法，具体见相关教材。

2. 执行方案：调研时间：如 2019 年 8 月 1 日至 30 日。

调研地点（范围）：某某地区的银行网点、向特定微信群体发放调查问卷、电话调研、实地采访等。

3. 数据整理与录入：电脑及相关软件，如 Excel 等。

4. 数据分析：可以采用相关分析软件如 Excel、SPSS、EVIEWS 等处理数据。

5　市场细分、目标市场、市场定位

本章主要介绍市场营销策划方案中的重要概念：市场细分、目标市场和市场定位。其中市场细分是金融机构寻找更有潜力的市场机会的重要方法。

5.1　营销策划理论基础

5.1.1　市场细分理论

市场细分（Market Segmentation）是指采用市场细分标准对消费者群体进行分类。形成的细分市场彼此之间存在较为明显的差异、同一细分市场内部具有突出的共性。

市场细分不是根据产品品种、产品系列来进行的，而是从消费者（指最终消费者和工业生产者）的角度进行划分的，是根据市场细分的理论基础，即消费者的需求、动机、购买行为的多元性和差异性来划分的。市场细分对企业的生产、营销起着极其重要的作用。

5.1.1.1　细分消费者市场的指标

当前的金融机构营销组合（4Ps、7Ps）是在市场细分的基础上，针对目标市场的特别需求设计实施的。

通常所用的市场细分标准如下。

1. 地理细分（Geographical Segmentation）

地理细分就是按消费者所在的地理位置、地理环境等变量来细分市场。因为处在不同地理环境下的消费者，对于同一类产品往往会有不同的需要与偏好，例如，城市居民需要的金融产品和服务更多地和购房、购车、旅游、消费等有关；而农村居民在支持农业生产方面有很多金融需求。因此，对消费品市场进行地理细分是非常必要的。

（1）地理位置。可以按照地理区域来进行细分，如在我国，可以划分为东北、华北、西北、西南、华东和华南几个地区；也可以按照行政区域来进行细分，如划分为省、自治区、市、县等。在不同地区，消费者的需求显然存在较大差异。农业区的金融需求与工业区的金融需求在品种和规模上存在差异。城市与乡村的个人金融需求存在差异。

(2) 城镇规模。按城镇规模可划分为大城市、中等城市、小城市和乡镇。居住、工作在不同规模城镇的消费者，在消费结构方面存在较大差异：城市规模与消费者的生活模式有重要的关联，不同城市的消费者在消费、生活开支、出行、出差等方面存在结构和规模上的差异。这对于当地金融机构的个人金融产品设计和服务有直接的决定作用。

(3) 地形和气候。按地形可划分为平原、丘陵、山区、沙漠地带等；按气候可分为热带、亚热带、温带、寒带等。地形和气候对当地的产业结构有影响。产业结构决定了当地人口的收入、消费、生活模式，因此对消费者的金融需求产生重要影响。

2. 人口细分 (Demographic Segmentation)

人口细分，就是按年龄、性别、职业、收入、家庭人口、家庭生命周期、民族、宗教、国籍等变量，将市场划分为不同的群体。由于人口变量比其他变量更容易测量，且适用范围比较广，因而人口变量一直是细分消费者市场的重要标准。

(1) 年龄。不同年龄段的消费者，由于生理、性格、爱好、经济状况的不同，对消费品的需求往往存在很大的差异。因此，可按年龄将市场划分为许多各具特色的消费者群，如儿童市场、青年市场、中年市场、老年市场等。年龄是金融机构最常用的细分指标之一。

(2) 性别。按性别划分，可将市场划分为男性市场和女性市场。不少商品在用途上有明显的性别特征。如男装和女装、男表与女表。在购买行为、购买动机等方面，男女之间也有很大的差异，如女士是服装、化妆品、节省劳动力的家庭用具、小包装食品等市场的主要购买者，男士则是香烟、饮料、体育用品等市场的主要购买者。美容美发、化妆品、珠宝首饰、服装等许多行业，长期以来按性别来细分市场。因此，金融机构也经常通过性别来分析男性和女性的金融需求方面的差异。

(3) 收入。收入的变化将直接影响消费者的需求欲望和支出模式。根据平均收入水平的高低，可将消费者划分为高收入、次高收入、中等收入、次低收入、低收入五个群体。高收入消费者比低收入消费者购买更多的高价产品和服务，高收入消费者选择的渠道也与低收入消费者有差别。因此，汽车、旅游、房地产等行业一般按收入变量细分市场。收入是金融机构细分市场中最重要的指标。收入水平代表了消费者的金融需求结构和规模。

(4) 民族。世界上大部分国家都拥有多种民族，我国更是一个多民族的大家庭，除汉族外，还有55个少数民族。这些民族都各有自己的传统习俗、生活方式，从而呈现出各种不同的商品需求，如我国西北少数民族以畜牧业为主要的生产活动，家庭金融需求也受民族文化的影响。按民族这一细分变量将市场进一步细分，有利于满足各族人民的不同需求，并进一步扩大企业的产品市场。不同的民族生产生活方式有差异，对待金融有不一样的传统和态度，因此，也是金融机构经常考虑的细分指标。

(5) 职业。不同职业的消费者，由于知识水平、工作条件和生活方式等不同，其消费需求存在很大的差异，如教师比较注重书籍、报刊方面的需求，文艺工作者则比较注重美容、服装等方面的需求。职业与消费者的生活方式、消费理念、偿付能力有关系。因此，金融机构也经常针对不同的行业设计差异化产品。

（6）教育。受教育程度不同的消费者，在志趣、生活方式、文化素养、价值观念等方面都会有所不同，因而会影响他们的购买种类、购买行为、购买习惯。教育本身是金融需求的一个重要原因；教育状况也是金融机构甄别消费者信用的重要判断指标之一。

（7）家庭规模。根据家庭组成可分为单身家庭（仅 1 人有收入来源）、单亲家庭（仅 1 人有收入来源，有子女需要抚养）、小家庭（仅一代人共同生活，或父母与未成年子女共同生活）、大家庭（三代人共同生活）。家庭规模也会影响金融需求，特别是家庭的教育、养老、保险、购房购车等方面的金融需求受人口数量及年龄结构的影响。

3. 心理细分（Psychographic Segmentation）

心理细分，就是将消费者按其生活方式、性格、购买动机等变量细分成不同的群体。

（1）生活方式。越来越多的企业重视按人们的生活方式来细分市场。生活方式是人们对工作、消费、娱乐的特定习惯和模式，不同的生活方式会产生不同的需求偏好，如“传统型”“新潮型”“节俭型”“奢侈型”等。这种细分方法能显示出不同群体对同种商品在心理需求方面的差异性，如有的美国服装公司就把妇女划分为“朴素型妇女”“时髦型妇女”“男子气质型妇女”三种类型，分别为她们设计不同款式、颜色和质料的服装。生活方式对消费者的金融需求有决定性的影响。比较常见的例子就是信用卡的使用频率和使用场所受到用户工作和生活方式的显著影响。

（2）性格。消费者的性格对产品选择和消费有直接影响。性格可以用外向与内向、乐观与悲观、自信、顺从、保守、激进、热情、老成等词语来描述。性格外向、感情丰富的消费者往往重视表现自己，因而他们喜欢购买能表现自己个性的产品；性格内向的消费者则注重能满足内在需要的产品；富于创造性和冒险心理的消费者则对新奇、刺激性强的商品特别感兴趣。性格与消费者的风险承受能力有关，因此，在销售理财产品时，都要进行消费者风险承受能力的测试，根据测试结果确定消费者可以购买理财产品的类型。

（3）购买动机。即按消费者追求的利益来进行细分。消费者对所购产品追求的利益主要有求实、求廉、求新、求美、求名、求安等需求，这些都可作为细分的变量。例如，有人申办具有大额透支功能的白金信用卡是为了消费方便，有人是为了获得白金卡的优质服务，有人则是为了体现自身的经济实力等。因此，对市场的消费动机进行细分，便于了解和确定目标市场。保险产品在设计和销售中，对客户购买动机因素的分析是必需的环节。

4. 行为细分（Behavioural Segmentation）

行为细分，就是按照消费者购买时间、购买数量、购买频率、购买习惯等变数来细分市场。

（1）购买时间。许多产品的消费具有时间性，大规模的海外消费主要发生在春节、国庆期间，这段时间的消费金融需求激增；暑假是面向学生和家庭的旅游保险等产品的旺季。可以说，金融消费也具有十分明显的时段性特征。

（2）购买数量。据此可分为大量用户、中量用户和少量用户。大量用户人数不一定多，但消费量大，许多企业以此为目标，反其道而行之也可取得成功。如意外险的大量使用者是旅行者和学生。金融产品对不同购买量的消费者有不一样的销售政策。例如，理财产品购买规模越大，利率越高；信用卡额度越大、消费金额越大，享受的折扣和优惠越多。

（3）购买频率。据此变量可分为经常购买、一般购买、不常购买（潜在购买者）。

（4）购买习惯（对品牌忠诚度）。据此变量可将消费者划分为坚定品牌忠诚者、多品牌忠诚者、转移的忠诚者、无品牌忠诚者等。例如，有的消费者只用某家金融机构的产品。证券公司的开户投资者一般也不会经常转户。

案例阅读 5－1 讲解了花旗银行细分客户市场的实务操作。通过阅读材料，我们可以了解到发达国家的金融机构在其营销战略的制定中，市场细分及目标市场的选择所起的作用。

案例阅读 5－1　花旗银行的市场细分实践①

花旗银行在进行跨国经营时，通过对客户市场进行细分，选择自己的目标市场，然后实施有效的市场定位，针对不同层次的客户，提供适合其需求的金融产品和服务。在进行市场细分时，花旗银行采用了地理区位、收入等多种细分变量相结合的细分指标与方法。考虑到各国经济发展水平存在很大的差异，花旗银行为各国提供的金融产品和服务的种类也不相同。如对越南这样的不发达市场，主要业务方向是为美国跨国公司和当地企业提供现金管理、短期融资和外汇交易服务。对于印度等国家，除了提供与越南相同的业务外，还提供银团贷款、项目融资以及债券和零售业务。而在经济发展迅速的国家如马来西亚、新加坡，则提供更为复杂的证券业务、金融衍生品等服务。至于像日本这样处于成熟阶段的国家，花旗银行提供的服务就更全面了，金融、信托、证券、租赁、期货几乎无所不有。另外，花旗银行以收入水平、消费习惯为细分变量对各国消费者进行了细分，为不同的消费者提供各种不同的服务组合。同时，还积极发展多品种交易客户，不仅为其提供存贷款、信用卡、消费贷款服务，

① 李斐，王宇露．花旗银行的国际营销战略及其对我国商业银行跨国经营的启示［J］．新疆财经，2006（4）：64.

还提供投资信托、年金以及保险类金融商品的综合服务。在进行市场细分后，花旗银行选择了自己的目标市场。由于花旗银行企业文化的精髓就是提高服务质量和以客户为中心，因此，它把具有较高收入的消费群体和较好盈利水平及潜力的企业作为自己的目标顾客。比如在日本，花旗银行将自身的零售业务目标市场进行了如下确定：35岁以上、年收入在700万日元以上的中高收入人群；再比如，花旗银行将自己在中国的企业客户界定为在华外商投资企业、大型国有企业特别是上市企业、有大量进出口业务的中资企业以及合资企业的中方母公司，优质民营企业也是其潜在目标客户。在确定自己的目标市场后，花旗银行采取各种措施确立和巩固自己的市场定位，花旗银行在世界各地的分行建立了统一的蓝天北极星的企业品牌形象，并把它与广泛的全球业务网络、卓守信誉的敬业态度和开拓创新的企业精神有机地结合在一起，给客户留下了深刻的印象。

案例阅读5－1说明了在竞争激烈的发达国家，金融机构的营销战略都是基于目标市场的需求特征设计实施的。图5－1是中国工商银行以客户金融资产规模为主要细分标准将个人客户划分为五类：私人银行客户、个人高端客户、个人中端客户、潜力客户、普通客户。

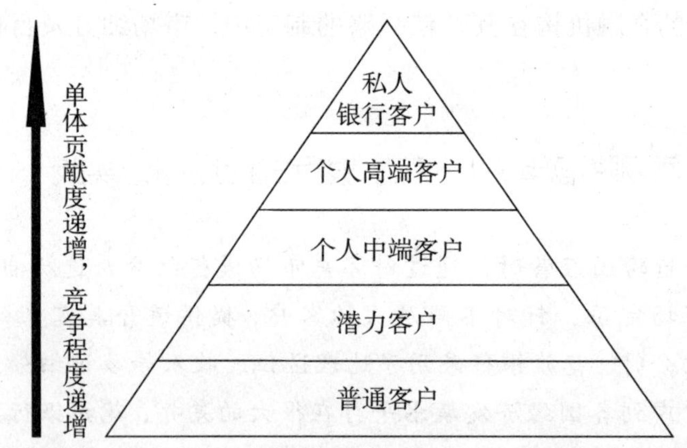

注：私人银行客户——季度日均金融资产在1000万元（含）以上的客户；
个人高端客户——季度日均金融资产100万（含）~1000万元的客户；
个人中端客户——季度日均金融资产5万（含）~100万元的客户；
潜力客户——季度日均金融资产在5万元（含）以下，大学或以上受教育程度且年龄16~28岁的客户；
普通客户——季度日均金融资产在5万元（含）以下，大学以下受教育程度或年龄28岁以上的客户

图5－1　中国工商银行将个人客户分类

资料来源：焦宁．中国工商银行个人客户金融服务方案策划研究［D］．沈阳：东北大学，2009.

对金融消费者进行市场细分是营销策划方案的重要组成部分，也是营销方案制定的基础。“有的放矢”是对金融营销方案中的市场细分作用的形象描述。

5.1.1.2 有效市场细分的特征

有效的细分市场必须具备以下特征。

（1）可衡量性。可衡量性是指用来进行市场细分的变量可操作、细分后的市场可以识别和衡量。可以衡量是指细分市场之间有明显的区别和合理的范围。如果某些细分变量或购买者的需求和特点很难衡量，细分市场后无法界定、难以描述，那么市场细分就失去了意义。一般来说，一些描述客观现象的变量如年龄、性别、收入、地理位置、民族等，都易于确定；并且有关的信息和统计数据，也比较容易获得；而一些带有主观性的变数，如心理和性格方面的变数，就比较难以确定。

（2）可进入性。可进入性是指这个市场能够进入，能进行有效的促销和分销，即一是企业能够通过一定的广告媒体把产品的信息传递到该市场众多的消费者中去；二是产品能通过一定的销售渠道抵达该市场。

（3）营利性（规模性）。营利性是指细分市场的规模要大到能够使该款金融产品获利。

（4）差异性。差异性是指细分市场与其他细分市场之间有明显的区别，并且，该细分市场的消费者对不同的营销组合因素和方案有不同的反应。

（5）相对稳定性。相对稳定性是指细分后的市场在相当一段时间内稳定存在。细分后的市场能否在一定时间内保持相对稳定关系到金融机构盈利能力的稳定性。此外，市场细分的基础是顾客需求的差异性，所以凡是使顾客需求产生差异的因素都可以作为市场细分的标准。由于各类市场的特点不同，因此市场细分的条件也有所不同。

5.1.1.3 市场细分的程序

市场细分作为一个比较、分类、选择的过程，应该按照一定的程序来进行，通常有以下几个程序。

（1）正确选择市场范围。金融机构根据自身的经营条件和经营能力确定进入市场的范围，如进入什么行业、生产什么产品、提供什么服务。

（2）列出市场范围内所有潜在顾客的需求情况。根据细分标准，比较全面地列出潜在顾客的基本需求，作为以后深入研究的基本资料和依据。

（3）分析潜在顾客的不同需求，初步划分市场。企业将所列出的各种需求通过抽样调查收集有关市场信息与顾客背景资料，然后划分出一些差异最大的细分市场。

（4）筛选。根据有效市场细分的条件，对所有细分市场进行分析研究，剔除不合要求、无用的细分市场。

（5）为细分市场定名。为便于操作，可结合各细分市场上顾客的特点，用形象化、直观化的方法为细分市场定名。如某信用卡市场分为商务通信用卡、女性信用卡、国际卡，或者与某一消费企业联名卡，如某连锁超市联名信用卡等。

（6）复核。进一步对细分后选择的市场进行调查研究，充分认识各细分市场的特点，本企业所开发的细分市场的规模、潜在需求，还需要对哪些特点进一步分析研究等。

(7) 决定细分市场规模，选定目标市场。企业在各子市场中选择与本企业经营优势和特色相一致的子市场，作为目标市场。

经过以上七个步骤，企业便完成了市场细分的工作，可以根据自身的实际情况确定目标市场并采取相应的目标市场策略。

5.1.1.4 市场细分的方法

市场细分方法，是指在选择了适当的细分指标后，如何采用这些指标对人群进行分类的方法。主要有单一因素法、主导因素排列法、综合因素细分法、系列因素细分法等。

(1) 单一因素法。是指根据市场营销调研结果，把选择影响消费者或用户需求最主要的因素作为细分变量，从而达到市场细分的目的。如性别：女性与男性；年龄：学生与上班族。

(2) 主导因素排列法。用一个因素对市场进行细分，如按性别细分信用卡市场，按年龄细分个人金融服务对象等。这种方法简便易行，但难以反映复杂多变的顾客需求。

(3) 综合因素细分法。用影响消费需求的两种或两种以上的因素进行综合细分，例如用生活方式、收入水平、年龄三个因素可将女性消费者市场划分为不同的细分市场，如图5－2所示。

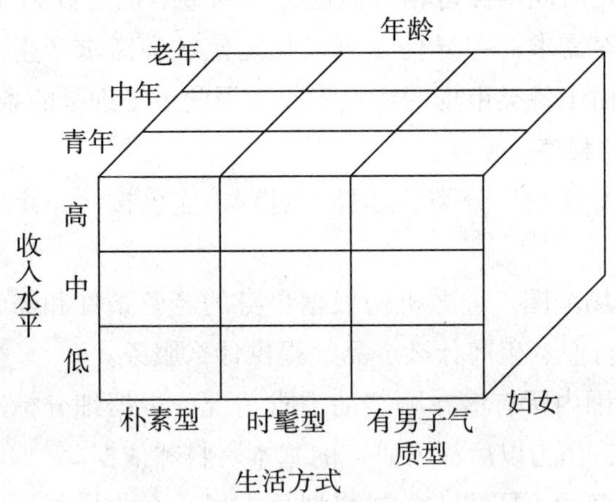

图5－2 市场细分方法的概念示意

(4) 系列因素细分法。当细分市场所涉及的因素是多项的，并且各因素是按一定的顺序逐步进行，可由粗到细、由浅入深，逐步进行细分，这种方法称为系列因素细分法。如理财产品、保险产品的销售都考虑了系列因素，推出多种产品供选择。

5.1.2 目标市场的选择

目标市场就是通过市场细分后，企业准备以相应的产品和服务满足其中的一个或几个细分市场。

1. 目标市场的选择策略

目标市场选择就是企业决定为哪一个或者哪几个细分市场服务。通常有以下五种选择策略。

（1）市场集中化策略。市场集中化策略是指企业选择一个细分市场，集中力量为之服务。

（2）产品专门化策略。产品专门化策略是指企业集中生产一种产品，并向所有顾客销售这种产品。

（3）市场专门化策略。市场专门化策略是指企业专门服务于某一特定顾客群，尽力满足他们的各种需求。

（4）有选择的专门化策略。有选择的专门化策略是指企业选择几个细分市场，每一个细分市场对企业的目标和资源利用都有一定的吸引力。但各细分市场彼此之间很少或根本没有任何联系。

（5）完全市场覆盖策略。完全市场覆盖策略是指企业力图用各种产品满足各种顾客群体的需求，即以所有的细分市场作为目标市场。

2. 目标市场选择的影响因素

选择哪一个市场作为目标市场，取决于以下四个方面因素。

（1）金融机构的资源特点。资源是决定开发市场能力的关键。在金融领域，实力雄厚的互联网企业设计并开展金融产品营销活动已经是十分普遍的现象。互联网商务企业根据客户支付需求设计金融产品并提供这些金融产品和服务。其金融产品的灵活性与适用性在短时间内获得了市场的接受。企业资源基础对于其金融产品营销的成败起到了关键支撑作用。

（2）产品特点。产品的同质性表明了产品在性能、特点等方面的差异性的大小，是企业选择目标市场时不可回避的因素之一。此外，不容忽视的是产品所处生命周期不同阶段，表现出的特点也不同。

（3）市场特点。供与求是市场中两大基本力量，它们的变化趋势往往是决定市场发展方向的根本原因。

（4）竞争者的策略。企业可与竞争对手选择不同的目标市场覆盖策略。

案例阅读 5 - 2 详细地展示了花旗银行拓展市场、建立市场口碑时采用的营销策略。

案例阅读 5 -2　花旗银行的发展①

花旗银行是作为一个综合银行发展起来的。然而，由于市场需求的变化和过于追

① 袁小霞，崔迅．银行 3R 营销策略——花旗银行在日本的案例分析［J］．现代日本经济，2004（2）：15 - 18.

求规模，曾一度濒临破产。20 世纪90 年代初开始放弃了“综合银行”的经营战略，以“全球个人金融”为战略核心。即在世界范围内，集中经营零售业务，为中产阶级提供资产管理及投资服务，并将公司业务作为开拓零售业务的准备或铺垫来经营。1986 年花旗银行正式开展这项业务以来，其个人客户数量稳步增长。2000 年在日本绝大多数银行出现营业赤字、各大都市银行纷纷酝酿合并重组的情况下，花旗银行在日分行(东京分行）一枝独秀，盈利 61.5 亿日元。花旗银行在日本的营销策略，就是在明确目标市场的基础上，以顾客（目标顾客）满意为核心，围绕“3R”来进行的。

在具体实施过程中，它首先将自身的零售业务目标市场进行了如下确定：35 岁以上、年收入在 700 万日元以上的中高收入人群。其行为特征是：该目标顾客层在单位属中坚管理阶层，工作、生活的活动范围广，个人金融（贷款、投资等）需求较大，工作繁忙，有较强的追求个人价值和成功的欲望。确定上述人群为目标顾客的意义在于：第一，个体数量多、收入较高、需求大，具备市场的人口 + 欲望 + 购买力三大要素；第二，具有较大的市场机会。上述目标顾客往往有较强的心理需求（成功、荣誉感，尊重等），利用银行服务又往往受时间、空间的限制，而当地银行的营业时间和服务方式，不能充分满足其需要；第三，有利于提高盈利率。据当地有关研究机构的调查，在银行所拥有的存款账户中，90% 集中在 50 万日元以下的账户中，这些账户的半数以上是亏损账户。因此，通过吸收高收入、高额存款的客户，可提高盈利率；第四，有利于差异化经营。采取有针对性的策略，能有效地吸引顾客和维持客户关系。由于能够确保较高的盈利率，也使具有较高成本的高附加价值的特色经营方式成为可能。

“3R”的具体策略实施如下。

1. 顾客维持（Retention）策略

根据顾客需求，从产品、价格、渠道和促销等各方面采取了一系列的针对性策略。

（1）开发“人生阶段产品”。围绕获取和留住顾客这一目标，培育和吸引客户成为自己的终身客户，依据人生的不同阶段开发人生阶段营销产品。例如，为刚刚成为学生和走向社会的客户提供存款账户、信用卡、教育贷款等基本产品及服务；对进入结婚、生育子女期的客户，提供住房、汽车贷款，以及在子女独立后积蓄增加而需要的投资商品及服务；对于退休人员，往往都有退休金，具有一定的积蓄，在他们欲使资产增值时为其提供理财及咨询等服务。根据顾客在不同人生阶段的需求，制定不同的产品，来维持与客户长久的关系。

（2）产品、价格差异化。根据利益贡献度对顾客进行分类，并分别给予不同的待遇来明确产品定位，吸引目标顾客。不断提高目标顾客的满意度，创造“顾客满意壁垒”，以形成防止客户流失的屏障。

（3）差异化服务。产品和网络建设已经体现出花旗银行的服务特点。在此基础上，针对目标顾客的行为特征和需求，对服务内容和方式又进一步差异化，以充分满足顾客需要。

第一，开设账户时，客户可同时获得两个账户：具有日元储蓄、结算功能的普通存款账户；具有外汇储蓄和投资功能的多种货币账户。两账户间的资金移动及外汇存款、交易、信托投资等业务，可通过电话或互联网来进行。在多种货币账户上可对10种主要货币进行储蓄、交易（各种形式的外汇交易），并可以进行信托投资、申请贷款等。而且，客户可以每月定期收到银行寄来的上月交易记录和账目清单，以及具有针对性的业务信息，无须拥有存折和到银行，利用ATM（自动取款机）即可获得更为详细的账目明细。这种定期邮寄还是面向客户日常促销、沟通的重要渠道。

第二，转换网点职能，充分发挥面对面服务的效用。利用ATM、电话、互联网等来完成绝大部分的一般性业务，而将网点业务集中于有高附加值的如投资、贷款等咨询服务上。同时在网点设计、服务态度、内容及方式上，充分考虑目标顾客的心理需求，采用贵宾（VIP）服务模式，使顾客得到最大限度的尊重。

第三，灵活的营业时间。网络系统（电话、互联网、ATM等）可以提供每天24小时的服务。网点也根据所在地的顾客情况，采取灵活的营业时间。9个支行周六全天营业，位于繁华地区的7个支行，在平日下午5点（大部分公司的下班时间）开始一天中的第2次营业（至晚7点），主要提供贷款和理财等方面的服务。利用周六和平日下午5点以后接受服务的顾客，约占这些支行客户总数的20%，却为支行提供了近一半的收益。

第四，同其他行业企业联合，提供服务价值链。除上面提到的消费终端、企业外，还与电信、航空、旅游、宾馆、餐饮、高尔夫等企业联合。如果需要，顾客可以办理"世界现金卡（World Cash Card）"，除在国外ATM上可直接提取当地货币的现金外，还可以利用该卡在欧美、中国香港等52个国家和地区的各类电话拨打国内、国际电话，免除了兑换外汇和零钱的烦琐；利用合作单位提供的服务可享受积分折扣优惠；若"世界现金卡"丢失，申请补办可在最短24小时内即可获得新卡；在30多个国家、地区的主要城市可接受日语的各种旅游咨询、预约、导游、接站（机）等服务。

2. 多重销售（Related Selling）策略

优质的服务、良好的信誉是多重销售的前提。同时，开发关联性强的系列产品和有效的促销方式，促使顾客顺其自然地利用本企业的多种服务。由于顾客同时持有两个账户，使商品间的过渡简单易行，加之网上提供和每月定期邮寄的具有针对性的信息资料，激发和满足客户在购买一种主商品后对其他商品的需求。根据顾客的需要设计企业的商品链，再转变为顾客的价值链。例如，银行为满足顾客人生经历形成的"积蓄→一般消费→教育子女、买房、买车等→资产增值"等的系列需求，组成了"储蓄→信用卡→贷款→信托、外汇投资"等商品链。每个环节都与相关企业合作，将其打造成能真正给顾客带来实际价值的服务，满足客户多重需要。同时，周到、便捷的服务，也可形成多重的购买流程。例如对于去国外旅行的人，可形成：开设账户→储蓄→利用"世界现金卡（World CashCard）"或"CitiCard（花旗卡）"→贷款或投资这样的商品使用流程。

3. 客户介绍（Referral）策略

客户介绍取决于现有顾客的满意程度。花旗银行每年定期进行6次顾客满意度调查，根据调查结果改善产品及服务，以不断提高顾客满意程度。以此为基础，在营销系统的建设和服务方式上，为实现“客户介绍”创造条件。例如，充分利用相关群体发挥口碑的传播作用。一是有针对性地围绕有关大企业开展经营活动，有助于客户企业内同事间相互介绍；二是开发“人生阶段产品”，这一方式可促使家庭其他成员利用银行业务；三是全球性便捷服务，可以在旅行者之间传播；四是由于目标顾客和市场定位明确，在较容易形成某些特定交际圈的高收入人群（如高级经理人员）中，发挥相互影响的作用等。

通过案例对花旗银行实务操作的记述，我们可以看到，发达国家市场的金融机构开展金融营销是十分规范的，重视现代营销理论和方法是其金融营销成功的保证。

5.1.3 市场定位

市场定位是在20世纪70年代由美国营销学家艾尔·里斯和杰克·特劳特提出的，其含义是指企业根据竞争者现有产品在市场上所处的位置，针对顾客对该类产品某些特征或属性的重视程度，为本企业产品塑造与众不同的、令人印象深刻的形象，并将这种形象生动地传递给顾客，从而使该产品在市场上确定适当的位置。

市场定位并不是金融机构对产品本身做些什么，而是潜在消费者的心目中产品（服务）是什么。市场定位的实质是使本企业与其他企业严格区分开来，使顾客明显感觉和认识到这种差别，从而在顾客心目中占有特殊的位置。

市场再定位是指通过产品名称、价格和包装的改变，重新塑造产品在消费者心目中的形象。

1. 市场定位的考虑因素

企业可以从多种角度来进行市场定位，以形成自己的竞争优势。主要有以下几个方面。

（1）根据产品的属性定位。如有些保险产品将自己定位为，为消费者进行理财和投资的产品，而非对可能出现的风险的保障产品。

（2）根据产品的用途定位。例如，民生银行推出了专为小微企业设计的系列金融服务；一些银行针对理财产品募集期之间的短期空档存在闲置资金设计了高于活期账户利息的按天算息的短期账户。

（3）根据提供给顾客的利益定位。例如，信用卡中有双币卡方便用外币直接支付。

（4）根据使用者定位。即将产品指向某一类特定的使用者，根据这些顾客的看法塑造恰当的形象。例如，学生卡、女性卡、商旅卡等。

（5）根据竞争状况定位。以竞争产品定位为参照，突出强调人无我有，人有我优。

每一家银行都有信用卡业务，但是，每一家银行的信用卡都有自己的定位特点和优势，以此，建立自己的竞争优势，避免直接竞争。

以上分别从不同方面介绍了市场定位的依据，但在实际操作中，市场定位往往是多个指标体系同时使用。

2. 市场定位的步骤

市场定位的关键是企业要设法在自己的产品上找出比竞争者更具有竞争优势的特性。

竞争优势一般有两种基本类型。

第一种是价格竞争优势，就是在同样的条件下比竞争者定出更低的价格。第二种是偏好竞争优势，即能提供确定的特色来满足顾客的特定偏好。因此，市场定位的全过程可以通过以下三大步骤来完成。

第一，分析目标市场的现状，确认本企业潜在的竞争优势。

这一步骤的中心任务是要回答以下三个问题：一是竞争对手产品定位如何？二是目标市场上顾客欲望满足程度如何以及确实还需要什么？三是针对竞争者的市场定位和潜在顾客的真正需要的利益要求，企业应该及能够做什么？要回答这三个问题，市场营销策划人员必须通过一切调研手段，系统地设计、搜索、分析并报告有关上述问题的资料和研究结果。通过回答上述三个问题，企业可以从中把握和确定自己的潜在竞争优势在哪里。

第二，准确选择竞争优势，对目标市场初步定位。

竞争优势是一个企业稳定持有并且不能被其他企业复制的能力。如何确定该企业的竞争优势？通常的方法是分析、比较企业与竞争者在价值链各环节上的竞争力和效率，例如经营管理、技术开发、采购、生产、市场营销、财务和产品等方面究竟哪些是强项，哪些是弱项。借此选出最适合本企业的优势项目，以初步确定企业在目标市场上所处的位置。

第三，显示独特的竞争优势和重新定位。

这一步骤的主要任务是企业要通过一系列的宣传促销活动，将其独特的竞争优势准确传播给潜在顾客，并在顾客心目中留下深刻印象。在下列情况下，还应考虑重新定位。

（1）竞争者推出的新产品定位接近本企业产品，侵蚀了本企业产品的部分市场，导致市场占有率下降。

（2）消费者的需求或偏好发生了变化，使本企业产品销售量下降。

重新定位帮助企业重新确定某种形象，以改变消费者原有的认识、争取有利的市场地位的活动为目标。

3. 市场定位的策略

（1）避强定位策略。避强定位策略是指企业力图避免与实力最强的或较强的其他企业直接发生竞争，而将自己的产品定位于另一市场区域内，使自己的产品在某些特征或属性方面与最强或较强的对手有比较显著的区别。

(2) 迎头定位策略。迎头定位策略是指企业根据自身的实力，为占据较佳的市场位置，不惜与市场上占支配地位的、实力最强或较强的竞争对手发生正面竞争，使自己的产品进入与对手相同的市场位置。

(3) 创新定位策略。创新定位策略是指企业寻找新的尚未被占领但有潜在市场需求的位置，填补市场上的空缺，生产市场上没有的、具备某种特色的产品。

(4) 重新定位策略。重新定位策略是指由于某种原因消费者或用户的偏好发生变化，企业需要重新设定其市场定位。重新定位是以退为进的策略，目的是实施更有效的定位。

通过以上的定位策略，在确立了合理的定位之后，金融企业必须通过一致的表现与沟通来维持此定位，并应经常加以监测以随时适应目标顾客和竞争者策略的改变。

4. 市场定位方法

市场定位的核心是与众不同，即差异化，所以市场定位战略可以理解为差异化战略，差异化可表现为以下三个方面。

(1) 产品差别化。

①质量差别化。金融企业的产品在某一方面的质量要高于其他竞争对手。

②价格差别化。与竞争对手保持不一样的价格。

③款式差别化。采用独具特色的金融服务内容和流程。

④功能差别化。与竞争对手保持不同的产品功能，或者功能更为优化。

⑤顾客群体差别化。如只针对高净值人群提供金融服务；针对某一职业推出的保险产品；针对某一地区推出的理财产品。

⑥使用场合差别化。某些产品特别强调在某种特殊场合下使用。如支付宝在支付场所上不断地扩张和整合，校园卡充值、获取医院的体检报告等都可以通过支付宝功能实现。

⑦分销渠道差别化。如理财产品可以通过银行、手机购买；保险产品购买渠道的多样化等。

⑧广告等促销方式的差别化。同类产品，采用与众不同独具特色的广告形式和其他促销方式。

(2) 服务差别化。

服务差异化可以通过以下手段实现：准确地传递产品各方面信息、金融产品和服务购买的方便性、提供金融服务的及时与方便性，为客户提供培训、客户咨询、支持等。

(3) 企业形象差别化。

形象是一个十分广泛的概念，泛指金融机构的营业场所、品牌、建筑、设备、产品、员工、经营理念、价值观念、广告等。企业的形象在消费者的心目中是一个总体的印象，消费者购买了企业形象好的产品，买后感到放心。企业要树立良好的企业形象和形成良好的企业文化。

案例阅读 5 -3 对民营银行如何在竞争中采用差异化战略，形成竞争优势，进行了说明。

案例阅读5－3　民营银行差异化经营路径[1]

自2013年金融“国十条”实施以来，民营银行陆续落地。民营银行如何在竞争中走出自己的特色之路？其中，把民营银行嵌入到大中型银行的尾部链条之中，在服务中小企业、小微企业、个人消费金融、普惠金融等业务中发挥独特作用，成为一种战略。

民营银行的成立，是中国金融体制的最新突破，是经济转型发展的必然要求，也体现了监管层对控制金融体系系统性风险的信心和改革的决心。刚刚成立的几家民营银行，包括民商、华瑞、微众，均代表了历史的开端，后续最重要的是嵌入金融组织体系之中，开拓自己独特的市场疆土。

历史经验表明，民营银行完全可以把自己嵌入到大中型银行的尾部链条之中，打造自己特色产品，在承接大中型银行的订单中谋划自己目标客户，在服务中小企业、小微企业、个人消费金融、普惠金融等业务中发挥独特作用。

为什么民营银行必须把自己嵌入大中型银行的尾部链条中？这源自社会分工和比较优势。相较于大中型银行，民营银行的劣势在于资本金较少、市场融资能力较为欠缺、市场信任度较低，客户群主要集中在“小鱼小虾”以及大中型银行不愿触及的“中间地带”或“夹缝”，人才实力和管理能力也较为薄弱。民营银行的劣势以及面临的困难是从银行传统经营方式上讲的，从市场新边界和银行经营模式改革创新角度看，民营银行的相对优势在许多领域开始显现。

从银行零售贷款业务领域看，大中型银行对零售客户的贷款做到50万元的级别就很难继续，因为越往下做平均费用分摊和边际成本就会越高，而在“大众创业、万众创新”的潮流中，在逐步形成的“纺锤形”社会财富结构中，50万元以下贷款级别的客户数量将占60%，贷款市场规模约为10万亿元，约占总贷款规模的11%，贷款市场潜力相当于一个大银行的规模。

从财富管理业务领域看，民营银行更容易利用IT建立起“直销银行”的模式，将财富管理业务从万元级别下沉到百元级别，进行“沙粒淘金”。该市场规模约在20万亿元的水平。储蓄存款吸收、理财产品销售、资产管理计划和委托投资在“直销银行”的平台上可以大显身手。民营银行既可运作自己的产品，也可充当大中型银行的“零售超市”，犹如苏宁电器充当所有电器生产商的卖场一样。并且让所有消费者在自己的手机端口进行自助服务，极大地降低民营银行的运营成本。

从对公融资领域看，民营银行不必同大中型银行在大中型企业贷款、发债领域去进行替代性竞争，可以在基层金融服务、交易银行业务、PPP（公私合伙或合营）项目

① 案例改编自：http：//bank. hexun. com/2015－05－11/175686244. html.

融资等领域走合作共赢模式。这些领域可以带来约10万亿元的“蛋糕”。一是针对一些项目贷款走共同贷款的路子，尤其是在普惠金融领域，基层金融机构的经验比大中型银行充足。二是很多大中型银行在逐步剥离一些交易类业务，民营银行可以同大中型银行签订战略合作协议，将贸易融资、供应链融资、保理、应收账款等业务承接过来，将短期资产和融资业务利用大中型银行的资金池进行滚动运作。三是加盟资产管理公司的PPP项目计划，很多大型资产管理公司正在运作一些大型项目，资金来源实行多元化，民营银行的资金可以做上述项目的优先级部分，为民营银行打下坚实的客户基础。

从客户群体看，由于边际成本上升和规模收益递减，大中型银行都在收缩基层分支机构和“沙粒”客户，这些正是民营银行进军的主战场。大中型银行的科技系统所能支撑的客户服务数量和服务效率是有上限的，其触角不可能无限向下延伸。民营银行“矫健灵活”，可以在整个金融布局中充分发挥补充作用，走出差异化经营的路子。民营银行积累客户群体的主要方式为，一是将技术远程终端与社区银行结合；二是完善信用记录系统，制定差异化的征信标准；三是为大中型银行制定个性化专业化的部件，将大中型银行的金融服务通过自己的卖场输送给“沙粒”客户。

民营银行要创新经营管理模式，发挥互联网的优势作用，既要开拓新的市场，也要承接大中型银行在转型过程中剥离出来的业务，还要整合大中型银行的尾部链条业务，进行综合创新。

利率市场化改革和刚落地的存款保险制度实际上为民营银行发展创造了巨大的发展空间，未来民营银行基于自身实力与特点做好差异化经营，主动嵌入到与大中型银行的分工合作中去，利用自身优势整合大中型银行尾部链条业务，充分利用好利率选择权，利用当代高新技术优势提供更优质服务的经营策略来吸收资金，就一定能够保证民营银行的活力与盈利。

由于金融市场上的竞争结构是竞争垄断型的，迫于竞争压力，金融机构不断地采用企业常规战略，对自己的产品服务进行差异化定位和经营，以此获得竞争力。

5.2 金融营销策划实务

学习了“市场细分（Segmentation）、目标市场选择（Targeting）、市场定位（Positioning）”理论之后，在策划书中，我们可以用多种形式来完成STP的说明。

5.2.1 金融消费者市场细分

在第5章第5.1部分中，我们介绍了多种市场细分的指标和细分方法，用来把消费人群进行分类。

表5-1中，✓说明该产品是针对某一细分市场进行销售。金融消费者会遇到资金量门槛，例如，理财产品5万元人民币起售，信托类产品100万元人民币起售，私人银行服务只针对资产在600万元人民币以上的高净值客户群。此外，市场细分还可以采用顾客的职业（针对某一职业开发的产品，如针对企业高管、企业家的金融产品与服务）、地域（如某些产品只对某地区的消费者有售）、性别（如针对女性开发的金融产品系列）等多种指标。也可以采用复合指标来细分市场。

表5-1　　金融消费市场细分的示例

细分市场 / 产品	细分市场1（该细分市场的特征描述）	细分市场2（该细分市场的特征描述）	细分市场3（该细分市场的特征描述）
金融产品A	✓		
金融产品B		✓	
金融产品C		✓	
金融产品D	✓		✓

5.2.2　目标市场选择

金融机构选择目标市场一般根据自身的业务许可范围（未获得许可的业务不得自行开展）内，能够在该细分市场的经营中表现出较好适应力，且该细分市场具有足够的吸引力这些因素进行判断选择。如图5-3所示，某金融机构对7个细分市场进行评估，从而更加清楚地判断适宜的目标市场。

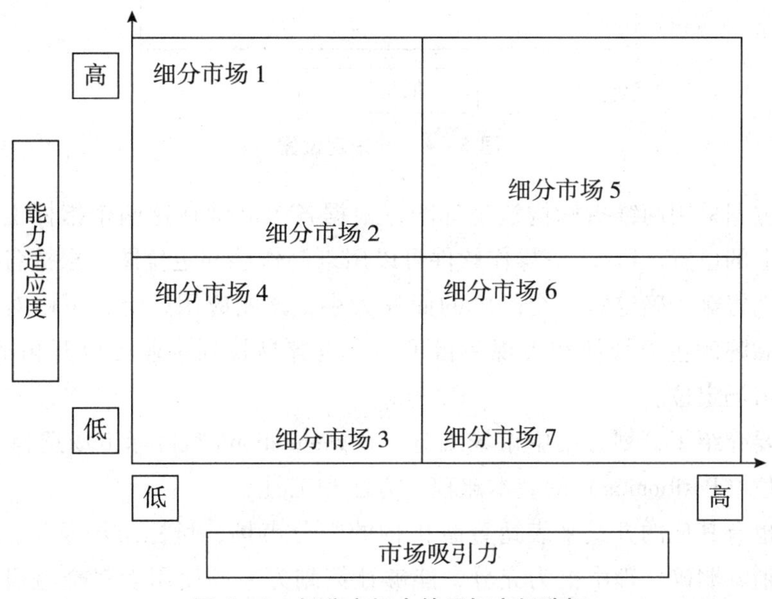

图5-3　细分市场中的目标市场选择

图5－3展示了如何根据“市场吸引力”和“金融机构能力适应度”这两个判断指标，将已经确定的7个细分市场进行评估，以确定最有利于企业的目标市场。如图5－3所示，细分市场5有更大的市场吸引力，且金融机构在该细分市场里具有较好的适应力，有开发该市场的相对优势。同时，细分市场6也是可以选择的目标市场。

目标市场选择能够清楚地说明，在现有的整体上，企业本身的资源和能力在哪些细分市场上有较强的把控能力；也能够清晰地看出哪些细分市场处于高度发展水平。企业自身能力适应程度以及市场的吸引力，这两个指标（系列）可以明确地证明目标市场选择的合理性。

5.2.3 目标市场定位

关于目标市场的定位，我们可以采用感知定位图（Perception Positioning Map）来说明。感知定位图通过可视化的坐标与四个象限的数据点直观地说明了各个企业的市场定位特点，也是用以判断和分析企业重新定位的有效工具（见图5－4）。

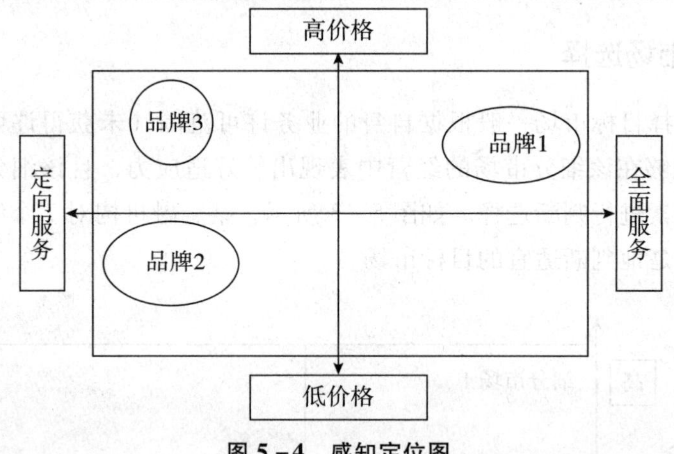

图5－4 感知定位图

感知定位图采用两维指标构筑坐标图，根据各个品牌在这两个指标上的表现，确定在坐标图上的位置。Excel等操作软件可以用来制作感知定位图。根据各个品牌的市场份额或者销售额，确定每一个品牌的面积大小。该图应用广泛，可以对现今市场上的主要竞争品牌的主要特征和表现一目了然，也容易找到企业可以开拓的市场空白，确定合理的市场定位。

本章主要介绍了策划方案中市场细分（Segmentation）、目标市场选择（Targeting）以及市场定位（Positioning）的基本流程、方法和工具。

当然，也有其他的方式来表达金融机构的细分市场、目标市场及定位，但用STP说明更为清晰、明确，理由更为充分，能够让策划方案的使用者对金融机构的战略决策一目了然。

本章小结

市场细分是进行营销策划的开始，也是决定营销策划实施效果的关键。本章探讨了市场细分的理论、市场细分采用的标准、市场细分的方法。介绍了在市场细分的基础上，选择目标市场的策略和影响因素，并且对金融机构如何在目标市场进行市场定位进行了系统的阐释。

复习思考题

1. 列举市场细分所用的指标，并说明采用该指标细分出的市场是否具备了有效市场细分的条件。

2. 列举目标市场选择的基本策略。

3. 简述市场定位的步骤。

4. 简述市场定位的方法。

实训项目

一、实训目标

练习并掌握市场细分、目标市场选择和市场定位的基本方法。

二、实训内容

本章的金融营销策划实训项目，需要学生以第 2 章实训项目中的案例“消费金融需求不断增长　巨头涌入加速产业发展”描述的金融消费行为与金融需求影响因素的市场调查以及第 4 章的实训项目所做的消费者决策市场调查的相关内容作为基础。

本章实训是在以上两次调查内容的基础上进行的。

（1）选择合适的市场细分指标，对消费金融产品服务的市场进行细分。

（2）练习选择其中一个细分市场作为目标市场。

（3）用学生认为合适的工具方法分析和指出在该细分市场内，各个金融机构的市场定位（注：除了具有垄断地位的金融产品，任何细分市场内，都有多个金融机构向细分市场内的消费者提供产品和服务。学生重点练习如何判断不同金融机构在同一细分市场内的定位）。

6 金融产品与服务的策划

6.1 营销策划的理论基础：产品与服务的概念

6.1.1 产品的特性

根据菲利普·科特勒的营销观点，产品包含以下五个层次。

(1) 核心利益层。是指消费者购买某种产品时所追求的利益，也就是顾客真正要购买的服务和利益，核心利益层在产品的整体性概念中也是最基本、最主要的部分。例如，银行的顾客最核心的需求是资金的安全存放和信用管理。

(2) 基础产品层。是满足消费者核心利益的物质表现形式，也就是产品核心利益的有形形式，是核心利益得以实现具体载体，如银行提供给顾客的基础产品有存款与账户管理、贷款、汇款等。

(3) 期望产品层。符合消费者喜好的，包括价格、方便性，以及产品功能表现等各个因素。也就是购买者购买产品时期望的一整套属性和条件。不同的人对这种期望是不同的。金融机构通过市场细分对不同种类消费者设计不同程度的附加服务，如 VIP 客户享有贷款利率优惠、贷款审核的绿色通道等。

(4) 附加产品层。这一层次包括供应产品时所获得的全部附加信息和利益，包括送货、维修、保证、安装、培训、指导及资金融通等，还包括金融机构的声望和信誉。例如，信用卡持有者根据消费额度获得的机场 VIP 候机室使用权等。

(5) 潜在产品层。也就是指此种产品最终可能的所有的增加和改变，是企业努力寻求的满足顾客并使自己与其他竞争者区别开来的新方法。一些非金融机构针对客户的金融需求，开发了金融服务，如汽车生产商提供汽车金融服务。

产品的五个层次如图 6-1 所示。

6.1.2 服务的特征

服务具有以下四种特性。

(1) 无形性。在购买之前，服务是看不到也无法触及的商品。例如，当我们去一家银行申请了信用卡后是无法预见在使用信用卡过程中遇到的各种问题以及银行的处

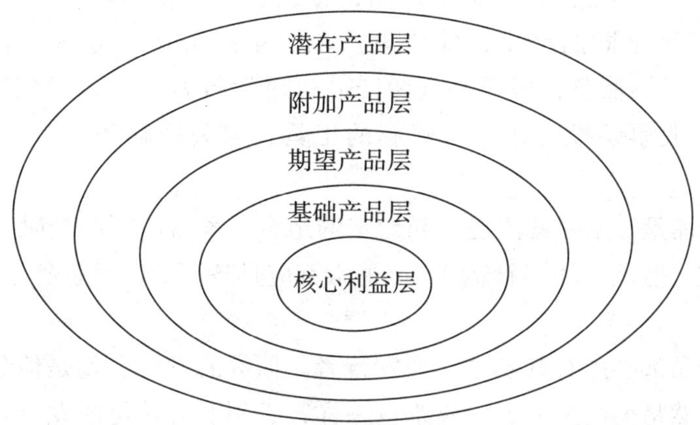

图6－1　产品的五个层次

资料来源：［美］菲利普·科特勒．营销管理［M］．10版．梅汝和，等译．北京：中国人民大学出版社，2001.

理给顾客留下什么样的感受，特别是出现信用卡遗失、盗刷等复杂问题时，顾客无法预见整个处理过程。

（2）不可分割性。服务的特性是“生产”与“消费”同时发生，无法分割。例如，当我们接受投资咨询或购买银行的理财产品时，银行专业人士或者网络平台与其提供的服务不能分离，顾客获得的服务质量与咨询师的性格、专业水平、网银技术等直接相关。不像实体物，如矿泉水，生产与消费的时间是分割的。

（3）差异性。服务的生产与价值传达主要是靠“人”，人容易受到情绪与身体状况的影响，而无法确保每次都表现出一致的服务水平。因此服务质量依据提供者时间、地点以及服务方式的不同而有差异，所谓的差异性就是服务质量水平的变异程度。金融行业也是一个以人为主提供服务的行业，同一个柜员，可能让有的顾客感到满意，而有的顾客感到不满意。

（4）易消逝性。服务无法被储存以备未来销售或使用。理财经理对客户的询问进行解答，柜员的服务、投资银行提供的企业 IPO（首次公开募股）都不能在今年生产而在明年销售，但实物性产品则可以今年生产，未来几年都可以销售。这就说明服务与实物产品的生产和营销模式不同。

6.1.3　金融产品

金融产品是指资金融通过程的各种载体，它包括货币、黄金、外汇、有价证券等。这些金融产品就是金融市场的买卖内容，供求双方通过市场竞争原则形成金融产品价格，如利率或收益率，完成金融产品的交易，达到融通资金的目的。如股票、期货、期权、保单等就是金融资产（Financial Assets），有的称之为金融工具（Financial Instruments），还有的称之为有价证券（Securities）。

“一物四名”指的是同样的金融产品，根据不同的使用者、不同的目的、不同的作用等，有四种不同的名字，即金融产品、金融资产、金融工具和有价证券。以股票为例，对市场而言，股票是金融产品；对发行者而言，股票是融资的工具；对交易者而言，股票是投资或投机获利的工具；对公司财务而言，股票是金融资产或有价证券。

一个金融产品是一系列具体规定和约定的组合。虽然不同的金融产品有着不同的具体规定和约定，但是，每一个金融产品通常都应具备至少以下七个方面的内容。

1. 发行者

任何金融产品都必须有其卖主，即发行者。债券的发行者就是债务人，没有债务人的债务关系自然是无法想象的。股票也一样，必须要有特定的发行企业，这个企业是股票认购者的共同财产。

2. 认购者

不是所有的投资者都可以从金融市场上购买他想买的任何金融产品。有些市场（如银行间同业拆借市场）只向一小部分金融机构开放。因此投资者在认购某一金融产品之前，首先应当了解自己有没有权利购买这一产品，企业在发行某一金融产品之前也应当知道这一产品的可能投资者以便估计潜在的资金来源。

3. 期限

金融产品的期限有长短之分，在一般情况下，货币市场产品期限为一年，资本市场上的产品期限为一年以上。

金融产品的期限还可分为有限和无限。大部分债券和所有的货币市场产品都是有期限的。至于股票，从理论上说是无期限的，但实际上其存在的时间和企业存在的时间同样长。

4. 价格和收益

价格是金融产品的核心要素。在金融产品的价格上，应当区分票面价格和市场价格。

票面价格是指合同中规定的名义价格。债券的票面价格包含：本金以及与按票面利息率一起构成的每期利息额。股票的票面价格在企业的资产负债表中用于计算企业的注册资本额。市场价格是金融产品在市场上的成交价格，相当于认购者实付、发行者实收的价格。

市场价格还有一级市场价格和二级市场价格的区分。一级市场的价格和票面价格有一定的联系。如债券的票面价格与市场价格之间的关系取决于票面利率与市场利率的差别、债券的偿还方式、债券的偿还期限长短等因素。但在二级市场上，市场价格的变动不再受票面价格的限制。

收益率是金融产品的另一个核心要素，它表示该产品给其持有者带来的收入占其投资的比率。金融产品的收益包括两种：一是证券利息收入，简称收入或经常性收入，二是资本增益或损益。利息收入是指在金融产品持有期内获得的利息收入，如债券按期支付债息的收入或股票按期支付股息的收入等。资本增益或损益则是指由于所持证券价格的升降变动而带来的本金的升值或减值。

5. 风险

一般都把风险看成一种危险，或看成一种带来损失或失败的可能性。可以认为金融产品的投资风险是由于对未来的不确定性而产生的预期收益损失的可能。

6. 流通性

流通性是一种资产转换为货币的能力，某种资产一经需要可随即转换为货币，交易费用很低，且不承担本金的损失，该资产就具有较高的流动性，反之，资产的流动性就较低。

绝大多数的金融产品都可以在次级市场上自由流通，如私人持有的普通股票、债券等。但也有一部分金融产品不可以流通，或者在流通时要满足特定的条件，如平常的定期存折不能流通，用作抵押担保的金融产品以及所有在发行时规定不可流通的产品。还有一些金融产品只在某些特定的情况下才能流通。

流通性是金融产品的一大质量指标，那些不可流通的金融产品在市场上只能以较低的价格发行。同理，即使是可以流通的金融产品，如果其流通条件很差（如日成交量特别小），也只能以较低的价格流通。

7. 权利

金融产品作为一种财产权凭证，可以赋予持有人与该产品类别相对应的权利，比如债券持有人作为债权人，拥有到期时获得本金和利息的权利以及公司破产时剩余财产的优先索偿权。股票持有人作为公司的股东，有权参加股东大会，有权选举公司董事以及有权参与公司重大事项的决策等。

6.1.4 品牌管理

什么是品牌？按照奥美的定义，品牌是一种错综复杂的象征。它是品牌属性、名称、包装、价格、历史、信誉、广告方式的无形总称。在金融行业，品牌是顾客选择金融机构关键影响因素之一。换言之，金融机构对于品牌管理也应格外重视。

金融机构的品牌管理，包括了品牌的公共关系活动、商业形象树立活动、内部营销。金融机构的品牌突出了该金融机构的核心竞争力，如历史悠久、信誉卓著、创新进取等。

6.1.5 产品线管理

产品线是指一群相关的产品，这类产品可能功能相似、形式相同，以相同的方式满足消费者，如宝洁公司旗下有洗发水产品线、洗涤类产品线。金融机构也同样按照产品线模式管理金融产品和服务，如银行的理财产品线、信用卡产品线。

产品组合，通常由若干条产品线组成。产品组合的长度，是指产品组合中包含的产品线的多少，包含的产品线越多，就越宽；产品组合的长度，是指每条产品线包含的产品项目的多少，包含的产品项目越多，产品线就越长；产品组合的关联度，是指各类产品线之间在最终用途、生产条件、销售渠道等方面相互关联的程度，不同的产品组合存在着不同的关联程度。

金融机构提供多种产品，特别是在市场化程度较大的一些领域，产品种类也相对丰富。例如，针对高端顾客提供的各种金融投资、置业、理财等服务，已经品牌化，并且形成了产品线，以满足不同细分市场的消费需要。

6.1.6 产品线策略

1. 产品线扩展

（1）向下游扩展。许多公司最初定位于高端市场，随后进入低端市场。

（2）向上游扩展。在市场上定位于低端市场的公司可能会打算进入高端市场。

（3）双向扩展。定位于市场中端的公司可能会决定朝向上和向下两个方向扩展其产品线。

2. 产品线填补

产品线也可以拉长，办法是在现有产品线的范围内增加一些产品项目。例如，银行信用卡目前普遍采取与某大型企业联合发行信用卡，如交行与卜蜂莲花超市发行联名卡；增加了针对职场女性、商旅人士等细分市场专门设计的信用卡。

企业在增加产品线长度时，可能同时采用延伸和充实两种方式，以此适应不同消费层次的梯次结构，构成不同档次的市场竞争态势。

企业在增加产品项目时，还必须考虑对它是否存在市场需求，而不是仅从满足增加产品线长度的愿望出发。有时缩短产品线的长度会有利于提高企业的经济效益。

3. 产品线现代化

在某些情况下，产品线长度是适当的，但是还必须使产品线现代化。这是金融机构目前普遍采用的策略，也是发展趋势，手机 App、银行卡在支付便利方面出现的闪付功能等，都是产品线现代化的例子。

4. 产品线特色化

产品线管理决策者在产品线中选择一个或少数几个有典型价值的产品项目进行特色化。有时候，产品线上低档产品型号通过特色化，也可以充当开拓销路的先锋。

5. 产品线深度的选择

如果目标市场消费者的收入差距较大，消费层次比较多，产品线就可进行深化，反之，就应该浅一些。例如，某种金融理财产品按照客户的购买金额分为普通客户产品、标准客户产品、贵宾客户产品和精英客户产品 4 种产品规格，这时的产品线深度等于 4。其产品线示例如表 6－1所示。

表6－1　　产品线示例

某金融理财产品	购买金额（万元）	占总销售额比例（%）
普通客户产品	5	20
标准客户产品	20	30
贵宾客户产品	50	35
精英客户产品	100	15

增加产品线的深度，有上延、下延和两端延伸3种形式。所谓上延，就是增加针对精英客户，甚至是比精英客户更高级别客户群体的金融产品和服务，向豪华、高级、功能齐全的方向发展。所谓下延，就是增加功能简化、低价格的经济型金融产品服务，如针对低端客户，设计起点金额低的理财产品。两端延伸，就是产品线同时上延和下延。

6.1.7　创新管理（新产品开发）

新产品开发是指从研究选择适应市场需要的产品开始到产品设计、工艺制造设计，直到投入正常生产的一系列决策过程。广义而言，新产品开发既包括新产品的研制也包括原有的老产品改进与换代。新产品开发既是企业研究与开发的重点内容，也是企业生存和发展的战略核心之一。

为了便于对新产品进行分析研究，可以从多个角度进行分类。

6.1.7.1　新产品分类

1. 按创新程度分类

（1）全新新产品。全新新产品是指利用全新的技术和原理生产出来的产品。

（2）改进新产品。改进新产品是指在原有产品的技术和原理的基础上，采用相应的改进技术，使外观、性能有一定进步的新产品。

（3）换代新产品。换代新产品是指采用新技术、新结构、新方法或新材料，在原有产品基础上有较大突破的新产品。

2. 按新产品所在地的特征分类

（1）地区或企业新产品。地区或企业新产品是指在国内其他地区或企业已经生产但本地区或本企业初次生产和销售的产品。

（2）国内新产品。国内新产品是指在国外已经试制成功但国内尚属首次生产和销售的产品。

（3）国际新产品。国际新产品是指在世界范围内首次研制成功并投入生产和销售的产品。

3. 按新产品的开发方式分类

（1）技术引进新产品。技术引进新产品是指直接引进市场上已有的成熟技术制造的产品，这样可以避开自身开发能力较弱的难点。

（2）独立开发新产品。独立开发新产品是指从用户所需要的产品功能出发，探索能够满足功能需求的原理和结构，结合新技术、新材料的研究独立开发制造的产品。

（3）混合开发的产品。混合开发的产品是指在新产品的开发过程中，既有直接引进的部分，又有独立开发的部分，将两者有机结合在一起而制造出的新产品。

新产品开发是一项极其复杂的工作，从根据用户需要提出设想到正式生产产品投放市场为止，其中经历许多阶段，涉及面广、科学性强、持续时间长，因此必须按照一定的程序开展工作，这些程序之间互相促进、互相制约，才能使产品开发工作协调、顺利地进行。产品开发的程序是指从提出产品构思到正式投入生产的整个过程。由于行业的差别和产品生产技术的不同特点，特别是选择产品开发方式的不同，新产品开发所经历的阶段和具体内容并不完全一样。

案例阅读6－1　花旗银行的金融产品开发①

花旗银行重视金融产品的创新和开发，并且积极向世界各地推广。20世纪80年代末花旗银行首先在中国台湾地区引入消费者信用业务，包括汽车贷款和住房贷款。在印度，花旗银行首先引进交易银行业务，为印度前500家大企业提供了现金管理服务。此外，花旗银行还注重根据当地客户需要和实际情况进行产品创新。例如在日本，花旗银行开设了多重货币账户，以及一揽子货币产品和网上汇款业务等；在韩国，花旗银行还引入了记账卡服务；另外，在各国都设有以英语和东道国语言操作的ATM。再如，当中国台湾宣布放宽两岸贸易结算业务后，花旗银行台北分行和大陆分行很快就推出了直开台湾信用证业务，大大方便了两岸的经贸往来。花旗银行服务策略的一大特色是其标准化的服务，目的是使世界上任何国家和地区的客户都能享受到同样的服务。

花旗银行紧密跟踪目标客户的需求，推出帮助客户解决实际金融问题的产品，这个做法，值得金融营销人员借鉴学习。

6.1.7.2　新产品开发程序

金融产品的创新开发不仅受到法律政策的严格限制，也受技术及市场发育成熟度的制约。这是一般产品和服务的创新不会面临的问题。金融产品的设计本身是一门学科，有复杂的理论和方法，且不同的产品有不同的技术要求。我们下面仅对一般性的产品创新程序进行说明。

1. 调查研究阶段

开发金融新产品的目的，是为了满足社会和用户的需要。金融消费者的需求是金融新产品开发选择决策的主要依据。通过调研一线员工对消费者需求的了解，分析客

---

① 李斐，王宇露．花旗银行的国际营销战略及其对我国商业银行跨国经营的启示［J］．新疆财经，2006（4）：65.

户投诉、研究竞争对手的产品、参加行业发展研讨会、学习发达国家金融机构的产品设计等方法，都有助于金融产品的开发。

因此，创意主要来自以下三个方面：①来自用户。企业着手开发新产品，首先要通过各种渠道掌握用户的需求，了解用户在使用老产品过程中有哪些改进意见和新的需求，并在此基础上形成新产品开发创意。当前，一些非金融机构根据自己客户的实际需要设计出了金融创新产品，如京东白条、花呗等。②来自本企业职工。销售人员和技术服务人员，经常接触用户，熟悉用户对老产品的改进意见与需求变化。如微信就是腾讯公司内部的创新开发小组提出的产品，微信的红包功能也是在社交行为研究的基础上开发出来的。③来自专业的研究人员。研究人员具有比较丰富的专业理论和技术知识，要鼓励他们发扬这方面的专长，为企业提供新产品开发的创意。此外，企业还可以通过情报部门、工商管理部门、经销代理机构等渠道，征集新产品开发创意。

2. 金融产品创新的第二阶段：构思筛选及产品设计概念形成阶段

（1）构思筛选。这一阶段根据金融产品服务经营单位设立的发展目标和资源条件对创新构思进行筛选。

（2）产品概念形成。这一阶段是指经过筛选后的产品概念从构思到可以被消费者使用的过程。

3. 新产品设计阶段

根据产品与服务的特征，营销角度的新产品设计与金融学中的金融产品设计在概念上不同。营销角度的金融产品设计主要包括品牌设计和客户服务设计，其他的营销组合因素在其他章节有专门的讨论。

（1）品牌设计。金融产品品牌是金融营销的常态。金融产品的品牌是该产品给予消费者的承诺，这个承诺与其他金融产品有别，这是品牌存在的意义。

（2）客户服务设计。金融产品本身需要通过完善的客户服务来完成营销。因此，服务流程、服务理念、服务人员的专业素质都是消费者对金融产品满意度的重要构成要素。

4. 新产品试制与评价阶段

（1）试制阶段。它的目的是考核产品设计质量，考验产品结构、性能及主要工艺，验证和修正设计程序。新产品试制阶段又分为样品试制和小批试制阶段。

（2）评价阶段。对新产品从技术上、经济上作出全面评价，然后才能得出全面定型结论，投入正式销售。

5. 商业分析

商业分析阶段主要完成以下两个工作：销售预测、成本与利润的估算。

（1）销售预测。销售预测主要取决于市场需求规模以及目标市场规模。

可以估算的公式是：

新产品的预测销售量 = 市场需求规模 × 行业销售比例 × 预期市场份额

潜在销售量 = 目标市场规模 × 购买者比例 × 购买总价 × 购买频率

（2）成本与利润的估算。金融产品的营销成本一般包括开发费用、营销费用、人员工资、技术设备的成本、研究费用、负债利息支出、佣金（如果使用代理人的费用支出）等。

利润 = 总销售额 − 成本 − 税金 − 国家规定的相关资金留成

6. 产品的测试与商品化阶段

新产品的市场化测试主要是选择一个实验区，通过客户拜访、试销售等了解市场的反应，如果有问题，及时修正；如果反应积极，就可以大范围地进行营销了。具体如图 6－2 所示。

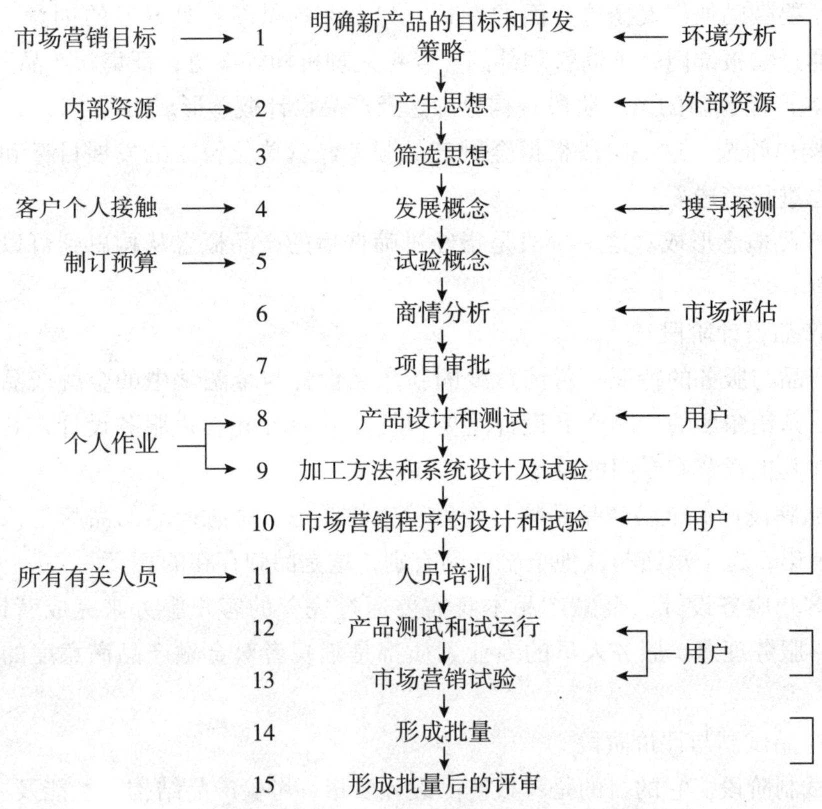

图 6－2　新产品开发与商业化流程

资料来源：焦宁．中国工商银行个人客户金融服务方案策划研究［D］．沈阳：东北大学，2009：39.

金融产品创新有巨大的空间。国际金融界的产品是上万种，而我国商业银行的金融产品不过百来种，进行借鉴性创新大有作为，充分挖掘这巨大的空间能够满足我国商业银行一段时间的创新需要。而且借鉴型创新可以利用后发优势规律，既可少走弯路，又可在借鉴中学习模仿创新提高。随着金融市场的创新和发展，在基础和条件成熟时，大力发展符合我国实际情况的原创型创新也是必不可少的。

6.2 营销策划的法律基础

金融活动受到相关法律法规的严格监管，因此，营销策划者也应该熟悉相关法律法规。本节仅以《商业银行个人理财业务管理暂行办法》为例，向读者说明熟悉营销策划的相关法律法规基础对策划成功的必要性。

《商业银行个人理财业务管理暂行办法》是个人理财业务的规范。该法规对金融理财业务的开展作出详细的规定。

如第一章第二条、第二章第七条至第十条对金融理财业务的相关产品进行了定义。"第二条　本办法所称个人理财业务，是指商业银行为个人客户提供的财务分析、财务规划、投资顾问、资产管理等专业化服务活动。""第七条　商业银行个人理财业务按照管理运作方式不同，分为理财顾问服务和综合理财服务。第八条　理财顾问服务，是指商业银行向客户提供的财务分析与规划、投资建议、个人投资产品推介等专业化服务。商业银行为销售储蓄存款产品、信贷产品等进行的产品介绍、宣传和推介等一般性业务咨询活动，不属于前款所称理财顾问服务。在理财顾问服务活动中，客户根据商业银行提供的理财顾问服务管理和运用资金，并承担由此产生的收益和风险。第九条　综合理财服务，是指商业银行在向客户提供理财顾问服务的基础上，接受客户的委托和授权，按照与客户事先约定的投资计划和方式进行投资和资产管理的业务活动。在综合理财服务活动中，客户授权银行代表客户按照合同约定的投资方向和方式，进行投资和资产管理，投资收益与风险由客户或客户与银行按照约定方式承担。第十条　商业银行在综合理财服务活动中，可以向特定目标客户群销售理财计划。理财计划是指商业银行在对潜在目标客户群分析研究的基础上，针对特定目标客户群开发设计并销售的资金投资和管理计划。"

第三章第二十四条对理财产品的利率进行了规定。"第二十四条　保证收益理财计划或相关产品中高于同期储蓄存款利率的保证收益，应是对客户有附加条件的保证收益。商业银行不得无条件向客户承诺高于同期储蓄存款利率的保证收益率。商业银行不得承诺或变相承诺除保证收益以外的任何可获得收益。"

第二十八条和第二十九条规定了信息披露的具体要求。"第二十八条　在理财计划的存续期内，商业银行应向客户提供其所持有的所有相关资产的账单，账单应列明资产变动、收入和费用、期末资产估值等情况。账单提供应不少于两次，并且至少每月提供一次。商业银行与客户另有约定的除外。第二十九条　商业银行应按季度准备理财计划各投资工具的财务报表、市场表现情况及相关材料，相关客户有权查询或要求商业银行向其提供上述信息。"

第三十二条对客户签署的合同内容条款进行了规定。"第三十二条　商业银行开展个人理财业务，可根据相关规定向客户收取适当的费用，收费标准和收费方式应在与客户签订的合同中明示。商业银行根据国家有关政策的规定，需要统一调整与客户签订的收费标准和收费方式时，应将有关情况及时告知客户；除非在相关协议中另有约定，商业银行根据业务发展和投资管理情况，需要对已签订的收费标准和收费方式进行调整时，应获得客户同意。”

第四十条对宣传营销资料的内容信息进行了规定和约束。“第四十条　商业银行理财计划的宣传和介绍材料，应包含对产品风险的揭示，并以醒目、通俗的文字表达；对非保证收益理财计划，在与客户签订合同前，应提供理财计划预期收益率的测算数据、测算方式和测算的主要依据。”

第五章第五十四条对理财业务从业人员的资格进行了规定。“第五十四条　商业银行个人理财业务人员应满足以下资格要求：（一）对个人理财业务活动相关法律法规、行政规章和监管要求等，有充分的了解和认识；（二）遵守监管部门和商业银行制定的个人理财业务人员职业道德标准或守则；（三）掌握所推介产品或向客户提供咨询顾问意见所涉及产品的特性，并对有关产品市场有所认识和理解；（四）具备相应的学历水平和工作经验；（五）具备相关监管部门要求的行业资格；（六）具备中国银行业监督管理委员会要求的其他资格条件。”

营销策划人员必须熟悉以上规定，才能在合法的基础和范围内进行理财产品的营销方案设计。

6.3　营销策划实务

金融产品的营销策划都是以消费者的金融需求为依据的。这部分的策划方案，可以通过可视化的手段来介绍说明金融产品，也可以通过市场调查报告来整体性地分析金融产品的营销特点。

下面，我们分别从三个方面来说明策划工作的主要内容：第一个是金融产品线的构建；第二个是金融营销的调研；第三个是管理与考核设计。

6.3.1　金融产品线的构建（见表6－2）

表6－2　　　　金融产品线的构建①

一级主目录：按照金融消费者类型确定分类	二级目录：提供一级目录下大类产品中的产品，如个人银行部门中的产品	三级目录：对二级目录中的投资理财产品进行详细说明，提供每一个大类产品下的具体产品种类及购买指南	四级目录：对三级目录中的寿险产品线中的每一类具体产品下的各个品牌进行介绍

① 资料来源：http：//www.ccb.com/cn/home/indexv3.html.

续 表

个人银行（普通个人金融消费者）	1. 信用卡 2. 投资理财 3. 存贷 4. 金融消费 5. 金融规划	投资理财：基金；理财 保险：寿险；年金险；意外险；个人财险；企业财险；旅游险；健康险；理财险 贵金属； 国债证券； 外汇投资	寿险：品牌 A，品牌 B

在介绍金融产品时，一般包括产品综合介绍、交易细则、购买渠道等信息，具体依据产品本身的特点来决定。

产品介绍或者说明资料的第一部分是对该业务的综合介绍，主要对该产品的基本情况进行说明。案例阅读 6 - 2 是某银行黄金投资产品书面介绍资料①，其中，包括了以下几个方面的信息：①业务介绍；②消费者提示（交易风险提示）；③交易时间。

案例阅读 6 - 2　某银行黄金投资产品书面介绍资料

业务介绍

"招财金"不同于银行理财产品，是指银行根据上海黄金交易所相关规定，代理个人客户提出交易所挂牌交易的各类贵金属的买入、卖出等交易委托，并代理客户完成相应的结算、交割处理，以及协助客户完成交易所实物黄金的提货等相关业务的行为。

交易风险提示：银行向客户提供的有关市场分析和预测仅供客户参考。因受国内、国际各种政治、经济因素，以及各种突发事件的影响，黄金价格可能会发生波动。客户须充分了解实物黄金交易的风险，充分认识到由此可能遭受的损失。通过我行代理黄金交易系统发出的所有交易指令均由客户本人根据相关市场信息理性判断、自主决策，并自行承担交易后果。

上海黄金交易所交易时间：

周一到周五 上午 9：00—11：30

周一到周五 下午 13：30—15：30

周一到周五 晚上 20：00—次日 2：30

注：交易时间如有变化，以交易所公告为准。

---

① http：//www.cmbchina.com/personal/invest/InvestInfo.aspx? guid = 0718 e370 - 59e4 - 401f - 8c08 - 8df749fe71.

另外，对该产品的交易买卖详细方式、交易条件、交易要求等细则将在下面进行逐一说明，客户看后就能知道进行交易买卖的全部过程。

交易方式：客户可以通过银行向上海黄金交易所以一定的价格申报买入黄金或者卖出黄金，交易所受理客户的委托申报后，按"价格优先、时间优先"的原则进行撮合处理。

客户委托申报允许被部分成交。未成交的委托申报或者成交部分的委托申报可以申请撤销。

上海黄金交易所黄金交割为T+0，即当日买入的黄金可以当日卖出；资金交割为T+1，即当日卖出资金下一交易日可以提取。

操作指南

表6-3　　操作指南

黄金交易	黄金查询	专户管理
委托买入 委托卖出 委托撤单 提货申请	资金库存 当天委托 当天成交 历史委托 历史成交 专户转账查询 提货申请单查询 日结单查询	开户 专户转账 客户信息修改 专户密码修改 专户密码重置（仅限专业版） 交易账号变更（仅限专业版）

交易品种：目前上海黄金交易所个人客户可交易现货品种为：Au100g、Au99.99和Au99.95。个人客户可交易延期品种为：Au（T+D）、Ag（T+D）、Au（T+N1）、Au（T+N2）、mAu（T+D）。

各个交易的基本情况如下。

表6-4　　各个交易的基本情况

现货合约	Au100g	Au99.99	Au99.95
基本报价单位	0.01元/克	0.01元/克	0.01元/克
基本交易单位	100克/手	10克/手	1000克/手
交割品种	标准重量0.1千克、成色不低于99.99%的金条	标准重量1千克、成色不低于99.99%的金锭	标准重量3千克、成色不低于99.95%的金锭

续 表

延期交收合约	Au（T+D）	Au（T+N1）	Au（T+N2）	Ag（T+D）	mAu（T+D）
基本报价单位	0.01 元/克	0.01 元/克	0.01 元/克	1 元/千克	0.01 元/克
基本交易单位	1000 克/手	1000 克/手	1000 克/手	1000 克/手	100 克/手
交易品级	99.95% 3 千克标准金锭（99.99% 1 千克标准金锭可替代交割）	99.95% 3 千克标准金锭（99.99% 1 千克标准金锭可替代交割）	99.95% 3 千克标准金锭（99.99% 1 千克标准金锭可替代交割）	99.90% 15 千克以上的标准银锭	标准重量 1 千克、成色不低于 99.99% 的标准金锭

读者可以选择一家金融机构的一个产品（产品种类），学习撰写一份产品说明购买指南。

6.3.2 金融营销的调研

很多金融机构都在努力进行营销的改进，在探索金融营销改进的过程中，进行市场调研是策划的一个重要组成部分。因此，熟悉了解金融市场及金融消费者的调研分析，并学习撰写分析报告，是策划实务中的一个重要技能。案例阅读 6－3 总结了调研报告撰写的要点，供学员学习。

案例阅读 6－3 关于调研报告的撰写①

1 什么是调研报告

对选定的要了解的情况、事件、经验或问题，经过客观调查和基于了解到的全部数据进行分析研究，揭示出本质、规律，最后以书面形式陈述出来，这就是调研报告。调研报告的核心是实事求是地反映和分析客观事实。调研报告主要包括两个部分：一是调查，二是研究。

调查，应该深入实际，准确地反映客观事实，不凭主观想象，按事物的本来面目了解事物，掌握材料。

研究，即在掌握客观事实的基础上，认真分析，透彻地揭示事物的本质。

2 调研报告的类型

调研报告，若按写作宗旨划分，分为综合性调研报告和专题性调研报告；若按内

① 改编自：王丽容，胡能勇．关于调研报告的撰写［J］．国土资源导刊，2008（1）：66－68.

容划分，分为经验型调研报告、基本情况型调研报告、社会型调研报告和揭露型调研报告等；若按照学术水平的程度划分，可分为普通型调研报告、学术型调研报告。

目前我们经常撰写的调研报告大都是普通型调研报告，侧重于对事实、情况、经验、问题的客观性、真实性的叙述，将真相展示给读者，而“学术型调研报告”则在展示真相后，要进一步揭示蕴含在事实、情况、经验、问题背后的缘由以及事物发生、发展的规律。通俗地讲，前者着重写“怎么样”，后者着重写“为什么”。

3　调研报告的构成

一般来说，调研报告由标题、导语、正文、结语四部分构成。

3.1　标题

调研报告的标题，从表达方式上看，大体有四种类型：一是新闻报道式。这类标题常常采用正、副标题形式，副标题往往是对正标题的解释和补充。二是公文式。这类标题的优点是简洁、朴实、明快。三是论文式。四是提问式。用提问引起读者的深思。这类标题的拟制一要醒目、简洁、画龙点睛；二要具体、确切、揭示内容；三要直接、鲜明、表现主题。

3.2　导语

调研报告一般都要写导语，以此来说明调研的目的、对象、范围或调研要点，为读者阅读全文打下基础。导语的写法一般有三种：一是概述调研简况，说明调研的时间、地点、对象、方式、经过等；二是概括调研对象的基本情况或揭示文章主题，便于读者概括了解全文的主要内容；三是将调研事项的结果放在开头来写，易调动读者去思考其成因，对读者具有启发作用。导语，不论采用哪种写法，都要开门见山，点明主题，为正文的展开做好铺垫。但在写作实践中，导语的写法不会归纳得那样简洁化、类型化，常常几种写法互相糅合，所以写导语要因文而异，根据具体内容，确定导语写法。

3.3　正文

正文是调研报告的主体部分，是全文的重点、核心。因为它内容多，所以要针对材料进行认真整理，分清层次，安排好结构，把主题有秩序、有步骤地表达出来。正文结构通常有三种：一是横式结构，就是按逻辑顺序写。根据事物的内在联系，提出几个问题或列上小标题，然后再按问题分条叙述，这种结构方式使调研报告层次清晰，观点鲜明，富有启发性。二是纵式结构。按照事物的发生发展顺序，一层一层地分析问题。这种结构方式使调研报告脉络清晰，条理分明。三是纵横式结构，兼有以上两种结构形式特点。即把时间顺序和逻辑顺序结合起来写，如有的典型经验调研报告，在介绍经验时并不完全按基本经验安排层次结构，而是先介绍经验产生的前因后果，再集中介绍几条经验。这种结构方式使文章眉目清晰、观点鲜明。正文，不管采用哪种结构方式，都应包括基本情况、分析结论、建议和措施三个要素。

3.4 结语

结语的写法不拘泥于一种形式，应视调研报告内容而定。一般有以下几种写法：一是总结全文，深化主旨，加深读者对调研内容的印象。二是概括经验要点，强调推广经验的重要意义。三是用提出见解、任务或建议的形式结束全文，给人以启示。还有一种“无结语”形式，即调研报告主体部分结束了，正文就随之完成了。

4 调研报告的写作计划

4.1 确定调研课题

调研课题是指调研所要阐明的、要解决的问题。调研课题按照调研目的分为“理论性课题”和“应用性课题”。“理论性课题”是一种侧重于揭示某种社会现象的本质及发展变化规律的调研课题，如“新时期土地市场变化及发展趋势调查”等。

“应用性课题”是一种侧重于解决某领域中存在的问题，提出解决问题的具体方案、对策，或传播某种具有社会意义的经验的课题。如“湖南省某某县拆迁安置工作重点难点问题的调研报告”等。

“理论性课题”和“应用性课题”两者之间没有绝对分明的界限，只是侧重点不同而已。

4.2 制订调研方案

调研是一项自觉性很强的社会活动，调研方案是引导自觉行动的纲领。因此，调研课题确定后，应该制订调研方案。

调研方案大致包括：①调研的目的和任务；②调研的具体对象；③调研的指导思想；④调研进度安排时间表；⑤调研成果的形式；⑥调研指标的设计；⑦调研的类型和方法；⑧调研的组织领导；⑨调研的预算；⑩调研的注意事项等。下面从调研方案中选择几项略加阐述。

第一，调研的目的与任务。调研目的是指通过该次调研要解决什么问题，解决到什么程度。比如，是全面了解情况，为领导提供决策依据，还是只对某个问题做专题调研，为有关方面提出政策性建议？是为了传播典型经验，对基层工作提出指导与参考意见，还是探究事情发生因果关系，影响社会舆论，或进行学术探讨等。

第二，调研成果的形式。调研成果的形式是指调研成果的反映形式，比如口头汇报、演讲、撰写调研报告、撰写学术论文（也称学术型调研报告）、内部参考材料等等，都是调研成果的反映形式。

第三，调研指标的设计。调研指标是指反映调研对象的类别、规模、水平、速度等特征或特性的项目。如姓名、性别、年龄、产值、利润、增长速度等，都是常用的调研指标。调研指标一般可以分为：定类指标、定序指标、定距指标和定比指标。

金融营销策划的调研报告或者说明，在内容上要突出金融产品（服务）的市场需求、社会价值、应用效果等。

例如，调研报告可以围绕以下内容开展。

（1）这项金融产品主要服务于哪个（些）目标市场。

（2）该目标市场的基本特征：需求如何产生、目标市场规模、目标市场的增长率、该目标市场内的竞争状况。

（3）该项金融产品的具体说明和营销特征：品牌、产品、价格、渠道、宣传。

读者可以自行选择一种金融产品，对其目标市场或者潜在目标市场进行调研，撰写一份目标市场消费者分析与营销的调研报告。

6.3.3 管理与考核设计

金融营销策划需要一批有开拓精神的团队来完成。团队要完成工作，工作内容和任务说明以及考核必不可少。表6－5作为产品市场化的行动指南，为读者提供策划借鉴。

表6－5　　创新考核设计

项目：新产品开发			
产品市场化工作内容	到期日	责任	考核指标
指定产品经理			
审查产品形象			
产品合法性审查			
明确目标市场			
市场大小、潜力估计			
初步利润分析			
递交主管决定是否继续			
提出操作系统建议或成本			
提出管理或销售建议			
提出管理或销售建议			
给主管提供参考建议并获得必要批准			
提出包括培训在内的营销活动计划			

注：表内容改编自：杨米沙，张丽拉，刘志梅，等．金融营销［M］．北京：中国人民大学出版社，2011：142.

营销考核是营销策划方案执行效果的保证。有效的考核方案设计，对于营销活动成功与否有直接的影响。建议学生同时参考管理学和人力资源管理中关于团队和工作业绩考核的部分，以提高对这一工作环节的理论认识水平。

本章小结

产品（服务）是营销组合的核心要素。本章讲解了金融产品和服务的特征、金融产品的本质、金融产品和服务的品牌管理、产品线管理和产品线策略。同时，对金融产品的创新开发程序进行了讲解。金融产品和服务的管理和创新要符合监管机构法律法规的规定。

复习思考题

1. 举例说明金融产品的营销特征。
2. 简述品牌管理的基本概念和方法。
3. 选择一家金融机构，对其产品线进行描述。
4. 简述金融产品创新的步骤。

实训项目

一、实训目标

掌握和运用金融产品品牌管理、产品线管理以及创新管理的基本方法。

二、实训内容

在第 5 章实训项目练习的基础上，选择一家金融机构。

1. 对该金融机构的产品线进行归纳，通过表格总结该金融机构的产品组合。

表 6－6　　该金融机构的产品组合

产品线 A（类别）	产品线 B	产品线 C
产品 1 具体产品种类 品牌 a 品牌 b 品牌 c	……	……
产品 2 具体产品种类 品牌 a 品牌 b 品牌 c	……	……

2. 分析该金融机构产品线的策略。

结合第 5 章所讲的市场细分、目标市场选择和市场定位，分析该金融机构的产品线策略。

表 6 –7　　该金融机构的产品线策略

产品线 A（类别）	目标市场	市场定位
产品：经营性贷款 品牌 a 品牌 b 品牌 c	小微企业主	成本合理地订制化金融服务
产品 2 信用卡 品牌 a 品牌 b 品牌 c	1. 商务人士	高端信用卡定位，提供各种商旅活动中的贵宾：如机场贵宾厅，五星酒店折扣价等
	2. 女性（年轻、母亲、职场）	女性卡定位，提供塑形、美容、婴幼儿用品店、K12 教育机构的优惠折扣或 VIP 服务

3. 在第 5 章实训练习的基础上，针对目标市场和定位，设计新产品，并制定创新流程的管理计划。

表 6 –8　　该金融机构的创新流程管理计划

产品线 A（类别）	目标市场	市场空白点	新产品	创新流程管理
产品 1：经营性贷款 品牌 a 品牌 b 品牌 c	小微企业主	该目标市场存在的金融需求中，尚未有相应金融产品服务的供给	1. 描述未被满足的需求 2. 针对性的金融产品服务特征描述	1. 调研方案 2. 产品界定与说明 3. 创新产品生产的组织与管理 4. 商业化
产品 2：信用卡 品牌 a 品牌 b 品牌 c	商务人士	该目标市场存在的金融需求中，尚未有相应金融产品服务的供给	1. 描述未被满足的需求 2. 针对性的金融产品服务特征描述	1. 调研方案 2. 产品界定与说明 3. 创新产品生产的组织与管理 4. 商业化

4. 尝试对一项金融产品（服务）进行市场调研。

调研报告的大纲（示例）如下。

调研报告题目

1　导语［说明该金融产品（服务）的背景、要解决的问题、希望实现的目标］。

2　市场调研的开展情况说明。

2.1　谁开展了调研。

2.2　调研的主持单位、调研的目标、调研的对象、调研开展的地理和时间范围。

2.3　调研的方法说明，数据收集的情况，分析的方法。

3　正文：市场调研的回收数据情况及分析。

3.1　调研内容。

3.2　调研的过程。

3.3　调研的成果。

3.4　调研的分析。

4　调研的结论以及启示。

7 金融营销定价策划

7.1 金融产品（服务）的定价

7.1.1 金融产品（服务）的价格

金融产品（服务）的价格一般指利率、汇率、佣金率、保险费率、服务费等。

1. 利率

利率是资金的价格，也是金融机构设定各种存贷产品的定价基础。1996 年开始，我国开始了利率市场化的渐进式改革，改革的指导原则是“先外币、后本币，先贷款、后存款，先批发、后零售”。存款利率档次由中国人民银行公布和管理，商业银行可以在允许的范围内浮动。

案例阅读 7－1　20 年来中国利率市场化改革的政策进程①

利率市场化改革的核心是要建立健全与市场相适应的利率形成和调控机制，提高央行调控市场利率的有效性。1996 年至 2005 年，利率市场化改革已经推行了近 20 年。中国的利率市场化在 2015 年年底前基本上完成了，无论是贷款还是存款利率管制都已经取消，金融机构都有了利率的自主定价权。利率改革后续还有很多任务，例如中央银行对利率指导的传导机制尚待健全。利率形成机制还需在市场上不断磨合、逐渐完善，但总体上看利率市场化改革已经取得了决定性进展。

下面是 20 年来中国利率市场化改革的阶段总结。

第一阶段：稳步推进阶段。

1993 年确立利率市场化改革的基本设想。1993 年，中国共产党的十四大《关于金融体制改革的决定》提出，中国利率改革的长远目标是：建立以市场资金供求为基础，

---

① 案例改编：自一文看懂中国利率市场化改革［EB/OL］. http：//money. 163. com/15/1023/23/B6L8F31A0025 2H36. html. 周小川 . 利率市场化已经基本完成［EB/OL］. http：//finance. youth. cn/finance_ jsxw/201603/t20160320_ 7757327. htm.

以中央银行基准利率为调控核心，由市场资金供求决定各种利率水平的市场利率体系的市场利率管理体系。

1996 年 6 月 1 日，人民银行放开了银行间同业折借利率，此举被视为利率市场化的突破口。

1997 年 6 月银行间债券回购利率放开。1998 年 8 月，国家开发银行在银行间债券市场首次进行了市场化发债，1999 年 10 月，国债发行也开始采用市场招标形式，从而实现了银行间市场利率、国债和政策性金融债发行利率的市场化。

1998 年放开贴现与转贴现利率。1998 年、1999 年人民银行连续三次扩大金融机构贷款利率浮动区间，并要求各金融机构建立贷款内部定价和授权制度。1998 年，人民银行改革了贴现利率生成机制，贴现利率和转贴现利率在再贴现利率的基础上加点生成，在不超过同期贷款利率（含浮动）的前提下由商业银行自定。

1999 年存款利率改革初步尝试。1999 年 10 月，人民银行批准中资商业银行法人对中资保险公司法人试办由双方协商确定利率的大额定期存款（最低起存金额 3000 万元，期限在 5 年以上不含 5 年），进行了存款利率改革的初步尝试。2003 年 11 月，商业银行、农村信用社可以开办邮政储蓄协议存款（起存金额 3000 万元，期限降为 3 年以上）。

2000 年 9 月，放开外币贷款利率和 300 万美元（含 300 万美元）以上的大额外币存款利率，300 万美元以下小额外币存款利率仍由人民银行统一管理。

2002 年 3 月，人民银行统一了中外资金融机构外币利率管理政策，实现中外资金融机构在外币利率政策上的公平待遇。

2003 年 7 月，放开英镑、瑞士法郎和加拿大元的外币小额存款利率管理，由商业银行自定。

2003 年 11 月，对美元、日元、港元、欧元小额存款利率实行上限管理。

2002 年 3 月，人民银行统一了中外资金融机构外币利率管理政策，实现中外资金融机构在外币利率政策上的公平待遇。

2003 年放开部分外币小额存款利率管理。2003 年 7 月，放开了英镑、瑞士法郎和加拿大元的外币小额存款利率管理，由商业银行自主确定。

2003 年 11 月，对美元、日元、港元、欧元小额存款利率实行上限管理，商业银行可根据国际金融市场利率变化，在不超过上限的前提下自主确定。

2004 年完全放开金融机构人民币贷款利率上限。2004 年 1 月 1 日，人民银行在此前已二次扩大金融机构贷款利率浮动区间的基础上，再次扩大贷款利率浮动区间。商业银行、城市信用社贷款利率浮动区间扩大到基准利率的 0.9～1.7 倍，农村信用社贷款利率浮动区间扩大到基准利率的 0.9～2 倍，贷款利率浮动区间不再根据企业所有制性质、规模大小分别制定。

2004 年 10 月，贷款上浮取消封顶。下浮的幅度为基准利率的 0.9 倍，还没有完全放开。与此同时，允许银行的存款利率都可以下浮，下不设底。

2006 年 8 月扩大商业性个人住房贷款的利率浮动范围，浮动范围扩大至基准利率的 0.85 倍。

2008 年 5 月汶川特大地震发生后，为支持灾后重建，人民银行于 2008 年 10 月进一步提升了金融机构住房抵押贷款的自主定价权，将商业性个人住房贷款利率下限扩大到基准利率的 0.7 倍。

第二阶段：加速阶段。

2012 年 6 月，中国人民银行进一步扩大利率浮动区间。存款利率浮动区间的上限调整为基准利率的 1.1 倍；贷款利率浮动区间的下限调整为基准利率的 0.8 倍。2012 年7 月，再次将贷款利率浮动区间的下限调整为基准利率的 0.7 倍。

2013 年 7 月，进一步推进利率市场化改革，自 2013 年 7 月 20 日起全面放开金融机构贷款利率管制。取消金融机构贷款利率 0.7 倍的下限，由金融机构根据商业原则自主确定贷款利率水平。并取消票据贴现利率管制，改变贴现利率在再贴现利率基础上加点确定的方式，由金融机构自主确定。下一步将进一步完善存款利率市场化所需要的各项基础条件，稳妥有序地推进存款利率市场化。

2014 年 11 月，结合推进利率市场化改革，存款利率浮动区间的上限调整至基准利率的 1.2 倍，一年期贷款基准利率下调 0.4 个百分点至 5.6%；一年期存款基准利率下调 0.25 个百分点至 2.75%，并对基准利率期限档次作适当兼并。

第三阶段：完全市场化阶段。

2015 年央行五次降准降息。

2015 年 3 月 1 日起，下调金融机构一年期存贷款基准利率各 0.25 个百分点，同时将存款利率浮动区间上限扩大至 1.3 倍。

5 月 10 日起，下调金融机构一年期存贷款基准利率各 0.25 个百分点，将存款利率浮动区间上限扩大至 1.5 倍。

6 月 28 日起，一年期贷款基准利率下调 0.25 个百分点至 4.85%，一年期存款基准利率下调 0.25 个百分点至 2%。其他各档次贷款及存款基准利率、个人住房公积金存贷款利率相应调整。

8 月 26 日起，金融机构一年期贷款基准利率下调 0.25 个百分点至 4.6%，一年期存款基准利率下调 0.25 个百分点至 1.75%。

10 月 24 日起，金融机构一年期贷款基准利率下调 0.25 个百分点至 4.35%，一年期存款基准利率下调 0.25 个百分点至 1.5%。

以下针对“三农”和小微企业。

2015 年 2 月 4 日，下调金融机构存款准备金率 0.5 个百分点，对小微企业贷款占比达标银行额外再降 0.5 个百分点，对农发行额外降 4 个百分点。

4 月 20 日起，下调金融机构存款准备金率 1 个百分点，对农信社、村镇银行等额外再降1个百分点，对农发行额外降低2个百分点，对“三农”或小微企业贷款达标国有银行和股份制商业银行可再降0.5个百分点。

6月28日起，有针对性地对金融机构实施定向降准，对“三农”贷款占比达到定向降准标准的城市商业银行、非县域农村商业银行降低存款准备金率0.5个百分点，对“三农”或小微企业贷款达到定向降准标准的国有大型商业银行、股份制商业银行、外资银行降低存款准备金率0.5个百分点，降低财务公司存款准备金率3个百分点。

9月6日起，下调金融机构人民币存款准备金率0.5个百分点。额外下调金融租赁公司和汽车金融公司准备金率3个百分点。

10月24日起，下调金融机构人民币存款准备金率0.5个百分点，同时，为加大金融支持“三农”和小微企业的正向激励，对符合标准的金融机构额外降低存款准备金率0.5个百分点。同时，对商业银行和农村合作金融机构等不再设置存款利率浮动上限，并抓紧完善利率的市场化形成和调控机制，加强央行对利率体系的调控和监督指导，提高货币政策传导效率。

回顾中国利率市场化改革的进程主要分为银行间同业拆借利率和债券利率的市场化；贷款利率、贴现利率的市场化；存款利率的市场化三个阶段。当前利率市场化的推进已经进入最后阶段，即存款利率市场化的放开。

读者阅读案例7－1后，可以通过监管机构公布的政策，跟踪最新的利率政策。金融机构在定价方面有了更大的自主空间，意味着金融机构之间的竞争程度将会增加，竞争的策略将更加多样化。

2. 汇率

1994年1月1日人民币汇率并轨以后，中国人民银行根据前一日银行间外汇市场形成的价格，公布人民币对美元等主要货币的汇率。各金融机构在人民银行规定的浮动范围内自行挂牌。

案例阅读7－2介绍了中国人民银行扩大人民币兑美元汇率浮动幅度的情况。

案例阅读7－2 央行扩大人民币兑美元汇率浮动幅度①

中国人民银行决定自2014年3月17日起银行间即期外汇市场人民币兑美元交易价浮动幅度由1%扩大至2%。

2005年7月人民币汇率制度改革开始，2007年5月21日人民币汇率浮动幅度由0.3%扩大至0.5%，2012年4月14日又由0.5%扩大至1%。

---

① 案例改编自：央行扩大人民币汇率浮动幅度更多让市场决定［EB/OL］．http：//finance.ifeng.com/a/20140316/11899467_1.shtml.

每日银行间即期外汇市场人民币兑美元的交易价可在中国外汇交易中心对外公布的当日人民币兑美元中间价上下2%的幅度内浮动。外汇指定银行为客户提供当日美元最高现汇卖出价与最低现汇买入价之差不得超过当日汇率中间价的幅度由2%扩大至3%，其他规定仍遵照《中国人民银行关于银行间外汇市场交易汇价和外汇指定银行挂牌汇价管理有关问题的通知》执行。

汇率作为要素市场的重要价格，是有效配置国内国际资源的决定性因素之一，扩大人民币汇率浮动幅度有利于增强人民币汇率浮动弹性，不断优化资金配置效率，进一步增强市场配置资源的决定性作用，加快推进经济发展方式转变和结构调整。

自2005年7月21日起，我国开始实行以市场供求为基础、参考一揽子货币进行调节、有管理的浮动汇率制度。

在过去人民币单边升值的局面下，不少投资者往往做多人民币、做空美元，也就是买入人民币、卖出美元。扩大汇率浮动幅度后，人民币汇率向下的空间也随之扩大，这种投机性做法的风险加大。于是，为了规避风险，这些投资者会进行反向平仓，卖出人民币、买入美元，短期内会给人民币汇率带来一定压力。

在主要货币实行浮动汇率制的当代货币体系下，各类企业必然要面对本币与其他各种货币之间汇率的变化。应当说，相比发达国家和新兴市场国家，人民币汇率无论是浮动幅度还是实际波动都是比较小的。从全球范围看，美、欧、日等主要发达经济体的货币汇率是自由浮动的，其他实行有管理的浮动汇率制度的国家，其货币汇率的浮动幅度也比人民币大得多。

学员在阅读了案例阅读7－2后，可以通过查看国家相关主管部门公布的汇率信息，掌握最新的汇率动态。

3. 证券交易收费政策

证券交易收费的依据是《中华人民共和国证券法》。该法明确规定：证券交易的收费项目、收费标准和管理办法由国务院有关管理部门统一规定。

目前主要的收费有：证券发行承销费用，相关文件的收费（如出具财务会计审计、资产评估、法律意见书等），证券交易开户收费，委托交易的佣金费用，证券交易所的席位费、经手费，投资者查询证券交易有关事项的收费，公告法定披露信息事项的收费。其中，承销收费和交易佣金收费比例最大。

（1）新股发行的保荐承销费用。

①承销费用。承销费用一般根据股票发行规模确定。目前，收取承销费用的标准是：包销商收取的包销佣金为包销股票总金额的1.5%～3%；代销佣金为实际售出股票总金额的0.5%～1.5%。大型项目承销费率2%～3%、中小型项目承销费率4%～5%。计提标准与国外投行的标准基本接轨。

②发行人支付给中介机构的费用。包括申报会计师费用、律师费用、评估费用、

承销费用、保荐费用以及上网发行费用等。为本次发行而进行的财务咨询费用，应由主承销商承担，在发行费用中不应包括“财务顾问费”；同时，发行费用中不应包括“其他费用”项目。

（2）交易佣金收费。

二级市场的债券、基金、股票等交易佣金收费制度，所依据的是2002年5月1日起执行的由中国证券监督管理委员会、原国家计委、国家税务总局共同发布的《关于调整证券交易佣金收取标准的通知》，该通知的第一条明确规定“A股、B股、证券投资基金的交易佣金实行最高上限向下浮动制度，证券公司向客户收取的佣金（包括代收的证券交易监管费和证券交易所手续费等）不得高于证券交易金额的3‰也不得低于代收的证券交易监管费和证券交易所手续费等。A股、证券投资基金每笔交易佣金不足5元的，按5元收取；B股每笔交易佣金不足1美元或5港元的，按1美元或5港元收取。”

证券公司收取的证券交易佣金是证券公司为客户提供证券代理买卖服务收取的报酬，是证券公司经纪业务的主要收入来源，更是投资者参与证券交易的主要成本之一。很多证券公司为了实现吸引客户资源（特别是拥有较大资金量的客户资源）与佣金收益最大化之间的平衡，都针对不同的客户、不同的交易方式以及交易频率、资金量等情况，采取了灵活的佣金定价策略。

例如，很多证券公司为赢取更多的客户资源，纷纷推出不同的低价佣金优惠方案，网络上也存在大量的低佣金文章、广告宣传，特别是权证交易，由于其实行T+0的交易机制且没有印花税，导致换手率比股票高出许多，由此降低权证的交易成本是非常必要的，这就导致众多证券公司采用低佣金策略赢得客户。

4. 保险费率

保险费率就是缴纳保险费与保险金额的比率，是保险机构按照单位保险金额向投保人收取保险费的标准，保险金额×保险费率=保险费。

《中华人民共和国保险法》第一百三十六条：

关系社会公众利益的保险险种、依法实行强制保险的险种和新开发的人寿保险险种等的保险条款和保险费率，应当报国务院保险监督管理机构批准。国务院保险监督管理机构审批时，应当遵循保护社会公众利益和防止不正当竞争的原则。其他保险险种的保险条款和保险费率，应当报保险监督管理机构备案。

7.1.2 一般金融产品的定价方法与营销策划

这部分将对金融产品的定价方法进行一般性介绍。金融产品定价受到国家监管法律法规、市场竞争等多因素影响。本部分仅对基本定价理念进行介绍，具体的定价方法，可以参考相关专业教材。

7.1.2.1 存款的定价

存款的定价方法包括以成本为中心的定价法、以市场为中心的定价法、以存款账户管理成本为基础的定价法、综合定价法、存款价格调整法。

1. 以成本为中心的定价法

这种定价方法是根据金融机构运营成本和利润目标来确定部分金融服务和产品的价格，具体分为以下两种。

（1）目标利润定价法。这一方法的基本原理是按存款资金运用可得到的平均价格，减去银行经营成本和期望的利润后得出可以接受的存款成本，以此作为存款价格。

一般适用于社会存款资金丰富，客户对存款价格不敏感，银行的品牌和信誉较好，客户愿意接受银行开出的任何价格。

（2）边际成本定价法。这一方法的基本原理是将新增存款需增加利息支出与银行用新增存款发放贷款所预期增加的利息收入相比较，以此来选择最佳的利率水平。边际成本即新增存款需增加的利息支出。

计算公式：

边际成本 = 总成本变动额 = 新利率 × 新利率下筹集的资金额 − 旧利率 × 旧利率下筹集的资金额

边际成本率 =（总成本变动额 ÷ 筹集的新增资金额）×100%

随着存款利率的提高，筹集的资金不断上升。该定价法的理论基础是边际成本与边际利润关系。边际成本等于边际利润时，利润最高；低于或者高于边际利润都说明还有改善的空间。

2. 以市场为中心的定价法

（1）市场渗透存款定价法。这一方法的基本原理是：提供高于市场水平的高利率，或向客户收取大大低于市场水平的费用，从而吸引尽可能多的客户。银行希望由此带来的存款量的增加和相关贷款业务的增加可以抵消较低的利润率。

（2）随行就市定价法。这一方法的基本原理是：以银行同业的平均价格水平或竞争对手的现行价格为基础制定本银行存款价格。特点是：市场通行价格易于被客户接受，能保证银行获得适中的利润。

3. 以存款账户管理成本为基础的定价法

这种定价方法的基本原理是：如果客户存款账户余额或一定时间内的利息基数保持在某一最低数额以上，则支付很低的费用或者不付费，一旦降到该最低水平以下，就要支付较高的账户管理费用或银行对存款不计付利息。

通常以存款账户办理的结算业务量（如开出支票、存入存款、电子汇划、止付命令以及资金不足通知的次数）、一个特定期间的账户平均余额（通常为每季度平均）以及存款到期日的天数、周数和月数等因素来确定不同存款价格。

4. 综合定价法

综合定价法即综合考虑客户存款的金额、期限、取款方式、计算方式、银行的品牌和声誉、市场利率走势等因素，进行综合定价。

5. 存款价格调整法

由于市场是处于不断变化之中的，存款价格制定后，银行还应适时根据市场形势进行灵活的调整。

（1）根据利率走势调整存款价格。

（2）根据经营需要调整存款价格。

（3）根据资金头寸调整价格。

7.1.2.2 贷款定价

贷款的定价是指如何确定贷款的利率、确定补偿余额以及对某些贷款收取手续费。确定贷款的价格有以下一些常用的方法。

1. 目标收益率定价法

银行有两种方式对贷款进行定价：一是名义贷款利率，即在签订借款协议时约定支付的贷款利率，但调高贷款利率受市场供求的限制；二是贷款名义利率不变，而在此之外收取一些附加费用，形成贷款实际利率。贷款实际利率由以下三种方法确定：①缴纳补偿存款余额；②收取承诺费；③收取其他服务费。

2. 成本加成定价法

该方法的基本概念可以用以下公式表达：贷款利率 = 筹集资金的边际成本 + 银行的其他经营成本 + 预计违约风险的补偿费用 + 银行预期的利润水平（资产净利率）。

3. 价格领导模型定价法（优惠利率加数法或优惠利率乘数法）

该方法又称差别定价法，是指在优惠利率（由若干大银行视自身的资金加权成本确定）的基础上根据借款人的不同风险等级（期限风险与违约风险）制定不同的贷款利率。根据这一做法，贷款利率定价是以优惠利率加上某数或乘以某数。

4. 基础利率定价法（交易利率定价法）

该方法是指商业银行在对各类贷款定价时，以各种基础利率为标准，根据借款人的资信、借款金额、期限、担保等方面的条件，在基础利率上确定加息率或某一乘数来对贷款进行定价。它类似于差别定价法，但又与此不同。基础利率主要由国库券利率、同业拆借利率、商业票据利率、由金融市场上资金的供求关系所决定。

7.1.2.3 债券定价

债券发行价格有以下三种形式：①平价发行，即债券发行价格与票面名义价值相同；②溢价发行，即发行价格高于债券的票面名义价值；③折价发行，即发行价格低于债券的票面名义价值。

债券价格计算公式[①]：

发行价格 = ［面额 × 票面利率 + （面额 − 发行价）÷ 偿还价］÷ 目标收益率

转让价格 = ［面额 × 票面利率 + （面额 − 购买价）÷ 剩余期限］÷ 市场利率

中国证券监督管理委员会《公司债券发行与交易管理办法》第四节“发行与承销管理”中对于债券的发行定价做了如下相关规定。

“第三十七条　公司债券公开发行的价格或利率以询价或公开招标等市场化方式确定。

发行人和主承销商应当协商确定公开发行的定价与配售方案并予公告，明确价格或利率确定原则、发行定价流程和配售规则等内容。

第三十八条　发行人和承销机构不得操纵发行定价、暗箱操作；不得以代持、信托等方式谋取不正当利益或向其他相关利益主体输送利益；不得直接或通过其利益相关方向参与认购的投资者提供财务资助；不得有其他违反公平竞争、破坏市场秩序等行为。

第三十九条　公开发行公司债券的，发行人和主承销商应当聘请律师事务所对发行过程、配售行为、参与认购的投资者资质条件、资金划拨等事项进行见证，并出具专项法律意见书。公开发行的公司债券上市后十个工作日内，主承销商应当将专项法律意见随同承销总结报告等文件一并报中国证监会。

第四十条　发行人和承销机构在推介过程中不得夸大宣传，或以虚假广告等不正当手段诱导、误导投资者，不得披露除债券募集说明书等信息以外的发行人其他信息。

承销机构应当保留推介、定价、配售等承销过程中的相关资料，并按相关法律法规规定存档备查，包括推介宣传材料、路演现场录音等，如实、全面反映询价、定价和配售过程。相关推介、定价、配售等的备查资料应当按中国证券业协会的规定制作并妥善保管。”

7.1.2.4　股票定价

《证券发行与承销管理办法》[②]第二章“定价与配售”中具体规定如下。

“第四条　首次公开发行股票，可以通过向网下投资者询价的方式确定股票发行价格，也可以通过发行人与主承销商自主协商直接定价等其他合法可行的方式确定发行价格。公开发行股票数量在2000万股（含）以下且无老股转让计划的，应当通过直接定价的方式确定发行价格。发行人和主承销商应当在招股意向书（或招股说明书，下同）和发行公告中披露本次发行股票的定价方式。上市公司发行证券的定价，应当符合中国证监会关于上市公司证券发行的有关规定。

第五条　首次公开发行股票，网下投资者须具备丰富的投资经验和良好的定价能力，应当接受中国证券业协会的自律管理，遵守中国证券业协会的自律规则。

网下投资者参与报价时，应当持有一定金额的非限售股份。发行人和主承销商可

①　②　杨米沙，张丽拉，刘志梅，等．金融营销［M］．北京：中国人民大学出版社，2011：167.

以根据自律规则，设置网下投资者的具体条件，并在发行公告中预先披露。主承销商应当对网下投资者是否符合预先披露的条件进行核查，对不符合条件的投资者，应当拒绝或剔除其报价。

第六条　首次公开发行股票采用询价方式定价的，符合条件的网下机构和个人投资者可以自主决定是否报价，主承销商无正当理由不得拒绝。网下投资者应当遵循独立、客观、诚信的原则合理报价，不得协商报价或者故意压低、抬高价格。

网下投资者报价应当包含每股价格和该价格对应的拟申购股数，且只能有一个报价。非个人投资者应当以机构为单位进行报价。首次公开发行股票价格（或发行价格区间）确定后，提供有效报价的投资者方可参与申购。

第七条　首次公开发行股票采用询价方式的，网下投资者报价后，发行人和主承销商应当剔除拟申购总量中报价最高的部分，剔除部分不得低于所有网下投资者拟申购总量的10%，然后根据剩余报价及拟申购数量协商确定发行价格。剔除部分不得参与网下申购。

公开发行股票数量在4亿股（含）以下的，有效报价投资者的数量不少于10家；公开发行股票数量在4亿股以上的，有效报价投资者的数量不少于20家。剔除最高报价部分后有效报价投资者数量不足的，应当中止发行。

第八条　首次公开发行股票时，发行人和主承销商可以自主协商确定参与网下询价投资者的条件、有效报价条件、配售原则和配售方式，并按照事先确定的配售原则在有效申购的网下投资者中选择配售股票的对象。”

7.1.2.5　保险费率

保险费率一般由纯费率和附加费率两部分组成。

1. 纯费率

纯费率是保险费率的基本部分，以其为基础收取的纯保险费形成赔偿基金，用于保险赔偿或给付，其计算依据因险种的不同而不同。财产保险纯费率的计算依据是损失概率，人寿保险纯费率的计算依据是利率和生命表。其计算公式为：

$$\text{纯费率} = \text{保险额损失率} + \text{稳定系数}$$

其中：

$$\text{保险额损失率} = \frac{\text{保险赔款总额}}{\text{保险金额}} \times 100\%$$

2. 附加费率

附加费率是保险人经营保险业务的各项费用和合理利润与纯保费的比率，按照附加费率收取的保险费又称附加保险费。它在保险费率中处于次要地位，但附加费率的高低，对保险企业开展业务、提高竞争能力有很大的影响。其计算公式为：

$$\text{附加费率} = \frac{\text{保险业务经营的各项费用} + \text{适当的利润}}{\text{纯保险收入总额}} \times 100\%$$

7.1.3 商业银行服务定价

商业银行的金融服务的价格主要分为：政府指导价、市场调节价、免费服务这三种。

1. 政府指导价

商业银行的部分产品及服务定价，相关主管政府部门有具体规定。一般的定价指导主要是根据《商业银行服务价格管理办法》（中国银监会、国家发展改革委令2014第1号）、《国家发展改革委、中国银监会关于印发商业银行服务政府指导价政府定价目录的通知》（发改价格〔2014〕268号）。

2. 市场调节价

采用市场调节价的金融产品和服务大致可以分为：支付结算业务、代理业务、信用卡业务、资产管理业务、担保承诺业务、综合服务业务。具体还要看每个银行开展的业务种类。

一般而言，个人信贷产品有以下定价方法①。

（1）市场统一定价法。由市场利率作为定价的基础，适用于市场的通用型、同质化的产品，市场定价法又可细分为以下定价方法。

①市场统一定价法。由于市场竞争或政策管制的原因，实行市场统一的利率。如目前的住房个人贷款利率。

②市场利率加成法。即在货币市场筹资成本基础上定价，其价格构成为筹资成本+风险溢价（较低）+预期利润加价。如理财产品的收益率定价。

③市场竞争定价法。从市场竞争角度出发，根据市场的相关因素决定产品的定价，这些因素包括宏观经济环境、市场竞争对手的定价策略、产品定位以及市场占有率目标等。在市场竞争中采取主导性策略的，一般将利率定得较低。而采取防守型策略的，则采用市场平均利率。如信用卡的服务费以及相关取款手续费等的定价。

（2）价格先导法。以提供给无风险客户的平均利率作为基准利率，对其他客户则根据其风险程度的高低（计算信用评分的偏离或直观判断）在基准利率基础上加分，如保险费率的定价。

（3）组合定价法。从客户在工行的全面业务角度出发，确定一个产品组合（包括贷款、存款、理财产品等各种产品）的整体回报率，然后根据每个产品的成本，风险加上期望利润率最终确定各自的价格。

（4）风险定价法。风险定价法是国外商业银行基于信用的贷款定价方法。

读者可根据自己的需要，选读金融专业相关书籍对计算方法的原理和操作进行系统学习。

---

① 焦宁．中国工商银行个人客户金融服务方案策划研究［D］．沈阳：东北大学，2009.

3. 免费服务

免费服务项目主要集中在以下服务领域：柜面账户服务、渠道服务、信用卡服务、电子银行服务、外汇服务、其他服务。免费服务项目主要由国家相关监管部门确定。消费者受相关文件的保护，对本该免费的项目有知情权。

7.1.4　证券公司的定价策略

佣金是券商为投资者代理买卖证券时收取的费用。在投资者进行股票买卖交易时，券商将按成交金额乘以佣金费率收取佣金。

证券公司根据开户账户享受的具体服务来订立佣金。证券公司增加客户的一个重要手段就是佣金上的优惠。因此，在证券公司的营销策划中，关于佣金的市场营销策划是一个重要的部分。案例阅读 7 - 3 记录了证券公司之间竞争客户的策略及策略演变。学员可以从以下事件了解金融机构如何开展市场竞争。

案例阅读7 -3　佣金松绑，券商佣金战又起①

2016 年 3 月开始，券商新一轮佣金战又起：中泰证券抛出万 2.48 佣金率的优惠活动，东方财富证券在线开户佣金万 2.5，九鼎集团控股的九州证券推出经纪宝，用户可以通过经纪宝快速成为证券经纪人，享受万 1.5 成本线佣金。《证券经纪业务管理办法（草案）》可能出台的新规定引发证券公司经纪业务大变革。从美国券商发展历程看，将向采用多元化的佣金结构发展。这将加速券商业务转型，竞争将从同质化转向差异化。

《证券经纪业务管理办法（草案）》是首部对券商经纪业务进行集中统一规定的规章，对券商分支机构、证券交易佣金收费标准、外包服务、券商的管理责任及问责措施等多个方面做出规定。比如对佣金提出了相应的监管要求。

一是针对佣金不透明、纠纷较多问题，要求证券公司对佣金收取标准在公司网站、营业场所进行公示，同时必须在证券交易委托中与客户约定具体的服务价格。

二是针对经纪业务盈利模式单一、价格战屡禁不止问题，不再强制要求佣金收费必须与交易金额挂钩，允许证券公司根据客户的交易方式、交易量、交易频率、资产规模等因素自主与客户约定服务价格，引导证券公司通过差异化服务满足客户多样化要求。

三是针对证券交易相关收费关系不清、责任不明问题，要求券商将自身收取的佣金与代其他主体收取的各类费用单列，例如印花税、证券监管费、证券交易经手费、登记过户费等，并按照规定提供给客户。

---

① 案例来源：http：//news. ifeng. com/a/20160423/48557053_0. html.

四是针对券商无序竞争、破坏市场秩序的问题，明确佣金监管的“底线”要求，例如收取的佣金不得明显低于证券经纪业务服务成本，不得使用零佣金、“免费”等进行虚假宣传。

券商按笔收费、包年、包月服务等收费模式将层出不穷。同时，鼓励将现有营业部转型为分公司，除分公司外的其他分支机构不得从事经纪业务外的其他业务。

相比之下，大券商似乎相对淡定。部分券商尝试以低佣金率来实现弯道超车。如九州证券抛出万1.5的成本线佣金，之上全部归经纪人。

总体上，尽管近几年券商谋求差异化发展，但经纪业务仍占据了券商营收半壁江山，中小券商更高，经纪业务往往是其利润大头。据同花顺iFinD统计，目前已披露年报的17家上市券商，2015年经纪业务手续费净收入总和高达1212.57亿元，平均占营业收入40%，其中10家占比超过四成，最高的长江证券占比达56%。中信证券经纪业务手续费净收入最高，达184亿元，占营业收入33%。而中小券商经纪业务收入几乎是他们收入的全部。例如在新三板挂牌的湘财证券，2015年实现经纪业务收入25.63亿元，同比增长141.09%，占总营收的比例达到84.64%。

佣金是购买证券服务的价格。降低佣金就是用低价策略进行竞争。低价格是市场营销战略的一种。市场营销的竞争策略中，仍然有其他的竞争策略可以提升金融机构的竞争力。案例阅读7－4介绍了券商在移动终端App的竞争策略。

案例阅读7－4　佣金战后征战App制高点　大券商后来居上①

由于市场开发饱和，新增客户稀缺，所以证券公司的营销目标转为吸引客户转户。而同时券商的互联网战略再度面临同质化竞争，这些都导致券商在App上的争夺非常激烈。

2016年金融各领域推出百款金融类App。支付宝以29472.7万人的月活数排第一，同花顺、建设银行分别以2468.3万人和2205.6万人的月活数分列总榜第二、第三位。前20位的App应用中，15个应用来自券商。这也是由于股票市场行情变动的特点，证券类应用的活跃度一般要高于其他应用，从用户黏性指标来看，人均单日启动次数最高的是东方财富网，达到2.55次。同花顺和大智慧也超过了2次，这充分说明其用户活跃程度较高。同花顺和东方财富网的细分领域挖掘较深，单次使用时长指标最高。

国内移动金融设备规模（安装了金融理财类应用的移动客户端数量）达到8.34亿台，由传统券商开发的移动证券应用规模达7700万。

---

① 案例来源：http：//money.163.com/16/0812/07/BU8K0DRT00252G50.html.

当移动技术、用户体验等不再成为传统金融机构障碍时，大券商多年沉淀的金融经验、专业素养等优势将充分显现，不仅构筑了竞争壁垒，也迸发出更强大的生命力。

金融机构的经营受政策影响程度显著，案例阅读7－5分析了对券商营销策略产生影响的政策的效应分析。

案例阅读7－5　证券经纪管理办法征求意见　券商经纪业务将可部分外包①

证监会就《证券经纪业务管理办法（草案）》向部分证券公司征求意见，除被广泛讨论的证券交易佣金外，也提到证券公司客户营销等经纪业务可进行外包。

证券意见稿明确，证券公司从事证券经纪业务，可以委托其他证券公司或者第三方机构提供客户营销、客户回访、信息技术等外包服务。

据媒体报道，《证券经纪业务管理办法（草案）》（以下简称《办法》）共50条，分为5章，分别是总则、业务规则、分支机构管理、外包管理及监督管理。具体涉及七方面内容：一是明确定义了证券经纪；二是加强账户实名制要求并强调了证券公司的审核义务；三是强调券商对客户交易行为的日常管理；四是放松了证券交易佣金的收取标准；五是要求券商对分支机构实行分类分级管理；六是规范券商外包服务的范围及管理；七是增加了对券商在展业过程中违法违规问题的问责机制。

其中，松绑佣金管理是本次办法中最为业界关注的内容之一。《办法》第十条指出，证券公司应当在公司网站、营业场所公示制定证券交易佣金收取标准，并在证券交易委托协议中与客户约定具体的服务价格。证券公司可以根据客户的交易方式、交易量、交易频率、资产规模等因素自主与客户约定服务价格。

业内人士预计，办法正式发布后，证券公司或掀起新一轮价格战。届时，按笔收费，包年、包月服务等多种收费模式将层出不穷。全行业交易佣金水平或再下一个台阶。

以上三个案例对证券公司的定价进行了实例说明。作为金融营销策划人员，更应该关注金融产品和服务的价格对市场竞争的影响，并做好应对方案。

1. 基金公司的定价策略

对于个人业务的定价，目前主要是根据购买的金额规模来确定客户可以享有的利率水平。表7－1为某基金公司根据金额规模划分的客户群以及对应的利率享受政策。

① 案例来源：http：//guba.eastmoney.com/news，600837，323912858.html.

表 7－1　　某基金公司旗下基金费率一览表

产品名称代码	申购金额（M）	正常申购费率	支付渠道						
			工行卡	建行卡	农行卡	招行卡	银联通	天天盈	通联支付
股票型基金									
某增长混合020001	M＜50 万	1.50%	1.20%	1.20%	1.05%	1.20%	0.60%	0.60%	0.60%
	50 万≤M＜500 万	1.00%	0.80%	0.80%	0.70%	0.80%	0.60%	0.60%	0.60%
	500 万≤M＜1000 万	0.60%	0.60%	0.60%	0.60%	0.60%	0.60%	0.60%	0.60%
	M≥1000 万	单笔1000 元	单笔1000 元	单笔1000 元	单笔1000 元	单笔1000 元	单笔1000 元	单笔1000 元	单笔1000 元
混合型									
某行业混合020003	M＜50 万	1.20%	0.96%	0.96%	0.84%	0.96%	0.60%	0.60%	0.60%
	50 万≤M＜200 万	0.80%	0.64%	0.64%	0.60%	0.64%	0.60%	0.60%	0.60%
	200 万≤M＜500 万	0.60%	0.60%	0.60%	0.60%	0.60%	0.60%	0.60%	0.60%
	M≥500 万	单笔1000 元	单笔1000 元	单笔1000 元	单笔1000 元	单笔1000 元	单笔1000 元	单笔1000 元	单笔1000 元

金融产品与服务定价是在监管机构相关文件的要求或者指导下制定的。在定价时，相关人员应该熟悉并执行监管要求。

2. 保险公司的定价策略

保险公司的产品定价主要就是保险费率。关于各种保险产品的费率，首先要符合银保监会等主管部门的定价规定。读者可根据《中国保监会关于普通型人身保险费率政策改革有关事项的通知》相关内容，确定定价原则。

7.1.5　金融产品定价的法律基础

金融产品与服务的定价有相关法律规定。出台规定的政府管理部门主要有中国人民银行、银保监会、证监会、发展和改革委员会。根据具体的产品服务种类，策划人员应该全面掌握相关的法律规定，依法定价。

具体法律法规，请读者学习监管部门出台的最新文件。

7.2 营销策划实务

金融机构的营销价格策划有多种情况，根据不同的营销目的，策划文案的内容格式有所不同。

1. 价格促销

价格促销策划文案主要包括以下内容：①促销的产品服务；②价格促销的具体内容；③促销的约束条件，包括时间周期；促销价格的享受条件，如消费区域、消费额、消费场所、客户身份等。

下面我们来看一则某银行的价格促销文案。

案例阅读7－6 AB银行某品牌信用卡迎新礼遇①

新户礼遇限时开启，满足条件即可获赠：ITO品牌24英寸旅行箱。

活动时间及对象：2016年3月1日至12月31日（含起讫日），首次向AB银行（中国）有限公司（以下称“AB银行”）提交个人信用卡申请（限主卡），并于2017年1月31日（含）以前获批的AB银行信用卡主卡持卡人。客户须为AB银行信用卡新客户，即之前从未持有过AB银行信用卡主卡的客户。申请提交时间为AB银行收悉申请人完整资料之日，申请提交时间及获批时间以AB银行系统记录的时间为准。本活动不可与AB银行信用卡其他申请活动同享。

活动条件：以符合本活动条件及细则为前提，AB某系列卡主卡持卡人（以下称“持卡人”）于卡片获批当月后的下一个自然月内消费次数满3笔，且单笔可计积分消费金额均满人民币199元（含）或等值美元，即可获赠ITO品牌24英寸旅行箱，价值人民币1398元。

可计积分消费标准和积分规则请详见“360°全面享”信用卡积分回馈计划条款与细则。

参加活动的消费金额以交易日为准计入本次活动统计，美元消费（如适用）按照1美元＝6.55元人民币的比例计算。附属卡的消费金额或次数不计入本活动统计范围。

活动条件满足后，迎新礼品将于持卡人满足本活动条件后的三个月内寄送至账单地址，如遇春节等节假日，礼品递送日期将相应顺延。如未在相应时间内收到礼品，持卡人请联系AB银行信用卡客户服务热线。

如持卡人的信用卡出现账户逾期、销户和账户被冻结等非正常状态，或发生退款、

① 资料改编自：https：//youhui.cardbaobao.com/news/zhadaxinyongkayouhui_393635.shtml.

虚假消费、套现、违法交易等情形导致持卡人不再满足活动条件的，AB 银行有权取消该持卡人参加本活动的资格。个人信用卡透支应当用于合法消费领域，不得用于生产经营、投资等非消费领域，对于进行虚假消费、套现、违法交易的持卡人，AB 银行保留进一步追究持卡人责任的权利（包括但不限于要求返还礼品、直接扣除积分、终止信用卡使用或终止信用卡账户等）。

礼品图片（如有）仅供参考，ITO 品牌 24 英寸旅行箱以实际发放型号为准，颜色款式不可调换，不可兑换现金。为确保活动公平和公正，持卡人应妥善保管相关消费凭证（包括但不限于签购单、收银小票、发票等），并在 AB 银行要求时予以提供。

AB 银行网站列示之相关商户的图片和文字均由相关商户提供，仅供参考。AB 银行不对其准确性与真实性承担责任，该相关内容亦不得视为本行对相关商户及其提供的产品或服务（包括产品或服务的性状、质量、等级、安全性、适用性等）做出任何明示或暗示的推荐、承诺或保证。因相关商户提供的产品或服务质量产生的纠纷均与 AB 银行无关。

在法律允许的范围内，AB 银行有权对相关内容（如优惠期限、适用条件等）进行变更并在合理时间内通过 AB 银行官方网站公布。持卡人可在参与相关活动前要求 AB 银行就活动规则进行充分解释和说明。

参加本活动，除需遵守本活动条件与细则外，还需同时遵守 AB 银行（中国）有限公司信用卡章程、AB 银行（中国）有限公司信用卡（个人卡）领用合约等相关规定。

金融营销文案主要包含以下信息：产品（服务）的介绍，营销活动的时间和地域范围，营销活动的目标客户描述，金融产品（服务）购买的条件和交易方式。

下面，再看证券公司的价格促销活动通知的一般性格式和结构，同样重点提供了金融产品（服务）的交易条件、交易方式、目标客户的信息。

案例阅读 7－7　关于 ABC 证券旗下代销基金参与基金申购定投优惠活动的公告

为了答谢广大投资者对 ABC 证券股份有限公司的支持和厚爱，鼓励基金投资客户树立长期投资理念，现决定本公司代销的部分基金自 2016 年 8 月 1 日起参加基金网上交易系统申购、定投费率优惠活动，具体情况如下：

一、适用投资者范围

本活动适用于依据中华人民共和国有关法律法规和基金合同规定可以投资证券投资基金的合法投资者。

二、费率优惠内容

优惠活动期间，凡投资者通过ABC证券申购以下开放式基金，其申购费率（含定期定额投资）最低可享1折优惠。适用于固定费率的，则执行其规定的固定费用，不再享有费率折扣。各基金费率详情见各基金相关法律文件及基金管理人发布的最新业务公告。

三、费率优惠期限

费率优惠起始时间为2016年8月1日，活动结束时间以ABC证券官方公告为准。

四、参与活动基金（见表7-2）

表7-2 参与活动基金列表

编号	基金代码	基金名称	基金费率折扣
1	100022	基金A	1折
2	160211	基金B	1折
3	020003	基金C	1折
4	580003	基金D	1折
5	100060	基金E	1折
6	000742	基金F	1折
7	001542	基金G	1折
8	398021	基金H	1折
9	398061	基金I	1折
10	110025	基金J	1折

2. 金融机构产品及服务定价

主要金融机构均公布本机构的规定项目定价，例如银行要在营业网点和网站公布本行的收费项目。费率表是金融机构给客户的一个承诺。费率表的格式清晰，内容具体，信息准确。

收费项目表的编制格式一般采用多级代码表。部分银行采用网页直接公布，外资银行一般准备了PDF格式的电子版价格费率表册，可供消费者下载。无论是直接公布，还是以公开下载文档的格式，费率表的格式都有共同之处，以银行业为例。收费公示文件格式示例如表7-3所示。

表 7－3　　收费公示文件格式示例

序号	服务项目	内容描述	对 A 类客户价格	对 B 类客户价格	对 C 类客户价格	收费依据	备注
1	账户管理费	账户管理的所有签约服务	免费	免费	每月人民币 150 元/等值外币	市场调节价：根据《中国银监会 中国人民银行 国家发展改革委关于银行业金融机构免除部分服务收费的通知》（发改价格银监发〔2011〕22 号）规定要求执行	“个人银行普通客户”亦称为“个人理财客户”。为本《个人银行服务收费标准》之目的，“个人银行普通客户”不包括“个人银行尊享计划客户”

促销文案内容包括题目、正文。题目突出产品（品牌）的信息及促销的特征，如时间段、地域、目标人群等。正文应该包括：促销的产品信息，促销活动的开展时间段、地域范围、促销的具体活动细则、参加促销活动的要求和条件、促销活动的合法性说明、争议的解决和解释条款。

本章小结

本章针对营销策划人员的实际工作需要，对主要的金融产品与服务的常见价格种类以及定价的基本方法和思路进行阐释。同时，策划人员在制作策划文案和宣传信息时，也应该熟悉金融定价的监管规定内容。

复习思考题

1. 简述商业银行的相关服务定价的种类。
2. 简述证券公司的定价促销。
3. 简述基金公司的定价策略。
4. 熟悉对金融产品和服务定价进行规定的各项法律法规。

实训项目

一、实训目标

练习金融产品和服务的定价策划工作。

二、实训内容

1. 选择三家同类金融机构，对其金融产品和服务的价格信息进行收集、整理、比较。

表 7 - 4　　三家同类金融机构信息

产品	金融机构 A	金融机构 B	金融机构 C
金融产品（服务）1	价格（定位）	价格（定位）	价格（定位）
金融产品（服务）2	……	……	……
金融产品（服务）3	……	……	……

2. 在课堂上，向班级同学汇报比较分析的内容和结论，并概括这三家金融机构在定价上采取的目标市场、市场定位及竞争战略。

3. 选择一家金融机构的某一项产品或者服务，为其撰写一份新年市场推广文案。文案的大纲（示例）如下。

题　　目

摘要：推广服务的核心活动、目的、时间、地点、目标人群

正文：活动的详细说明，包括参与细则、活动流程、参与条件、争议解决和解释规定、依据的相关法律

8 金融营销渠道策划

金融产品与服务通过各种销售渠道最终交付给消费者。目前常见的主要渠道形式有：营业网点（含 ATM 自助服务网点）、电子银行渠道（电话银行、网上银行、手机银行、短信银行、微信银行等通过各种通信终端实现金融服务和产品管理的渠道）、合法的代理点（人）。

8.1 营业网点（含 ATM 自助服务网点）

金融机构的营业网点是传统的销售渠道，有专门的银行工作人员提供柜台服务。营业网点是传统的全面金融服务和产品的营销渠道。而实体网点的另一种无人工服务的自助银行一般包括自动取款机（ATM）、自动存款机、循环自动柜员机（CRS）、自助查询机、自助缴费机等银行自助服务设备，有的自助银行还有 IC 卡圈存机、自助金库、存折打印机等。自助网点没有时间上的限制，可以提供 24 小时 ×7 天的全天候服务。

一般而言，自助银行可以提供的服务有：银行卡取款、存款业务；银行卡账户查询和历史交易查询；存折交易记录的补登；转账业务；信用卡还款；修改密码；自助查询终端缴费和 IC 卡自助充值等。

为了交易安全和金融客户保护，一般自助服务区都有以下设置。

（1）自助设备上进行存款、取款、转账等交易，一般金融机构都对交易金额（每笔金额、累计金额）等作出限制。

（2）为了防止有人冒用客户的卡，自助设备上设置密码输入错误的次数限制。

（3）银行为防止客户遗落现金和卡，都会在自助设备上设定时间限制，超过规定时间没有将现金和卡取走，设备会自动收回。

（4）出于安全方面的考虑，正常的自助设备本身和周围都装有监控摄像头，但这些摄像头的角度不会监控设备上的密码键盘。

8.2 电子银行渠道

8.2.1 网络经营平台

网银平台是当前金融机构的主要营销渠道。金融机构网络平台如网上银行是银行经营网点的延伸，起到了金融服务提供和金融产品销售管理的作用。以中国工商银行（以下简称“工行”）为例，其个人网上银行定义为：个人网上银行是指通过互联网，为工行个人客户提供账户查询、转账汇款、投资理财、在线支付等金融服务的网上银行渠道，品牌为“金融@家”。

工行个人网银的业务范围及服务包含：账户查询，转账汇款，捐款，买卖基金、国债、黄金、外汇、理财产品，代理缴费等功能服务。

凡在工行开立本地工银财富卡、理财金账户、工银灵通卡、牡丹信用卡、活期存折等账户且信誉良好的个人客户，均可申请成为个人网上银行注册客户。

对于保险公司、证券公司、基金公司等金融机构而言，网上经营平台（一般是其门户网站）都是目前普及度最高的营销渠道。

案例阅读8－1对平安寿险的网上投保流程进行了说明，学员可以作为参考，了解金融机构的实务操作范例。

案例阅读8－1　平安寿险的网上投保

网上投保须知

【承保公司】

中国平安人寿保险股份有限公司

【销售主体】

中国平安人寿保险股份有限公司

【设有分公司的省、自治区、直辖市】

北京市、上海市、天津市、重庆市、河北省、山西省、辽宁省、吉林省、黑龙江省、江苏省、浙江省、安徽省、福建省、江西省、山东省、河南省、湖北省、湖南省、广东省、海南省、四川省、贵州省、云南省、陕西省、甘肃省、青海省、广西壮族自治区、内蒙古自治区、宁夏回族自治区、新疆维吾尔自治区。

【保险合同订立的形式】

保险合同的订立形式有纸质保险合同和电子保险合同两种，详见投保产品时的销售页面说明。

电子保单是指保险公司借助CA认证技术为客户签发的具有保险公司电子签名的电子化保单。

纸质保单是指保险人与被保险人订立的纸质保单合同，包括保单封面、保单正本、主要保险利益摘要表、条款、客户指南、封底等内容。

【保险费的支付方式】

首期保险费将按您在投保时选择的支付银行卡账户中直接扣除，续期保险费将通过您授权的转账账号扣款收取。

【保单配送】

如您选择的是纸质保单，将由快递员为您配送，不收取任何配送费用，保险发票将与保单一同快递给您。

如您选择的是电子保单，您可登录平安官网（http：//www. pingan. com/）注册一账通选择“保险—保单添加—电子保单查询”查阅确认保单，如您需要纸质发票可拨打95511－4－3申请单独配送。

【投保咨询方式】

您可以使用以下两种投保咨询方式。

（1）直接点击屏幕右方的“在线咨询”。

（2）拨打网上服务专线40060－95511进行电话咨询。

【保单查询方式】

（1）微信：“平安直通客服”微信公众账号→直通服务→查询保单。

（2）平安人寿App，路径为：平安人寿App→点击保单→登录一账通进行查询。

（3）登录平安官网（http：//www. pingan. com/）注册一账通选择“保险—保单添加—电子保单查询”。

（4）拨打95511－4－3。

【投诉渠道】

（1）微信：“平安直通客服”微信公众账号→客服互动→投诉建议。

（2）平安官网，路径为：平安官网→关于平安→联系我们→邮件我们。

（3）95511（拨打95511－4－3）。

【分支机构信息请点击以下链接查询】包含平安人寿已设立分公司名称、办公地址、电话号码等信息。http：//www. pingan. com/cms－tmplt/queryProCityList. shtml.

【投保/承保流程】

（1）选择保险产品。

（2）保费测算。

（3）填写投保信息。

（4）确认投保信息。

（5）在线支付。

（6）完成投保。

【个人信息、投保交易信息和交易安全的保障措施】

通过密码校验、CA证书、双重签名验证、动态口令等多种方式来保证客户信息安全。

【保全、退保办理流程】

（1）提交保全服务申请。

（2）保险公司审核处理。

（3）保险金支付或保险费缴纳（适用于需保险公司支付保险金或客户缴纳保险费的保全服务）。

（4）完成保全服务。

【保全、退保办理渠道】

常用保全服务可通过平安人寿App、平安官方网站登录一账通等自助渠道办理，或委托服务人员代为办理、亲访平安人寿客服中心办理。

注：

（1）平安人寿App办理路径：下载平安人寿App→在首页点击保单→登录一账通→选择保单办理。

（2）平安官网办理路径：平安官网（http：//www. pingan. com/）→登录一账通→保险→人寿保险→保单变更服务→选择保单办理。

【退保金、保险金的支付方式】

退保金、保险金通过银行转账支付。

金融机构的产品（服务）购买流程，是金融营销中的关键内容。在流程说明中，应该详细清楚地提供对客户进行购买的信息和指导，并提供咨询电话或者联系方式。

8.2.2　电话银行

电话银行是指使用计算机电话集成技术，利用电话自助语音和人工服务方式为客户提供账户信息查询、转账汇款、缴费支付、投资理财、业务咨询等金融服务的电子银行业务。下面以工商银行95588电话银行提供的金融业务为例。

工商银行95588电话银行能够为客户提供账户信息查询、转账汇款、缴费服务、投资理财、外汇交易、信用卡服务、人工服务、异地漫游等一揽子金融业务。

（1）账户信息查询。提供查询各类账户及其卡内子账户的基本信息、账户余额、账户当日明细、账户历史明细、账户未登折明细等功能。

（2）转账汇款。提供同城转账、异地汇款等功能。

（3）缴费服务。提供电话费、手机费、水电费、燃气费等多种日常费用的查询和缴纳功能。

（4）投资理财。提供买卖股票、基金、债券、黄金等功能。

（5）外汇交易。提供实时买卖外汇，查询汇率、账户余额及各类交易明细等功能。

（6）信用卡服务。提供办卡、换卡申请，卡片启用、挂失，账户查询，人民币购汇还款，调整信用额度等功能。

（7）人工服务。提供业务咨询、投诉建议、网点信息、新业务介绍，并受理账户紧急口头挂失等业务。

（8）异地漫游。提供异地办理各类银行业务的功能。

8.2.3 手机银行

手机银行是指通过手机银行客户端（不同的手机操作系统均有对应的客户端软件，如 iPhone 版、Android 版、Windows Phone 版）提供的手机银行服务，登录客户端即可完成相关金融服务操作。

以工商银行的手机银行提供的金融服务项目为例，工行的客户可以通过工行的手机银行获得以下服务。

（1）自助注册。客户可以通过输入本人的银行卡（账户）及个人基本信息自助注册工行手机银行，办理账户查询、投资理财等业务。也可到柜面办理手机银行注册，开通对外转账、在线支付功能并申请安全认证介质。

（2）B2C 支付。包括电子银行口令卡、电子密码器、工银 e 支付。工行手机银行客户端 B2C 支付需要使用工行最新版本的客户端程序，可自行下载最新版本客户端。

（3）账户管理。查询账户余额和明细，添加和删除注册账户，办理账户挂失，设置手机银行默认账户，查询开户网点、工资明细、住房公积金、我的积分等业务。

（4）转账汇款。账户间转账，向工行、他行账户转账汇款，绑定手机号、E－mail 收款、查询转账汇款交易明细，管理收款人信息、购买汇款套餐等业务。

（5）缴费站。缴费，查询缴费明细，签订委托代扣等业务。

（6）手机股市。定制 10 只关注股票，办理银证转账，同时支持跳转至证券公司网站进行股票交易。

（7）贷款业务。查询本人贷款信息，办理放款、还款等服务。

（8）基金业务。购买基金，基金定投及管理，查询持有基金份额等业务。

（9）贵金属。包括账户贵金属、实物贵金属，实物贵金属递延、账户贵金属转换等业务。

（10）工银信使。定制余额变动提醒、业务处理提醒，对账单相关功能等服务。

（11）预约取现。取现预约和预约查询功能。客户可通过“手机预约取现”输入取现金额、预约码、预约手机号、选择预约取现的账户后进行认证介质验签完成取现预约，预约成功后工行发送随机密码短信至预约手机，客户凭借预约手机号、预约码和随机密码等信息可在无银行卡的情况下，到工行 ATM 机完成取现。

（12）查询网点（联系工行）。无须注册、登录手机银行，即可查询当前位置周边工行营业网点及 ATM 等信息；还可通过便捷的电话方式、短信方式联系工行，了解工行更多金融服务。

（13）工行理财。理财服务、理财产品功能。其中，“理财服务”提供灵通快线

（超短期）理财协议和T+0理财协议的签订、查询和管理功能；“理财产品”提供理财产品的购买、赎回、撤单、查询持有情况以及查询交易明细的功能。

（14）定期存款。定期存款的存入及查询功能。

（15）通知存款。理财金账户卡或灵通卡内的活期子账户的资金，转存为通知存款及相关查询的功能。

（16）银期业务。通过期货公司在工行的保证金账户与期货投资者（以下简称“投资者”）银行结算账户之间的对应关系，投资者可以实现银行结算账户与期货公司保证金账户的实时划转，期货公司根据其银行期货保证金账户的变动情况，实时调整期货投资者在期货公司的资金账户余额，为期货交易提供资金结算便利。

（17）结售汇。使用柜面注册卡办理指定额度内结售汇业务的功能，并可在线查询结售汇交易明细信息。

（18）保险业务。购买保险产品、查询及修改所购买的保险信息、撤销当日已投保的保险合同、查询保险产品的交易明细等功能。

（19）银医服务。预约服务的签约服务协议；预约挂号、退号、预约明细查询、诊疗记录跟踪及查询明细等功能。

（20）国债业务。储蓄国债（凭证式）和记账式国债的购买、查询功能。储蓄国债（凭证式）可以进行查询信息、购买、兑付、查询国债余额的操作。记账式国债可以进行查询国债相关信息、开立托管账户、购买、卖出、交易余额及明细查询的操作。

（21）外汇业务。外汇实时汇率和走势图查询以及自选汇率设置功能；提供即时和委托交易（包括获利委托、止损委托、双向委托、追加委托）以及账户余额、交易明细查询的功能。

（22）信用卡。查询信用卡的余额、积分、交易明细信息，并向本人工商银行信用卡归还账户透支人民币、外币透支欠款的功能，同时支持贷记卡消费转分期功能。

（23）电子工资单。查询近两年的电子工资单。

（24）私人银行。私人银行服务专区使用我的财富、专属理财、委托确认、活动邀请等功能。

（25）账户原油。账户原油实时价格和走势图查询，账户原油的即时和委托交易（包括获利委托、止损委托、双向委托）以及账户信息查询功能，并可对账户原油交易账户进行管理。

（26）服务与设置。管理交易权限、修改登录密码、修改支付密码、设置客户预留验证信息、校准工银电子密码器、电子银行注册、缴纳手机银行服务费、我的星级和推荐产品、财富卡管理、贵宾客户服务、联系工行、绑定手机号收款、绑定E-mail收款和设置界面风格功能。

（27）欢迎页。提供登录手机欢迎页面；祝福语、安全提示、银行留言、温馨提醒等信息。其中，生日祝福语包含了客户生日当日转账汇款享受优惠的信息；温馨提示包含客户所有账户的如下内容：通知存款到期、定期存款到期（提前30天提醒）、利添利理财协议到期（提前7天提醒）、临时挂失卡（提示挂失失效日期）。

移动终端在金融服务中的渠道作用日益增长，因此值得读者深入观察消费者的渠道行为特点，以开发出更高效安全的终端应用程序。

8.2.4 短信银行

短信银行是在移动通信技术与现代金融服务发展相结合的背景下，面向客户推出的综合、便捷、安全的短信服务渠道。短信是客户账户安全的重要保障措施之一。短信银行为客户提供信息查询、账户交易、业务定制、业务咨询、缴费及手机充值等全方位的金融服务，是与网上银行、电话银行、手机银行相交互、相补充的电子银行服务平台。

我们仍然以工商银行的短信银行为例，来了解短信银行的功能。短信银行包含的服务种类众多，且针对不同的自助服务，涉及输入密码的情况也有所不同。金融信息类等业务，无须输入密码。账户信息查询、定制变动提醒业务等需要输入密码才可交易。①

1. 无短信银行密码、无工银密码器客户可使用功能

查询开户行、查询牌价、查询利率、查询贷款利率、查询汇率、查询基金净值、查询黄金价格、查询白银价格、查询铂金价格、查询债券价格、查询理财产品净值、查询优惠活动、查询捐款项目、退订信使、查询退订协议、开通信使、查询开通协议、取消绑定手机、排队提醒（目前仅适用于大连、海南、深圳四星级及以上客户）。

2. 短信银行密码客户可使用功能

查询余额、查询公积金账户余额、查询明细、查询基金份额、查询基金认购中签配号、查询账户贵金属余额、查询实物贵金属余额、查询第三方存管余额、查询理财产品份额、查询安全介质信息、查询订单、查询积分、查询星级、定制余额变动提醒、取消余额变动提醒、设置默认操作卡、绑定手机、开通免密查询、关闭免密查询、取消卡片服务、取消全部服务、设置短信银行密码、修改短信银行密码、重置短信银行密码。

3. 工银密码器客户可使用功能

捐款、缴费、订单支付、转账汇款、手机号汇款、E-mail 汇款、异步订单支付、异步电子收款账单支付、开通对外支付、关闭对外支付（除设置、修改及重置短信银行密码）、跨行快汇。

4. 4001195588 短信银行专线

“4001195588”是工行推出的短信银行身份验证专线，客户在开通短信银行、添加短信银行注册卡、重置短信银行密码及办理短信银行绑定手机业务的时候，需要拨打4001195588 进行身份验证。

---

① 资料来源：http：//www.icbc.com.cn/icbc/95588dxyx2.

8.2.5 微信银行

通过下载安装金融机构的“微信”客户端，并关注该金融机构的公众号“某某银行电子银行”或者“某某银行信用卡”，即可通过微信平台进行业务咨询、金融信息查询，收到产品及促销活动资讯等，享受时尚、便捷、贴心的服务体验。

我们以工商银行微信银行为例来说明微信银行的功能。微信银行主要提供账户信息查询和金融信息查询两大功能。具体如表 8 – 1 所示。

表 8 – 1　　银行微信银行服务功能列表

	功能名称
账户信息查询	查询余额
	查询明细
	查询开户行
	查询工资
	查询积分
	查询星级
	查询定期存款
金融信息查询	查询黄金价格
	查询白银价格
	查询铂金价格
	查询钯金价格
	查询递延黄金
	查询递延白银
	如意金
	积存金
	实物金
	查询利率
	查询汇率
	查询贷款利率
	查询优惠活动

目前，工行微信银行提供人工服务、自助服务、资讯获取三类服务。

（1）人工服务。可通过微信以文字、图片、语音等形式，向工行发送业务咨询，工行的专业团队将提供快捷、全天候的业务解答。

（2）自助服务。可通过点击聊天窗口下方的菜单，查询账户信息和常用金融信息，也可以自助通过微信编辑发送固定格式，快速获取金融信息。

（3）资讯获取。关注工行微信账号还能够收到工行精心挑选的产品介绍、优惠信息等实用资讯。

我们再以民生银行的微信银行为例，对比了解微信银行作为一种新渠道在提高金融机构服务便利性和质量方面的作用。

民生微信银行是通过腾讯微信企业公众账号，为微信用户提供的移动金融和移动生活服务平台。具体的功能如下。

1. 借记卡服务

借记卡服务包括账户查询、储蓄、理财、贷款等各项金融服务。

（1）账户查询。查询借记卡账户的余额和明细情况。

（2）储蓄服务。账户资金的定活互转、零存整取、通知存款开户，签约钱生钱等产品。

（3）理财超市。查询民生银行在销理财产品，在线购买理财产品并查询已购买理财产品明细和委托成交历史记录。

（4）贷款服务。贷款额度、余额、明细等信息。

2. 信用卡服务

信用卡服务提供额度与账单查询、分期付款、快速还款、申请进度查询、预约办卡、用卡优惠等各项金融服务。

（1）额度查询。查询信用卡可用额度、可取现额度及使用情况。

（2）账单查询。查询信用卡已出和未出账单明细及历史信息。

（3）办理分期。查询申请办理自由分期或账单分期业务，并查询不同分期业务手续费率和说明，还可追加签约本人其他信用卡账户。

（4）快速还款。使用本人民生借记卡向信用卡实时还款服务，或者选择自动、网络、网点、手机银行、拉卡拉、电话银行等多种还款方式。

（5）更多功能。提供用卡优惠、积分查询、预约办卡、申请进度查询等服务。

3. 民生家园

民生家园提供以下增值服务。

（1）网点预约。查询其附近或指定地区的民生银行网点详情及网点排号情况，并在线申请网点排号，节省排队时间。

（2）精彩优惠。提供信用卡热点活动和优惠信息，客户可及时参与各种特色活动。

（3）特惠商户。提供美食、休闲娱乐、购物、运动、酒店、生活等上万家信用卡商户优惠活动、联系方式、地址等详细信息。

（4）积分商城。客户可随时查看积分商城精美礼品，在线进行兑换。

（5）更多服务。

4. 客户服务

（1）机器人客服。与机器人对话。

（2）人工客服。人工客服服务。

（3）意见与建议。文本输入。

微信是集社交沟通与服务为一体的综合性信息交流平台，其在金融领域的应用程度不断增加。基于微信的App、公众号、小程序等的开发和使用，是金融机构的重要营销渠道。这些新出现的渠道对金融机构的销售和服务工作影响力大，影响速度快，作为金融营销渠道战略的一个部分，值得策划人员的关注和重视。

8.3 代理人

代理人也是一个重要的销售渠道，保险产品的销售、基金的销售等，都可以通过代理人（基金代销机构、保险代理人）来进行营销。金融产品营销的代理人最重要的是持有合法的资格许可证。

1. 基金的代销机构

基金管理人可以办理其募集的基金产品的销售业务。商业银行（含在华外资法人银行，下同）、证券公司、证券投资咨询机构、独立基金销售机构以及中国证监会规定的其他机构可以向中国证监会申请基金销售业务资格。获得许可后，可以进行基金的营销工作。

2. 保险代理人

保险业大量使用代理人这一渠道进行产品销售。保险代理人须持有《保险销售从业人员资格证书》，并且与保险公司签订代理合同，方能销售某公司的保险产品。在中国银保监会的网站（或者原中国保监会网站），可以查询在监管机构登记在册的保险代理人的相关信息。

信托代理的一些业务，也属于代理人性质的营销渠道。例如，代理保险业务是指信托机构接受保险公司的委托，代为办理各类保险的业务。代理保险的手续费一般按实收保险费的一定比率计收。代理发行证券业务是指信托机构受股份有限公司或其他委托人的委托，代为办理发行证券或股票的某些具体事项的信托业务。

信托机构代理发行证券业务主要包括以下几种：①代理推销或发行债券、股票，以及代理收取债券、股票的票款；②代办债券还本付息；③代发股息、红利；④代理债券、股票的买卖及代办过户手续。

信托机构承办代理发行证券业务，实际上就充当了债权人和债务人双方的代理人。例如，信托机构作为证券发行人的代理人，受托代办有关发行证券的具体事务，以便证券顺利发行或推销；信托机构作为证券投资人的代理人，参与对发行人集资建设项目的审查和监督，维护全体投资人合理的经济利益。

《保险销售从业人员监管办法》和《中国银监会关于规范商业银行代理销售业务的通知》对保险代理人的管理做了详细的规定。读者可以通过学习相关规定来了解聘用代理人作为金融产品销售渠道时的基本管理依据和法律责任，从而增强对金融机构的信用和品牌的保障。

了解金融销售行为的相关法律规定，不仅仅是对金融机构声誉的保护，也是对金融机构经营管理安全的最大自我保护。一些金融机构的声誉和内部管理出现问题，甚至遭受损失，就是内部疏于规范化管理的结果。

作为金融营销策划人员，也应该充分了解法律对代理销售渠道使用的规定，从而使自己的策划活动符合规范，保障消费者的权益，保护金融机构的声誉。

8.4 营销策划实务

目前，各类金融机构都在其互联网网站主页上提供了（营销）渠道信息指南。营销渠道信息指南并无固定的格式，可以是单独的一个综合渠道链接，下属二级具体渠道：如独立的“网上银行”链接。

也可以在提供的每一大类产品和服务项目中，列出渠道链接地址。例如，个人银行项目下，单独列出“服务渠道”，通过“服务渠道”，可以连接到下一级具体营销渠道，如网上银行、电话银行、微信银行、短信银行等的说明。

对于每一营销渠道能够完成的功能和服务，要有明确、详细和准确的说明。

例如，案例阅读8－2提供了AC银行网络银行的功能介绍文案，通过了解案例信息，掌握如何撰写相关资料文案。

案例阅读8－2　AC银行的网上银行

第一部分：金融服务的基本简介

欢迎来到AC网上银行①。

现在登录AC网上银行，无论何时、何地实现对您AC账户的管理和操作，并享受到AC为您所提供的便捷、安全的银行服务。

· 无须亲自到分行即可实现账户管理。

· 国内或国际资金汇转。

① 信息改编自：网上银行—服务渠道—渣打银行（中国），https://www.sc.com/cn/bank-with-us/online-banking/.

· 账单缴费或手机充值。
· 个人信息修改。
· 认购市场联动系列产品，第一时间掌控财富。
· 通知和定期存款产品在线开立。
· 将您的 AC 账户与中国银联付款平台连接，实现轻松在线购物体验。

第二部分：该服务提供的各项功能说明

功能介绍：
客户可以查看详细的功能使用演示。

表 8－2　　各项功能说明

<table>
<tr><td rowspan="8">账户管理</td><td rowspan="3">存款账户管理</td><td>账户余额及交易历史查询</td><td>活期储蓄账户</td></tr>
<tr><td rowspan="2">账户余额及账户信息查询</td><td>定期存款账户</td></tr>
<tr><td>投资产品账户</td></tr>
<tr><td rowspan="5">贷款账户管理</td><td rowspan="5">贷款信息查询</td><td>住房抵押贷款</td></tr>
<tr><td>持证抵押贷款</td></tr>
<tr><td>活利贷</td></tr>
<tr><td>固定利率贷款</td></tr>
<tr><td>个人无抵押贷款</td></tr>
<tr><td rowspan="4">信用卡管理</td><td></td><td>账户信息</td><td></td></tr>
<tr><td></td><td>卡片信息</td><td></td></tr>
<tr><td></td><td>交易历史查询</td><td></td></tr>
<tr><td></td><td>信用卡申请</td><td></td></tr>
<tr><td>全球账户查询（支持多国 AC 账户查询）</td><td colspan="3">若您在境外已开立 AC 银行账户，可以登录网上银行并选择英文界面，了解您在以下地区的同名 AC 银行账户：印度、新加坡、马来西亚、泰国、越南、印度尼西亚、巴基斯坦、菲律宾、阿联酋、巴林、文莱</td></tr>
<tr><td rowspan="5">转账及汇款</td><td>同行转账</td><td colspan="2">本人名下账户转账（本外币）</td></tr>
<tr><td>（单笔支付或定期支付）</td><td colspan="2">向同行他人转账（人民币）</td></tr>
<tr><td>跨行汇款
（单笔支付或定期支付）</td><td colspan="2">国内跨行汇款（人民币）</td></tr>
<tr><td>境外汇款</td><td colspan="2">境外汇款</td></tr>
<tr><td>（单笔支付）</td><td colspan="2">（美元、日元、欧元、英镑等）</td></tr>
</table>

续 表

<table>
<tr><td rowspan="3">缴费支付及还款</td><td colspan="2">网上缴水、电、煤、固定电话和手机账单</td></tr>
<tr><td colspan="2">网上手机充值（目前仅限上海地区）</td></tr>
<tr><td colspan="2">信用卡还款</td></tr>
<tr><td rowspan="7">在线申请</td><td colspan="2">在线购买理财产品：市场联动系列</td></tr>
<tr><td colspan="2">在线资产负债概览</td></tr>
<tr><td rowspan="3">加开账户</td><td>活期储蓄账户</td></tr>
<tr><td>定期存款账户</td></tr>
<tr><td>通知存款账户</td></tr>
<tr><td rowspan="2">支取存款</td><td>定期存款</td></tr>
<tr><td>储利多</td></tr>
<tr><td>客户投资评估</td><td colspan="2">客户投资评估</td></tr>
<tr><td>网购在线支付</td><td colspan="2">商城类（京东商城、凡客诚品等）
生活类（苏宁易购、当当网、完美时空、优悦生活等）
旅行类（东方航空、神州租车、艺龙旅行网等）</td></tr>
<tr><td>在线服务设置</td><td colspan="2">在线申请电子月结单服务
在线申请短信银行服务
设定交易提示
交易限额管理</td></tr>
<tr><td>个人信息维护</td><td colspan="2">修改网银密码
设置账户昵称
修改联系方式，通信地址</td></tr>
<tr><td>网银所支持的浏览器</td><td colspan="2">微软操作系统浏览器（IE6 以上 IE 浏览器、火狐浏览器、谷歌浏览器等）</td></tr>
</table>

第三部分：服务的价格信息与交易说明

收费标准：

即日起，为了您转账、交易的方便，可以使用我行个人网上银行进行境内转账、信用卡还款、自助缴费。

注：如客户通过本行网上银行办理银行业务，仅需支付本行就该银行业务收取的服务费（如有）。

本行有权单方决定本优惠活动的有效期限而无须事先通知，如本收费标准更新并在本行网站公布后客户继续使用个人网上银行服务的，视同接受更新后的内容。

网上银行现在每位顾客每日的交易限额如下：

· 【优先理财及私人财富管理】客户单日跨行汇款上限为人民币 100 万元。

· 【创智理财】客户单日跨行汇款上限为人民币 20 万元。

· 【普通】客户单日跨行汇款上限为人民币 10 万元。

*每日通过网上银行进行跨境汇款、跨行转账、自助缴费、在线支付以及行内向他人转账的实际发生数额之和不得超过“每日最高交易限额”。

第四部分：客户疑问的答复

常见问题

①谁能申请这项服务？

只需拥有 AC 银行活期储蓄账户，便可申请成为 AC 银行个人网上银行用户。

②我需要些什么来注册和使用这项服务？

在线注册时，您需要知道您的活期储蓄账号或者您的借记卡卡号及密码。另外，除了一台能够上网的电脑之外，您还需要一部手机来接受双重验证密码（手机号码需要预先在 AC 银行注册）。

金融营销策划人员对于渠道的关注重点是研究各个渠道对消费者的吸引力都表现在哪些方面，从而找到能够更好地为客户提供服务的特质，提高渠道的服务效果和效率。

本章主要对金融机构目前常用的个人业务销售渠道进行了阐释。对每一个销售渠道的功能进行了说明。主要的金融营销渠道包括营业网点（含 24 小时自助服务点）、电子银行渠道（网页、电话银行、手机银行、短信银行、微信银行）、代理人渠道。金融产品和服务通常都是采用综合渠道进行销售，各渠道之间形成互补。

复习思考题

1. 对金融机构营业网点提供服务的优势和缺陷进行分析。
2. 金融产品服务的电子销售渠道有哪些？分析其各自的优点和不足。
3. 代理人作为一种销售渠道，其优点和不足表现在哪些方面？
4. 国家如何实施对代理人的管理？

一、实训目标

熟悉和掌握金融产品和服务的营销渠道功能。

二、实训内容

1. 选择一家金融机构，实地访问其营业网点，研究网点的地理布局，收集其营业网点提供的所有个人金融服务功能。

表 8－3　　　　金融机构信息

网点	地点	网点地域特征	目标客户的特征描述	提供的服务及金融产品
分行	地址	如：CBD，普通/高端居民区，旅游景点，办公区，工业园区	年龄…… 收入…… 职业/学历…… 消费行为特征……	产品（服务）1 产品（服务）2
支行	地址	如：CBD，普通/高端居民区，旅游景点，办公区，工业园区	年龄…… 收入…… 职业/学历…… 消费行为特征……	产品（服务）1 产品（服务）2
24 小时自助银行	地址	如：CBD，普通/高端居民区，旅游景点，办公区，工业园区	使用频率…… 使用服务项目…… 使用时间……	产品（服务）1 产品（服务）2

2. 研究该金融机构的所有电子营销渠道及功能。

表 8－4　　　　金融机构所有电子营销渠道及功能

渠道	服务种类/功能
电话银行	
网上银行	
公众号	
微信	
App	
小程序	
短信银行	

3. 采访该机构聘用的代理人，了解其日常的工作内容和为客户提供的营销服务。

表 8－5　　　　　　　　金融机构代理人工作内容及相关信息

工作内容	工作要求及工作经验记录
电话联系客户	次/日：
拜访客户	次/月：
参加公司培训	次/月：
销售点驻点工作	小时/月：
每月营销业绩考核	销售额：……　客户量……

9 金融营销沟通策划

金融产品与服务的市场营销沟通在策划方案中占据了突出的位置。金融产品在产品设计、定价以及渠道方面都要受到严格的监管和技术约束，而沟通，则是金融营销中创意程度高和相对自由的策划对象。

从策划实务看，沟通有两个层面，即金融机构的形象策划、金融产品与服务的营销沟通策划。下面我们分别对这两种沟通的理论体系进行说明。

9.1 营销策划的理论基础

9.1.1 企业形象策划

1. 企业形象识别系统（CIS）

CIS 是英文 Corporate Identity System 的缩写，直译为企业形象识别系统，是指企业有意识、有计划地将自己企业的各种特征向社会公众主动地展示与传播，使公众在市场环境中对某一个特定的企业有一个稳定的、差别化的印象和认识，以便更好地识别并留下良好的印象。企业形象策划的核心目的是通过企业行为识别和企业视觉识别传达企业理念，树立企业形象。

企业形象的组成因素复杂，一般情况下，企业形象识别系统（CIS）由理念识别（Mind Identity，MI）、行为识别（Behavior Identity，BI）和视觉识别（Visual Identity，VI）三方面构成。

（1）理念识别（MI）。

企业理念，是指企业在长期生产经营过程中所形成的企业共同认可和遵守的价值准则和文化观念，以及由企业价值准则和文化观念决定的企业经营方向、经营思想和经营战略目标。理念识别的内容是企业生产经营过程中设计、科研、生产、营销、服务、管理等经营理念的识别系统，是企业对当前和未来一个时期的经营目标、经营思想、营销方式和营销形态所作的总体规划和界定，主要包括企业精神、企业价值观、企业信条、经营宗旨、经营方针、市场定位、产业构成、组织体制、社会责任和发展规划等。属于企业文化的意识形态范畴。

（2）行为识别（BI）。

企业行为识别是企业理念的行为表现，包括在理念指导下的企业员工对内和对外的各种行为，以及企业的各种生产经营行为。

行为识别是企业实际经营理念与创造企业文化的准则，对企业运作方式所作的统一规划而形成的动态识别形态。它是以经营理念为基本出发点，对内是建立完善的组织制度、管理规范、职员教育、行为规范和福利制度；对外则是开拓市场调查、进行产品开发，通过社会公益文化活动、公共关系、营销活动等方式来传达企业理念，以获得社会公众对企业认同。

（3）视觉识别（VI）。

企业视觉识别是企业理念的视觉化，通过企业形象广告、标识、商标、品牌、产品包装、企业内部环境布局和厂容厂貌等方式向大众表现、传达企业理念。

视觉识别是以企业标志、标准字体、标准色彩为核心展开的完整体系的视觉传达体系，是将企业理念、文化特质、服务内容、企业规范等抽象语意转换为具体符号的概念，塑造出独特的企业形象。视觉识别系统分为基本要素系统、应用要素系统两方面。基本要素系统主要包括：企业名称、企业标志、标准字体、标准色彩、象征图案、宣传口号、市场行销报告书等。应用要素系统主要包括：办公事务用品、生产设备、建筑环境、产品包装、广告媒体、交通工具、衣着制服、旗帜、招牌、标识、橱窗、陈列展示等。视觉识别（VI）在 CIS 系统中最具有传播力和感染力，最容易被社会大众所接受，占据主导的地位。

2. 企业形象识别系统的作用

企业形象识别系统是以企业定位或企业经营理念为核心的，对包括企业内部管理、对外关系活动、广告宣传以及其他以视觉和音响为手段的宣传活动在内的各个方面，进行组织化、系统化、统一性的综合设计，力求使企业的各个体系以一种统一的形态显现于社会大众面前，产生出良好的企业形象。

企业可通过 CIS 系统对其办公系统、生产系统、管理系统，以及经营、包装、广告等系统形成规范化设计和管理，从而调动企业每个职员的积极性和参与企业的发展战略。通过一体化的符号形式来划分企业的责任和义务，使企业经营在各职能部门中能有效地运作，建立起企业与众不同的个性形象，使企业产品与其他同类产品区别开来，在同行中脱颖而出，迅速有效地帮助企业创造出品牌效应，占有市场。

CIS 系统的实施，对企业内部来说，可使企业的经营管理走向科学化和条理化，趋向符号化，根据市场和企业的发展有目的地制定经营理念，制定一套能够贯彻的管理原则和管理规范，以符号的形式参照执行，使企业的生产过程和市场流通流程化，以降低成本和损耗，有效地提高产品质量。

3. 金融机构形象识别系统的基本要素

金融机构形象识别系统包括金融机构名称、金融机构标志、金融机构标准字体、标准色彩、象征图案、金融机构提出的标语口号、金融机构吉祥物和金融机构专用字体等。

（1）金融机构名称。金融机构名称与金融机构形象有着紧密的联系，是 CIS 设计的前提条件，采用文字来表现识别要素。

（2）金融机构标志。金融机构标志是特定金融机构的象征，是机构的识别符号，也是 CIS 设计系统的核心基础。其表现形式可分为：①图形表现（包括再现图形、象征图形、几何图形）；②文字表现（包括中外文字和阿拉伯数字的组合）；③综合表现（包括图形与文字的结合应用）。金融机构标志要以固定不变的标准原型在 CIS 设计形态中应用，开始时必须绘制出标准的比例图，并表达出标志的轮廓、线条、距离等精密的数值。其制图可采用方格标示法、比例标示法、多圆弧角度标示法，以便标志在放大或缩小时能精确地描绘和准确复制。

（3）金融机构标准字体。金融机构标准字体包括中文、英文或其他文字字体，标准字体是根据金融机构名称和金融机构地址等进行设计的。

（4）标准色彩。金融机构的标准色彩是用来象征金融机构并应用在视觉识别设计中所有媒体上的制定色彩。标准色是以国际标准色为标准的，通常不超过三种颜色。

（5）象征图案。金融机构象征图案是为了配合基本要素在各种媒体上广泛应用而设计的，在内涵上要体现金融机构精神，引起衬托和强化金融机构形象的作用。象征图案在表现形式上采用简单抽象并与标志图形既有对比又保持协调的关系，也可由标志或组成标志的造型内涵来进行设计。

（6）金融机构提出的标语口号。金融机构提出的标语口号是金融机构理念的概括，是金融机构根据自身的营销活动或理念而研究出来的一种文字宣传标语。标语口号应该简洁、朗朗上口。对内能激发出职员为金融机构目标而努力的斗志，对外则能表达出金融机构发展的目标和方向，同时能让消费者过目不忘、过耳不忘。

（7）金融机构吉祥物。金融机构吉祥物是以亲切可爱的人物或拟人化形象来引起或唤起社会大众的注意和好感。

（8）金融机构专用字体。金融机构专用字体即将金融机构新使用的主要文字、数字、产品名称结合对外宣传文字等，进行统一的设计。主要包括为金融机构产品而设计的标识字和为金融机构对内、对外活动而设计的标识字，以及为报刊广告、招贴广告、影视广告等设计的刊头、标题字体。

4. 金融机构形象识别系统的应用对象

金融机构形象识别系统的应用对象即基本要素系统在各种媒介上的应用。基本要素标志、标准字、标准色等被确定后，就要从事这些要素的精细化作业，开发各应用项目。

应用对象大致有以下内容。

（1）办公事务用品。办公事务用品的设计制作表现出金融机构的精神。包括信封、信纸、便笺、名片、徽章、工作证、请柬、文件夹、介绍信、账票、备忘录、资料袋、公文表格等。

（2）金融机构外部建筑环境。金融机构外部建筑环境设计是金融机构形象在公共场合的视觉再现，是一种公开化、有特色的群体设计和标志着金融机构面貌特征的系统。主要包括建筑造型、旗帜、门面、招牌、公共标识牌、路标指示牌、广告塔等。

（3）金融机构内部建筑环境。金融机构内部建筑环境是指金融机构的办公室、销售点或营业大厅、会议室、休息室、厂房内部环境形象。设计师把金融机构识别标志贯彻于金融机构室内环境之中，从根本上塑造、渲染、传播金融机构识别形象，并充分体现金融机构形象的统一性。主要包括金融机构内部各部门标识、金融机构形象牌、吊旗、吊牌、POP 广告、货架标牌等。

（4）交通工具。交通工具是一种流动性、公开化的金融机构形象传播方式，其多次的流动给人瞬间的记忆，有意无意地建立起金融机构的形象。主要包括轿车、中巴、大巴、货车、工具车等。

（5）服装服饰。金融机构工作人员一般着制服。服装服饰宜整洁高雅，统一设计，设计师应严格区分出各工作人员工作范围、性质和特点，设计出符合不同岗位的着装。主要有经理制服、管理人员制服、员工制服、礼仪制服、文化衬衫、领带、工作帽、胸卡等。

（6）广告媒体。金融机构选择各种不同媒体的广告形式对外宣传，是一种长远、整体、宣传性极强的传播方式，可在短期内以最快的速度、在最广泛的范围中将金融机构信息传达出去，是现代金融机构传达信息的主要手段。主要有电视广告、报纸广告、杂志广告、路牌广告、招贴广告等。金融机构的产品包装也起到了广告的作用。具体包括金融机构发行的纪念币、贵金属制品、贺卡等。所用的包装主要包括纸盒包装、纸袋包装、木箱包装、玻璃包装、塑料包装、金属包装、陶瓷包装、包装纸等。

（7）赠送礼品。金融机构礼品主要用来联系感情、沟通交流、协调关系，是以金融机构识别标志为导向、传播金融机构形象为目的。除了日常生活用品外，还可以制作带有金融机构 Logo（商标）和品牌形象的 T 恤衫、领带、领带夹、打火机、钥匙牌、雨伞、纪念章、礼品袋等。

（8）陈列展示。陈列展示是金融机构营销活动中运用实物展示，突出金融机构形象并对金融机构产品或销售方式进行传播的。在设计时要突出陈列展示的整体活动。在设计时要突出陈列展示的整体感、顺序感和新颖感，以表现出金融机构的精神风貌。主要包括橱窗展示、展览展示、货架商品展示、陈列商品展示等。

（9）印刷出版物。金融机构的印刷出版物直接与金融机构的利益关系者和社会大众见面。主要包括金融机构简介、金融产品说明书、产品简介、金融机构简报、年历等。

9.1.2 整合营销沟通理论

金融产品与服务的宣传，一般都要采用整合营销沟通组合来完成。

整合营销沟通组合（IMC 组合）的主要工具包括广告（Advertisement）、人员推销（Personal Selling）、营业推广（Sales Promotion）、公共关系（Public Relations）。

1. 广告

广告，即广而告之的意思，是单向传播方式。广告有广义和狭义之分，广义广告包括非经济广告和经济广告。非经济广告指不以盈利为目的的广告，如政府行政部门、社会事业单位乃至个人的各种公告、启事、声明等，主要目的是推广；狭义广告仅指经济广告，又称商业广告，是指以盈利为目的的广告，通常是商品生产者、经营者和消费者之间沟通信息的重要手段，或企业占领市场、推销产品、提供劳务的重要形式，主要目的是扩大经济效益。常用的广告形式有报纸广告、杂志广告、电视广告、电影植入广告、网络广告、包装广告、广播广告、招贴广告、POP 广告、交通广告、直邮广告、车体广告、门票广告等。

2. 人员推销

人员推销，是指企业通过派出销售人员与一个或一个以上可能成为购买者的人交谈，作口头陈述，以推销商品、促进和扩大销售。人员销售是销售人员帮助和说服购买者购买某种商品或劳务的过程，包括上门服务、销售会议、电话推销、咨询活动。人员推销虽是一种古老的方式，但灵活、有助于建立长期信任与联系、能及时获得信息反馈，因此，营销人员应予以广泛应用。金融业是人员推销活动频繁密集的行业。因此，推销方案的策划在金融机构营销中十分重要。

3. 营业推广

营业推广是目前最广泛使用的促销手段。金融机构的营业推广多在营业网点开展，采用的刺激手段有：赠样品、优惠券、贵宾服务、减价、免费限期试用、示范、竞赛、折扣、返现、合作广告、有奖销售等方法，均属此列。

4. 公共关系

公共关系是指组织机构与公众环境之间的沟通与传播关系。公共关系的管理职能主要是组织机构信息传播，关系协调与形象管理事务的咨询、策划、实施和服务。包括宣传组织的成功、降低组织失败的影响、宣布变更等，是一项社会组织用传播手段使自己与相关公众之间形成双向交流，使双方达到相互了解和相互适应的专门管理活动。具体形式包括报纸杂志评论、研讨会、慈善捐赠、赞助、公共宣传等。

9.2 沟通策划实务

营销沟通的策划分为五步，即确定沟通的目标市场、明确沟通的目的、落实沟通预算、设计沟通的传播工具组合方案、实施并管理沟通方案。

1. 确定沟通的目标市场

进行沟通策划的第一步就是明确购买金融产品与服务的目标对象是谁。目标市场的特征决定了沟通方案的具体细节和效果。目标市场客户的年龄段、教育程度、地域、收入水平、消费方式等都是沟通设计要重点考虑的。例如，针对年龄大的金融消费者，采用网络、微信等现代的沟通渠道就不适合。对于教育程度比较高的目标市场客户，对产品本身的属性特征描述更容易获得信任。不同地域的消费者，金融消费理念不同，因此，沟通中适用于一个地区的方案并不适用于另一个地区，特别是大城市与乡村、沿海城市与内地省市，在消费方式、金融消费理念上，存在客观的差距。

2. 明确沟通的目的

沟通的目的多种多样，且相互之间不能冲突，可以共同存在于同一个方案中，也可以分别实现。根据 AIDA 模型①，引起注意、激发兴趣、刺激欲望、促成行动是金融产品（服务）营销沟通的常见目标。

（1）引起注意。普及某一产品的信息，让目标受众认识并了解这个产品或服务的特点。

（2）激发兴趣。通过沟通，让目标受众能够认可某一产品的存在、价值、意义，并接受该金融产品与服务的存在，对之产生信任和接纳。

（3）刺激欲望。沟通的激励目标是让消费者产生购买行动的想法。

（4）促成行为。通过销售刺激，让消费者实际购买金融产品（服务）。

3. 落实沟通预算

金融机构的沟通预算一般包含在整体营销预算里。预算既可以是营业额的一个百分比，也可以是利润的百分比。另外，金融机构面临激烈的市场竞争，有时也需要根据具体情况来划拨预算。例如，新的竞争对手出现，就要增加宣传预算，用以雇佣更多的一线销售人员和宣传人员。

4. 设计沟通的传播工具组合方案

在确定了市场沟通目标并落实了预算以后，借助整合营销传播工具来设计方案，见表 9－1。

---

① AIDA 模型是国际推销专家海英兹·姆·戈得曼（Heinz M. Goldmann）总结的消费者在商业沟通中的态度变化模型，AIDA 是四个英文单词的首字母。A 为 Attention，即引起注意；I 为 Interest，即诱发兴趣；D 为 Desire，即刺激欲望；最后一个字母 A 为 Action，即促成购买。

表 9－1　　营销沟通的工具组合方案

广告	营业推广	公共关系	人员推销
1. 沟通目标陈述	1. 沟通目标陈述	1. 沟通目标陈述	1. 沟通目标陈述
2. 形式选择 平面广告 LED 巨幕广告 电视广告 网络视频广告	2. 形式选择 营业大厅宣传单 送礼品 抽奖	2. 形式选择 赞助 新闻报道 慈善事业	2. 形式选择 电话推销 客户拜访 定点推销
3. 广告制作	3. 制作与派送	3. 公关活动的筹备组织	3. 人员推销的组织与安排
4. 广告播出管理 时间、地区、频道、媒体	4. 营业推广的管理 时间、地点、人员等	4. 公关活动的管理 负责人及职责、时间、地点等	4. 人员推销的管理 培训、人员分配、考核、场地、交通通信硬件
5. 广告效果审计	5. 营业推广效果审计	5. 公共关系效果审计	5. 人员推销效果审计

5. 实施并管理沟通方案

有很多方法可以用来监督管理沟通方案并保证方案的执行质量。如不定时巡检、事后客户回访、专家意见评价等都是保证营销策划方案执行效果的有力工具和方法。具体内容可以参考菲利普·科特勒《营销管理》一书中关于营销审计的章节内容。

本章小结

本章对金融营销宣传中常用的沟通管理理论与操作方法进行了阐释。金融机构层面的宣传以企业整体形象策划为重点。首先，通过形象识别基本要素和应用对象的策划，塑造突出金融机构特色和竞争优势的形象；其次，在具体产品和服务市场沟通中，主要运用市场营销中的整合营销传播理论和沟通组合工具进行。

复习思考题

1. 解释企业形象策划的基本概念和组成要素。
2. 金融机构形象识别系统的基本要素有哪些？
3. 金融机构形象识别系统的应用对象有哪些？
4. 整合营销传播的主要沟通工具有哪些？

实训项目

一、实训目标

熟悉和掌握金融机构及其产品服务的沟通策划工具及文案。

二、实训内容

1. 选择一家金融机构，对照本章企业形象识别系统的要素，对该金融机构的形象建设进行分析和评价。

表 9－2　　金融机构形象建设

沟通工具	沟通渠道/方式	沟通内容的主题	沟通效果评估
广告	电视/报纸/车厢/车站台……	如安全、便捷、订制化等	如请消费者评分 采访 问卷
公共关系	新闻报道/慈善公益/赞助……	……	……
人员推销	电话/拜访……	……	……
营业推广	在线/网点……	……	……

2. 对该金融机构当前的产品（服务）营销沟通活动进行收集、归类。对照整合营销沟通中的四类工具，对该机构的沟通内容、目的以及品质进行分析和评价。

表 9－3　　金融机构的沟通内容、目的以及品质

沟通工具	沟通渠道/方式	沟通内容的主题、目的、品质	沟通效果评估
广告	电视/报纸/车厢/车站台……	……	如请消费者评分 采访 问卷 网络投票 销售数据分析等
公共关系	新闻报道/慈善公益/赞助……	……	……
人员推销	电话/拜访……	……	……
营业推广	在线/网点……	……	……

10 金融营销人员策划

10.1 金融从业人员的资格

目前，证明金融从业人员专业能力和执业资质的几种常见资格证书有以下几种。

1. 证券从业人员资格证书

中国证券业实行从业人员资格管理制度，由中国证券业协会在中国证监会指导监督下对证券业从业人员实施资格管理。

证券公司、基金管理公司、基金托管机构、基金销售机构、证券投资咨询机构、证券资信评估机构及中国证监会认定的其他从事证券业务的机构中从事证券业务的专业人员，必须在取得从业资格的基础上取得执业证书，从事相应的证券活动。

2. 中国银行业从业人员资格认证

中国银行业从业人员资格认证（Certification of China Banking Professional，CCBP）是由中国银行业从业人员资格认证办公室负责组织和实施的银行业从业人员资格考试。该考试认证制度由四个基本的环节组成，即资格标准、考试制度、资格审核和继续教育。建立中国银行业从业人员资格认证制度，目的是建立银行业从业标准和用人规范、确立银行业从业人员从业的起点标准，为银行业金融机构和客户鉴别从业者能力提供识别标杆，同时也为银行业从业人员提供继续教育的支持。

3. 保险代理资格证书

保险代理资格证书是中国银保监会对保险代理从业人员基本资格的认定，须通过参加中国银保监会统一组织的保险代理从业人员基本资格考试方可取得，它并不具有展业证明的效力，此证由中国银保监会统一印制。从 2013 年 7 月 1 日起，凡从事保险销售的人员，应通过中国银保监会组织的保险销售从业人员资格考试取得保险销售从业人员资格证书。有资格报名参加资格考试的人员，应当具备大专以上学历和完全民事行为能力。《保险营销员管理规定》第十六条明文规定：保险销售从业人员资格证书遗失的，持有人应当在中国银保监会指定的媒体和网站上公告。持有人向中国银保监会申请补发的，应当提交亲笔签名的遗失声明和刊登遗失公告的证明材料。中国银保监会应当自受理上述申请之日起 20 日内，予以变更、更换或者补发。

10.2 内部营销

内部营销（Internal Marketing）是与外部营销（External Marketing）相对应的概念。1981 年，瑞典经济学院的克里斯琴·格罗路斯（Christian Gronroos）发表了论述“内部营销”概念的论文。菲利普·科特勒进一步提出要在公司里创造一种营销文化，即培养和训练公司员工以满足顾客需求作为宗旨和准则，并逐步在意识上和行为上产生认同感。

内部营销的目的是“激励雇员，使其具有顾客导向观念”，强调员工认同企业的价值观，接受企业的组织文化，促使员工为企业更好地服务。

内部营销的具体开展可以从以下几个方面着手。

1. 内部市场调研

员工满意是客户满意的必要条件。提高员工满意度的前提是了解员工的情感和需求；只有真正了解员工的情感和需求，才能实施对员工的有效管理。

内部营销可以借鉴的外部营销调研的成熟方法和技巧有：实地观察法、一对一访谈、专题讨论、问卷调查等，用于建立员工档案，了解员工的基本情况、技能特长及情绪、信仰、价值观等，以及对企业的态度、对管理者的评价和期望、对内部服务质量的要求、对企业产品和服务的看法及建议等。

内部市场调研的目标市场包括在职员工、潜在的员工、离职的员工。目的是真正了解职业市场的劳动力供求趋势、人才分布结构、薪资福利水平、期望的工作类型、职业发展方向及人才流动趋势等总体情况。

2. 内部市场细分

细分的前提是差异性和专业性。根据员工的工作能力、心理类型和性格、需要及情感特征进行细分，实施不同的管理方法、有针对性的激励方式和沟通策略，安排适合员工个性和专长的工作岗位，采取不同的营销组合。目的是保持员工满意度、提升员工忠诚度并充分调动每位员工的主动性。

内部市场细分的变量包括：员工个性、知识特点等心理、行为变量，员工在组织中所处的层次，员工与客户接触的程度。

3. 招聘、教育和培训

在聘用人才的时候，除了要考察其教育背景、技术技能等常规项目之外，还应重点考察应聘人员的内在素质和客户导向的程度，以保证吸收的员工易于同企业核心价值观相融合，从而降低新员工与组织的磨合成本。

教育和培训是使员工理解并有能力为消费者提供产品和服务的必经之路。教育和培训除了要向员工传授相关技能外，更重要的还有职业道德、工作规范和标准化培训及向员工灌输企业倡导的核心价值观念，在员工掌握岗位技能的前提下，鼓励并引导他们了解其他部门所提供的服务及他们之间如何相互协调，逐步让员工树立起客户导向的思想。通过教育和培训，使员工更加具有价值，也更加具有竞争力。

教育和培训应该在组织内部制度化和常规化，教育培训内容上应以企业内部调研的实际需要为依据，在明确知道员工“对什么感兴趣”和“需要学什么”的基础上制订培训计划；形式上可以采取课堂教学、在岗培训、外出观摩、自练自学、案例分析、角色扮演等灵活的方式；培训结束后，应该及时进行效果评估和项目调整，逐渐形成学习型组织。

4. 激励与认同

激励是企业采用适当的刺激方式，鼓励员工以更高的水平、更大的主动性和自觉性从事工作，取得成就。

激励的方式有很多种：①设计合适的薪酬福利计划；②制定考核与奖励的规则标准，通过实绩考核，明确、合理地进行奖励；③表彰优秀员工；④多样化激励方式。

5. 尊重

根据马斯洛的需求层次理论，人的需求有一个从低到高的发展层次。低层次的需要是生理需要，向上依次是安全的需要、社交的需要、被尊重的需要和自我实现的需要。员工是企业最重要的资产，企业对待员工，物质奖励只是最基本的奖励。随着社会的发展，人的要求会不断提高，会更多地朝求得社会认同和尊重这个方向努力。这些都会对员工的内心情感、工作态度产生很大的影响。不尊重，或者以高压姿态对待员工，必将影响企业和员工的沟通以及信息流的通畅，这对企业的发展是十分不利的。企业应该从经营理念到管理机制都体现出组织对员工的尊重和关怀，使员工能在企业中找到自己的心理支撑。在这样的环境下，每个人都能得到充分的尊重，这样很容易把一个企业凝聚起来，使员工心甘情愿地为企业奉献。

6. 授权

授权是指通过赋予员工相应的权力和自主性，使其能控制与工作相关的情况和做决定的过程，这意味着可以让基层员工做出正确的决定。授权需要公司首先向员工明确企业的核心价值观是什么，让其知道企业最希望员工表现的行为特征是什么、在什么权限范围内可以自主做出决定。优质的服务，首先是能够让消费者快速且容易得到的服务。只有赋予员工现场做出决定的权力，才能确保服务过程的流畅和质量。正确地运用授权，有助于减少员工的角色模糊和角色矛盾，增强员工的适应性和满意度。

7. 沟通

沟通是意义的传递与理解。企业内部沟通的三种常见形式：向上沟通、向下沟通和横向沟通。沟通工具包括内部刊物、内部网站、宣传栏、总经理信箱、企业论坛、合理化建议等，这些都是行之有效的沟通方式和渠道。企业必须选择员工能够接受的方式和渠道，使组织目标潜移默化地被员工理解和接受。

8. 团队和流程

内部营销着眼于创造、维护和强化良好的内部关系，形成各部门、各层级间密切和高效的协作。

协作的一个组织形式是团队。团队工作要求员工和部门抛弃以工作和任务为中心的思维方式，在组织中的各阶层之间建立良好的内部关系，加强各部门间的沟通合作，提高信息在整个企业内部的沟通速度，使整个企业都面向客户市场，提高团队成员的士气、满足感和成就感，有利于充分发挥各个层级的积极性和创造性。

内部营销在企业中的应用并不是全新的内容，但内部营销理论所倡导的积极的市场导向的方法，却具有重要的实践意义。用于外部营销的一些活动，可以与内部营销活动结合起来，从而为外部客户提供更加优质的服务，为企业创造更大的利益。

通过案例阅读 10－1，我们研究以下两个金融机构如何通过内部培训提升员工的业务能力。

案例阅读 10－1　平安保险完善的内部培训机制①

为了提升平安员工的专业能力和国际化管理水平，中国平安建立了完善的职业培训体系，培养了初、中、高级讲师近 3000 人，并于 2001 年成立了平安金融培训学院。平安金融培训学院占地面积 20 万平方米，建筑面积 7.85 万平方米，有多间独具特色的教室、研讨室和会议室，能同时容纳 1000 人学习，适合承办各类会议和研修培训班；平安金融培训学院还拥有高尔夫球场等一流的康体设施、星级服务的配套酒店，以及商务中心、超市等服务设施。

平安金融培训学院设有寿险学院、产险学院、金融学院、管理学院，面向公司所有内外勤员工提供面授培训、认证考试、网上学习、卫星电视教学等培训方式，并与国际著名的专业培训机构 LIMRA（美国寿险行销调研协会）、LOMA（国际寿险管理协会）、AICPCU（美国财产与意外险注册承保师学会）、Wharton（沃顿商学院），以及北京大学等国内著名学府共同开展职业培训。

平安金融培训学院秉承将知识转变为价值的办学理念，将用 5～8 年的时间把平安金融培训学院建成亚洲顶级的金融保险专业大学和中国的 GE 管理学院。

平安金融培训学院、平安博士后工作站、企业内部培训、直接引进的海外培训项目、外派海外培训等，这一切的目的是给员工提供终身学习和职业发展机会，让每一个员工及时掌握各专业领域内领先的知识和技能。

1. 平安金融培训学院

平安金融培训学院成立于 2001 年，下设寿险学院、产险学院、金融学院、管理学院。

---

①　案例来源：中国平安保险（集团）股份有限公司——保险，银行，投资，http：//job. pingan. com/about/about_ train. jsp.

平安金融培训学院通过集中面授、网上学习、自学与认证考试等多种方式，将制式化、专业化的培训内容送达各层级员工。员工也可以结合自身职业生涯发展需要，在平安金融培训学院定制个性化学习方案。平安大学的目的是为员工提供终身培训、培养平安专业人才队伍、为中国平安造就世界一流职业经理人群体、为中国平安永续发展提供动力源。它是国内规模最大的企业培训基地之一，该基地的建成将为提升平安人才的竞争力打下坚实的基础。

2. 平安企业博士后工作站

平安企业博士后工作站由原国家人事部于2001年12月批准建立，是中国保险业第一家企业博士后工作站。工作站通过与中国社会科学院、南开大学等国内一流研究机构的合作，并聘请吴敬琏、李扬、谢平等享誉国内外的经济学家来站担任指导专家，构筑了国内一流的学术研究阵地。

在博士后工作站，员工可以近距离地聆听国际大师的演讲并接受他们的指导。

3. 新员工封闭培训

每一位刚进入中国平安的员工，都将接受公司一到两周的新人封闭培训。该培训严格按"新员工素质模型"进行，以帮助新员工尽快从"社会人"转变为"平安人"、从"校园人"转变为"职业人"、从"人手"转变为"人才"，建立积极、健康的职业心态和团队工作意识，成为平安化、职业化、专业化和心态良好的平安人。

4. 企业内部培训

平安集团所属的各子公司、分公司都设立了独立的培训部，拥有自己的专、兼职讲师队伍。各公司的讲师由平安内部各专业领域的精英和专家组成，拥有丰富的工作经验和技能，他们是所有新进员工的良师益友。

5. 国际通用资格认证

公司鼓励员工通过参加专业认证考试来提升专业素质和个人竞争力。中国平安和国内外专业认证组织合作，引进了多项国际通行的专业认证考试。目前，通过公司组织考试并授予专业证书的有LOMA、AICPCU和SOA。

LOMA（Life Office Management Association），即国际寿险管理协会。平安是该协会在亚太地区最大的考试中心。

AICPCU（The American Institute for the Chartered Property Casualty Underwriter），即美国财产与意外险注册承保师协会。平安是该协会在中国最大的考试中心。

SOA，即北美精算师资格考试。平安是该资格认证考试的中国区考点之一。

为推动和保障员工的在职学习，平安制定了相应的政策，对通过相关认证考试的员工给予不同程度的奖励，如考前进行考试辅导、通过英文考试报销考试费用、将认证考试科目与专业技术资格评聘挂钩等，这些措施有效地保障和推动了员工在职学习的热情和积极性。

6. 员工自助培训

平安金融培训学院的在线自助学习系统为员工提供了数千门各专业领域的多媒体

学习课程，这些课程为全球范围内引入的、在各专业领域处于领先地位的培训课程项目。公司任何员工都可以根据自己的需要定制学习课程，随时参加课程学习。该系统为每一位员工建立了个人学习档案，可以随时检视自己的学习进度、学习成绩。

7. 海外培训

为了帮助员工尽快成为国际性的管理人才和专业人才，平安会定期选送优秀的员工出国培训或到国际知名的金融保险企业工作学习，并为他们承担所有培训费用。

中国平安一直致力于成为学习型的组织。马明哲董事长曾说："我们的事业人生好比一盏灯，能否永远亮下去就看能否及时地加油充电。"因此，中国平安从成立以来，一直将培训作为实现公司愿景与员工个人价值的重要保障，倡导将学习转化为胜任素质与工作绩效。

"以好的培训造就人，以好的培训留住人"，这也是中国平安人力资源的重要策略之一。

平安集团是大型的金融集团，可以容纳各种层次和领域的金融人才。这使平安集团的人才培训和提升方案有了较高的代表性。

案例阅读 10－2 介绍了另一家大型金融机构中国人寿的员工培训情况。

案例阅读 10－2　中国人寿员工培训及博士后科研工作站①

一、员工培训

中国人寿按照总体规划、统筹协调、分级分类、各负其责的原则，建立了集团、总、省、市的四级教育培训组织管理体系。

中国人寿出台了多项教育培训基础制度与办法，制定了培训工作流程手册等，规范了培训实施、讲师管理、教材课程、培训档案管理等重要基础工作，基本形成了比较完整、系统的教育培训管理制度体系，为培训工作开展提供了机制保障，推动公司教育培训工作的规范化、制度化。

中国人寿挑选实践经验丰富、理论水平较高的专业骨干人员担任专兼职讲师，提倡各级领导干部上讲台，并根据实际需要选聘部分专家学者作为外聘讲师，逐步积累了较为丰富的专兼职讲师队伍资源；公司自主开发和引进内化了大量制式化、专业化的教材课程，并初步建立较为全面、系统的员工教育培训教材课程体系，为开展各类员工教育培训工作奠定了坚实的基础。

中国人寿在北京、上海、成都等地分别成立了保险研修院，从事专业化的人员培

① 案例来源：员工教育培训—辉煌国寿—中国人寿—中国人寿，http：//www. chinalife. com. cn/eportal/ui? pageId = 135627.

训。此外，集团公司直属的保险职业学院可进行大专、本科等学历教育，同时能够为员工和代理人提供销售、基本技能和管理知识等方面的培训，在保险教育和培训两个领域积累了较为丰富的办学经验。

为创新培训方式、服务人才发展，中国人寿建立了高容量、高水平、高效能的在线学习管理平台"国寿E学"，集信息发布、在线学习、教学考评、培训管理、课程共享、交流互动功能于一体，形成了面授培训、网络培训、移动学习和微信公众平台四位一体的培训新渠道，可实现员工全覆盖、学习全天候、知识全领域、资源全整合和管理全流程，为员工成长发展提供全面、专业、稳定、便捷的知识管理和培训服务。

中国人寿十分注重多渠道开展教育培训对外合作交流，目前已与中央六所干训院校、国内名牌高等学府、知名培训机构和海外相关机构建立了良好的合作关系。合作伙伴包括中央党校、国家行政学院、浦东干部管理学院、清华大学、北京大学、加拿大约克大学舒力克商学院、美国宾夕法尼亚大学沃顿商学院、斯坦福大学、LOMA & LIMRA 协会、澳大利亚与新西兰保险金融学会、日本 OLIS、FALIA 等。通过合作举办培训项目、积极参加专业年会论坛等，积累了丰富的外部教育培训资源和合作经验。

二、博士后科研工作站

中国人寿保险（集团）公司博士后科研工作站成立于2002年10月。

工作站与中国人民大学、复旦大学、南开大学、武汉大学博士后流动站联合培养博士后研究人员，并聘请国内知名的专家学者为专家指导委员会成员。

通过对相关金融机构的内部营销相关实践操作的考察和研究，营销策划人员也可以根据自己单位的实际需要设计相应的政策和工具。

10.3 任务与考核

人力资源管理部门的核心工作之一就是界定岗位职责、工作任务以及考核方式。金融机构要保持效率和信用，必须对员工的工作进行缜密的任务设计和考核。

10.3.1 工作职能的界定

首先我们看一下如何明确岗位职责。以下面两个例子为启发，可以初步了解到岗位任务的设计形式。

1. 职位：高级经理；部门：某外资银行投资银行与资产管理部

（1）主要职责。

①牵头负责结构化融资，产业基金，股权投资，标准化资产业务，金融机构增信类，资本市场，股权投资类自营理财，资产证券化等投资银行业务的创新，操作模式

开发、运营、推广。

②负责合作渠道拓展（包括券商、保险、基金等非银机构），整合客户资源并组织协调带领团队完成业务；负责进行投资银行业务的客户情况跟踪调研，研究各类市场的变动趋势和投资机会。

③具有基金、私募、投资公司等相关项目运作经验及资源。

（2）任职资格。

①至少具有 8 年以上在银行、券商、信托等金融机构或专业机构从事相应专业或管理工作，熟悉结构化融资业务及投行相关业务，具有较强的分析、调查、沟通能力，较强的组织能力，既往工作业绩和表现良好。

②不超过40 周岁，全日制硕士研究生及以上学历，专业为金融工程、精算、投资银行、资产管理等方向优先。

③具有团队或者机构管理者经验。

④具有注册会计师、律师资格者优先考虑。

2. 职位：产品经理岗；部门：某证券公司互联网金融部

（1）主要职责。

①熟悉用户研究方法和设计方法，负责公司零售经纪客户网上交易，移动证券等投资终端的需求管理和设计。

②挖掘、发现、了解客户需求，并对用户提交的需求仔细分析评估，对于合理需求要不断完善，甚至对其提供量身定制的产品和服务。

③规划所负责产品的研发前景和功能方向，寻找或提出适合互联网化营销的产品，时刻关注产品客户体验和参与的覆盖度（即客户黏性的真实展现）。

④与相关的技术、业务等部门紧密配合，有效地促成跨部门合作，快速、高效推动产品设计、研发、运营及推广。

（2）任职资格。

①国内外知名大学全日制硕士研究生或以上学历，专业不限，数学、计算机和设计专业优先。

②三年以上工作经验，一年以上产品经理工作经验。

③具有良好的沟通能力，表达能力，主动性和团队协作能力。

④较强的文档撰写能力及数据分析能力，能够提供高质量的产品原型、流程图、线框图，清晰地表达设计方案。

⑤有金融行业工作经验者优先。

10. 3. 2　考核指标

金融机构是以盈利为目标的商业机构，盈利与组织效率是金融机构的竞争力最核心的要素。

如何保证盈利，取决于众多因素。其中金融机构领导层的市场判断能力和管理方法最为关键，也表现在对各级工作人员的考核指标的设定上。

考核指标能够明确反映一个金融机构的管理方式、经营风格和发展目标。同时，考核指标也很大程度上决定了金融机构各级员工的工作态度、工作重点。

在金融机构，考核指标是人力资源部门根据金融机构最高领导层的意图确定的细化工作考核指标体系。每一个岗位对应一个具体详细的考核指标。

我们通过案例阅读 10 -3 来了解绩效考核。

案例阅读 10 -3　不同商业银行的绩效考核体系分析①

绩效考核是商业银行实现其战略目标的重要手段，商业银行通过将战略目标层层分解到部门和个人，把机构绩效考核与人员绩效考核有机结合起来，建立起一套完整的绩效考核体系，通过考核、激励和改进，促进银行战略的实现。

目前采用的绩效考核的指标和方法包括：对金融机构领导人员考核、平衡计分卡考核法、关键业绩指标法（KPI）、目标管理法（MBO）、360 度考核（360 - degree - feedback）等。另外，商业银行还运用经济增加值（EVA）等财务指标考核办法对内部业务条线和分支行经营业绩进行考核，不仅考虑了银行经营的风险成本，而且结合商业银行管理会计体系的实施，实现业务评价与风险管理、成本控制的统一，从而更加客观地对银行的经营成果进行评价。

不同类型的商业银行由于组织管理架构、战略发展目标以及业务运营特点的差异，决定了其采取的绩效考核方法与指标有所不同，这里选取具有典型代表性的三家不同类型的商业银行作为样本：①A 银行为大型商业银行；②B 银行为股份制银行；③C 银行为外资银行，并对这三家银行绩效考核方法与指标做简要分析。

一、大型商业银行：多层级、矩阵式的绩效考核体系

1. 机构绩效考核

总行的部门考核。分为定量为主、定性为主、完全定性三类进行考核，并设置关联协作指标，考核部门共同承担的目标任务或者同一业务流程不同环节的协作情况，进行“捆绑”式考核。

一级分行的绩效考核。A 银行采取综合考评和单项考评相结合，其中，综合考评包括效益管理类、风险管控类、可持续发展与竞争能力（市场拓展、业务结构、客户结构三个方面）以及业务协调；单项考评为经济增加值指标评价，将经济资本回报率设定为一定分值。采用的计分方法为对一级分行、直属分行（含省分行营业部）两个

---

① 资料来源：不同商业银行的绩效考核体系分析，http：//www. sohu. com/a/593766_ 108226.

群体分别进行绩效排序和等级评定，实行按季监测、按年考评；计分方法上主要采用统一标准值的标准差计分法。

一级分行以下的机构绩效考核。也采用上述类似的指标，但根据具体情况进行了相应的调整，更为强调业务指标。

省分行对二级分行的考核。考评指标分为三部分：一是经营绩效指标，以效益价值为核心，设效益、市场、结构和质量四大类考评指标；二是业务竞争力指标，由各专业部门按照年度工作重点设置考评指标，基本分合计 100 分；三是内控管理指标，采用倒扣分的计分方式。主要考评指标参考全省中等偏上水平确定标准值，依其对经营管理的影响程度分别确定各项指标的基本分权重。

二级分行对支行的考核。考评指标包括：经营绩效考核、专项工作考核和重点网点市场竞争力考核三部分。支行考核结果与支行的经营性费用、工资性费用直接挂钩。

支行对分理处等网点的考核。按综合网点和一般网点分别考核。其中，综合网点功能较为齐全，经营贷款业务；一般网点功能相对较少，不经营贷款业务或贷款业务极少。对网点的考核由经营绩效、专项工作和加减分项考核三部分组成，主要加大了对银行业务指标完成情况的考核。

2. 人员绩效考核

总行一般员工考核。总行一般员工的岗位分为管理岗、专业岗、销售岗和运行岗，不同岗位考核与所在机构业绩的挂钩权重不同。销售和运行岗可以量化到人，主要采取个人业绩表现，重业务量的表现。制定员工行为评价量表，指导岗位行为表现的评价。

一级分行以下的员工考核采用与总行类似指标，但更强调具体的业务绩效。

省分行对二级分行负责人的考评。二级分行行级负责人的薪酬由省分行集中管理、考核发放。考核结果按评分划分等级，分为优秀、良好、合格、基本合格、不合格五等。以自然年度为一个完整的考评周期，在次年年初进行上年度的绩效考评工作。行长考评由三部分组成，包括个人绩效合约完成情况考核评价、个人履职行为能力评价、人力资源管理能力评价。

省分行员工考核。管理类岗位员工绩效考核以机构绩效为主，辅以管理人员行为能力考核；专业类岗位员工绩效考核以个人绩效为主，与部门绩效挂钩；销售类岗位员工绩效考核以销售业绩为核心，辅以行为能力考核；运行类岗位员工绩效考核以个人绩效为主，与机构绩效挂钩。

二级分行的具体考核。以某分行为例。某分行实行统一的岗位绩效工资制度，员工工资由岗位工资和绩效工资两部分组成。对不同类别、序列和等级的岗位，实行差异化的工资结构。与市场接近、等级越高的岗位，绩效工资的占比越大。管理类和销售类岗位实行以绩效工资为主的工资结构，专业类和运行类实行以岗位工资为主的工资结构。

支行行长、直属机构总经理的绩效考核与所在机构年度经营绩效考评结果挂钩。

目前考核指标主要包括市场发展、经营效益、结构调整、风险控制四个部分，根据年度考核结果，划分为A、B、C、D四等。

分行部室负责人的绩效考核由部室经营绩效和行为能力评价两部分组成。

公司客户经理的绩效考核与本人业绩直接挂钩，各项业务指标按标准值或计划完成率考评，采用百分制，考核指标主要包括存款市场拓展，贷款营销，中间业务收入，新产品推广及客户服务与关系管理，资产质量实行倒扣分（按照逾期贷款发生笔数直接扣分）。

个人客户经理的绩效与综合业绩考评挂钩。综合业绩由综合贡献、销售业绩、网点业绩和履职情况组成。

专业类员工绩效考核的主要内容包括：与员工所任岗位职责相关的关键业绩指标、员工计划完成的特定工作任务以及员工相关的能力素质。

柜员绩效考核的主要内容包括：工作业绩、网点业绩、综合素质评价，柜员考核由各支行及分行管辖部门负责实施，考核结果按季兑现，年度结算。

二、股份制银行：多维度的绩效考核体系

B银行组织制定分行的平衡计分卡并实施考核，平衡计分卡理念主要包括财务维度（长期股东增值、销售总额增长、生产力提升）、客户维度（产品/服务的贡献、建立关系、树立形象、存款增量）、内部流程维度（管理运营、管理客户、管理创新、规章制度）、学习与成长维度（人力资产、信息资产、组织资产）等方面。B银行认为平衡计分卡的四个要素在价值创造中的相互影响，层层支持、层层递进，具有较强逻辑相关性，且能够有效地支持银行战略的实施。

在员工层面，以KPI为管理工具，在整个银行平衡计分卡的基础上进一步分解为分行、部门的平衡计分卡，然后分解到个人关键绩效指标，从而将战略思想贯彻到每个管理层面、维度以及每位员工，激发整体协同作用，体现“效益、质量、规模”协调发展的战略思想。根据不同职位的员工，设定不同的考核内容及考核标准。

好的绩效管理流程能够达成绩效管理的既定目标，B银行在整个绩效计划、执行、考评和反馈的过程中明确了管理者的职责，同时提供了相应的工具。

三、外资银行：以平衡计分卡为基础的绩效管理体系

外资银行C银行认为，出色的绩效管理应该具备六大原则，这些原则分别是：全球评估标准一致；绩效管理应该是商业、业务驱动型的；有效的绩效管理应该是结果导向型的；绩效管理过程中应当保持开放与诚信；绩效管理要体现公平公正的原则；绩效管理结果具有可解释性，做到评估的有章可依。

基于这六点原则，C银行制定实施了一套新的管理系统，内部规定统一绩效管理日程表、全球统一的系统以及统一的政策，针对平衡计分卡的四个维度，编制出5个

绩效档次，并加大奖金与绩效的挂钩程度。

在此基础上，得出员工绩效校准（Calibration），依此得出20:70:10的目标分布（Target Distribution），其中10%是指低于平均绩效的员工，70%是指处于中段正常绩效的员工，20%是高于平均绩效的高效率员工。根据20:70:10的结果，对于公司内前20%的员工，采取轮岗等方式激励他们，并结合连续的奖金与认可。在管理高绩效员工时，授权很重要，要让自己的管理风格适应他们，而不是采取固定的管理风格。对于公司内后10%的员工，领导应帮助他们认真分析效率低下的原因，给他们提出相应的引导与建议，而不是一味地指责批评。另外，应尽可能早地让这些下属知道自己的真实情况，以便及时改进，不要等到年终评估时才通知他们。通过这种方式，可以使企业中优秀的员工更优秀，使原来绩效不好的员工向良好优秀甚至卓越的方向发展。

战略目标分解：产生考核标准的过程。

高绩效企业需要将公司战略、结构与文化结合起来，同时为实现公司目标服务；微观上说，平衡计分卡又是帮助企业将整体公司战略逐层分解到员工个体上，实现员工个人目标与企业总体目标情形的一致。

C银行从决定引入平衡计分卡作为其绩效管理体系的基础，到新的绩效管理系统与企业整体战略及员工的发展达到有效结合的这一过程中，集中运营部可谓整个银行集团内有效运用平衡计分卡进行绩效管理的一个范例。那么，C银行集中运营部究竟是怎么做的呢？

首先，C银行集中运营部每月都有设定好的绩效目标与累积目标，每个月及时地将本月实际绩效与目标绩效进行总体及逐项对比，及时发现实际绩效与目标绩效的差距，同时以非常醒目的“红、黄、绿”三种状态，及时发现问题，并采取有效的改进措施。

其次，C银行集中运营部为银行内各项目以及各团队进行成本核算，将成本划分为几大类，事先为每个大类设定目标成本，当实际成本发生后，再将实际成本与目标成本比较，找出差距，分析原因，尽可能缩减不必要的成本，避免浪费现象。

最后，C银行集中运营部还运用月度平衡计分卡与周度平衡计分卡来实现部门内的绩效管理。其中月度平衡计分卡包括财务、顾客、内部流程及员工四个维度，在每个维度内设有详细指标。比较特别的是，在其平衡计分卡中，不仅包括了各项指标本月实际表现，还包括设定好的目标值以及上个月该指标的表现，经过三者的比较，让管理者一目了然地发现部门各项指标的运作情况。周度平衡计分卡则是挑选比较重要的指标，列出这些指标上周表现、本周实际表现及目标值，也为管理者及时发现问题提供了证据。

考核与激励机制是不可或缺的两个体系，合理使用这两个机制，能发挥金融机构工作人员的最大才能。我们通过案例阅读10－4来了解国外金融机构的绩效考核与激励机制。

案例阅读 10－4　国际先进银行绩效考核与激励机制①

一、美国合众银行

美国合众银行（US Bancorp）也称为"美国银行公司"，总部位于明尼阿波利斯。

1. 薪酬治理架构

人力资源委员会是合众银行董事会6个专门委员会之一，具体职责包括审批薪酬计划和项目、评估讨论激励计划和项目、对管理层进行绩效考核，以及监督薪酬计划的执行。薪酬委员会就劳动力市场信息等问题向外部顾问公司咨询，近年来雇佣的顾问公司是库克公司，其主要职责是就薪酬计划设计、市场竞争情况、市场工资趋势、同业对照组的构成等问题向薪酬委员会提供信息和建议。

2. 薪酬框架

合众银行的薪酬主要包括年度工资、年度奖金、长期激励三部分，另外还有少量的福利和补贴。年度奖金和长期激励只向执行官和其他管理层员工发放。受到美国法规限制，能够向执行官发放的激励不能超过全行净收入的0.2%。

年度工资类似于通常所说的固定工资，是为了补偿员工的执业经验和专业技能，所有员工都有资格获得，其数额取决于员工身处职位和所负职责的市场价格。年度奖金用来奖励年度绩效，是一种短期激励。所有的管理人员都有机会获得年度奖金。委员会在年初会为每个管理人员设定现金奖金目标数额，一般为基本工资的一定百分比。到了年末，薪酬委员会考核年度绩效，最终决定奖金数量。

美国合众银行使用限制性股票和认股权对执行官和其他管理人员进行激励。在2014年，75%的长期奖励是以限制性股票（RSUs）形式发放，25%以认股权的方式授予。2007年制定的股权激励计划规定，股权奖励同年度ROE指标挂钩。首席执行官的薪酬中90%都是变动薪酬，其他执行官的薪酬中平均84%是变动薪酬。所有员工按照其为401k计划账户缴费获得健康福利，所有员工缴费基数相同。此外，所有员工享受其在银行中挣得的退休福利。合众银行提供的补贴很少，主要包括家庭安全、停车费用和体检，补贴不计入纳税项。

3. 考核和变动薪酬确定方法

美国合众银行管理人员奖金目标值为基本工资的一定比例，执行官一般在基本工资的125%～150%，首席执行官为基本工资的225%。

合众银行的整体架构分为46个收入业务条线和11个后台操作条线。每个条线都确定了年度财务计划，57个业务条线共同组成全行年度财务计划。考核目标值使用年度

---

① 案例改编自：潘啸松，姜维权．国际先进银行绩效考核与激励机制［J］．银行家，2015（11）：90－92.

财务计划中的EPS目标值和业务条线收入目标值。全行EPS目标和业务条线收入目标的完成情况共同决定业务条线员工能够获得的奖金系数，该系数限制在0~200%。

长期激励奖励确定方法。每个绩效年的1月，薪酬委员会决定本绩效年度管理委员会成员的长期激励奖励数额。一年后会根据绩效完成情况来调整，调整后发放的股权奖励在四年内解锁或行权，长期激励的考核指标是净资产收益率。

二、西太平洋银行

西太平洋银行（Westpac）是澳洲的第一家银行，有192年的经营史。

1. 薪酬治理架构

西太平洋银行董事会下设薪酬委员会，负责监督内部薪酬政策和操作，考察外部市场的薪酬状况、劳动力市场预期，以及各国家和地区的监管要求。独立薪酬顾问的主要职责包括：向薪酬委员会提供执行官和非执行董事的薪酬信息；提供有关薪酬激励的市场数据；向薪酬委员会提供具体的薪酬设计建议。薪酬顾问公司直接向薪酬委员会汇报，并实现与管理层的财务隔离。

在薪酬委员会修改薪酬计划、做出年度薪酬决定之前，要参考同业对照组的各项数据。对照组选择了有直接竞争关系的同业，考虑了业务规模、类型、地域分布等因素。

2. 薪酬框架

西太平洋银行员工薪酬包括3个部分：固定薪酬、短期激励、长期激励。但不是每个员工都能获得短期激励和长期激励。

固定薪酬是为了补偿员工的经验、技能和劳动，包括现金工资、福利和养老金。固定薪酬数额考虑工作强度、复杂性、责任、经验、技能和市场支付水平。此外还为澳大利亚、新西兰和其他一些国家的员工提供养老金。

短期激励（Short Term Incentive，STI）是为了激励执行官和其他核心员工完成一年期目标，包括现金和股权奖励。考核基于个人、部门、全行的年度STI目标集合。高管层以下的核心员工也有机会获得短期激励。获得STI奖励超过一定上限的员工，其工资的一定比例也需要和高管一样延期支付。

西太平洋银行长期激励（Long Term Incentive，LTI）以3年期绩效完成情况允许执行官行权或解锁股票奖励，目的是将执行官的薪酬同银行长期绩效及股东利益捆绑。确定奖励金额主要考虑激励期内的市场基准、个人绩效、努力程度和关键技能。

薪酬委员会还为不同的业务单元安排了不同的奖励计划。这些奖励的数额同绩效直接挂钩，并受到合理的封顶限制。这些计划被设计用来为相关员工提供有竞争力的薪酬。

3. 考核和变动薪酬确定方法

短期激励（STI）确定方法。执行官的STI目标规模在每个绩效年的开始由薪酬委员会设定。数额基于职位特征和市场竞争情况确定，并经董事会批准通过。

STI 的 60% 在 2014 年 12 月以现金形式支付，40% 以限制性股票或认股权延期支付，后者 50% 在 2015 年解锁（行权），50% 在 2016 年解锁（行权）。对于延期解锁（行权）的股票，如果执行官未续约或退休，或在股票行权日前离职，董事会有权力决定如何处理这部分股票。如果执行官是被解雇的，或离职后加入另一个企业，他的延迟股票奖励的大部分将被没收。在其他情况下，董事会也有权没收股票，例如出现财务错误或实质性争论。

长期激励（LTI）奖励确定方法。根据“首席执行官绩效计划”和“西太平洋奖励计划”，董事会根据 3 年期绩效的完成情况允许首席执行官和其他执行官行权长期激励认股权。长期激励奖励分为两部分，两部分独立考核，一部分基于股东总回报（TSR），另一部分基于现金每股收益复合年度增长率（EPS CAGR），两部分奖励各占 50%。

在绩效期初，以绩效期开始阶段的股票价格确定每个人获得的认股权价值。通过使用蒙特卡洛价格模型，测算绩效完成各种程度所授予的认股权价值，考虑了预期寿命、波动性、无风险利率和分红情况。基于股东总回报（TSR）的认股权价值和基于现金每股收益复合年度增长率（EPS CAGR）的认股权价值可能有所不同。2014 年首席执行官被授予的长期激励目标规模价值为 270 万美元。

LTI 考核指标包括相对股东总回报（TSR）和现金每股收益复合年度增长率（EPS CAGR），只有当绩效目标达成，首席执行官和执行官才能行权 LTI 认股权。相对股东总回报（TSR）指标提供了外部的相对约束，现金每股收益复合增长率（EPS CAGR）是一项绝对数指标。

对于 TSR 使用相对值考核，如果 TSR 达到同业对照组中位数水平，则行权 50% 的 TSR 绩效；达到 75% 分位数，可行权 100% 的绩效；处于二者之间的线性递增。对于 EPS 复合增长率使用绝对考核，董事会根据外部咨询建议来确定 EPS 增长率目标，咨询师将根据预测对比西太平洋和同业的绩效表现来决定该 EPS 目标值。达到最低目标可以行权 50% 的 EPS 绩效，达到或超过最高目标可以行权 100%，处于二者之间的线性递增。

同时，金融行业发生的创新开启了一个巨大的人才需求市场，对于传统金融机构和新成立的金融产品（服务）营销机构来说，寻找到合适的金融人才并培养一支创新的团队是金融机构适应新形势获得发展的关键因素。

10.4 营销策划实务

金融机构工作人员的服务素质是影响金融机构品牌形象的重要因素，关于提升员工营销服务素质的工作方案，需要人力资源部门等的协同努力才能实现。金融机构通过以下三个步骤来提高金融机构工作人员的素质。

第一步：招聘服务经验和综合素质高、自我提升意愿强的员工。

第二步：内部营销方案。这是营销策划方案的重点。根据相关理论，策划方案可以采取一些方法，来实现内部营销目标。师傅带徒弟、专家培训、考试考核、竞赛等都是可以借鉴的方法。

第三步：考核与奖惩。

借助制度设计，来引导员工的服务意识和服务素质。

作为服务业的一个重要行业，金融业要提升服务品质，人员的个人素质和专业能力就起到了重要的作用。策划人员在内部营销的工作上，还有很多领域需要继续探索。

本章小结

金融服务业的员工是服务品质和竞争力的关键保障。本章从营销策划工作的实际需要出发，重点讲解了提高员工服务能力和服务意识的内部营销管理基本概念和方法。同时，对员工的任务界定和考核激励常用方法进行了阐释。

复习思考题

1. 金融从业人员资格证书有哪些？
2. 内部营销的重要性表现在哪些方面？
3. 如何设计工作考核指标？

实训项目

一、实训目标

理解并掌握内部营销的基本管理方法。

二、实训内容

1. 阅读本章末的案例阅读 10－5《寿险公司的内部营销措施》，总结归纳 A 公司内部营销的具体方案措施。

2. 对该方案中的措施进行分析和评价。

案例阅读 10－5　寿险公司的内部营销措施①

内部营销实施的人力资源基础条件如下。

① 刘丹．寿险公司的内部营销活动研究［D］．北京：首都经济贸易大学，2016.

A 公司北京分公司（以下简称 A 公司北分）的销售人员经历了发展、淘汰、再发展的队伍变化更新后，积淀出一支相对同业更稳定的销售队伍。基于 A 公司销售人员的经营管理体系中薪酬福利和晋升发展的导向，A 公司北分从人才市场上收集优秀的人才信息并用这些公司待遇吸引人才的加入。与此同时，培养和打造高素质的销售主管和高绩效的销售团队。

内部营销目标：提升团队的销售业绩。

内部营销的开展方案如下。

第一年（2012 年）A 公司北分策划并实施了以下举措，来提高激励寿险销售人员销售活动。

寿险销售人员习惯于自由展业的模式，早会出勤和培训经常以展业为由请假，久而久之，不能及时学习到公司的培训内容，对公司的内部营销激励方案也不了解，无法与公司的营销节奏同步，滋生惰性最终导致业绩下降，直至离职。A 公司北分提出了对销售人员的早会出勤管理办法，给各个营业单位配备了指纹打卡机，要求销售人员周一至周五每日早上 8：30 之前出勤并指纹打卡，早会培训结束后，10：00 后二次指纹打卡，保证销售人员可以完整听完公司的早会通知及培训内容。除此之外，对每月连续请病假或事假 5 天以上的销售人员，严格执行《寿险销售人员基本管理办法》的规定进行罚款，病假条不允许弄虚作假，一经发现虚假假条立即开除。同时，考勤管理人员对于为销售人员办理业务等相关手续的柜面岗位的员工，要求早上 9：00 之前不办公，保证销售人员在各自营业职场里听完公司每日早会的通知内容。早会出勤的强化管理，将寿险销售人员的出勤率从 50% 左右提升到接近 85%。

A 公司北分全年的内部营销激励方案的设计都侧重于每单的奖励，就是销售人员每售卖一张保单，符合公司的标准即可获得一份奖品。每单既要实现奖励的目的，还要进行分阶段的变化来不断激励销售人员。例如宜家家居的一些厨房物件，或者生活中很实用的米和油，这些都是价值不高却是日常生活能够用得上的物品，受到销售人员喜欢，得到了很好的激励作用。

由于早会出勤的强化管理，销售人员对于公司每天奖励结果的公示和下发开始关注和感兴趣，卖出保单后既能增加收入又能获得奖励，销售的意愿被大大激发。在销售人员的出勤管理基础上，各营业单位的早会内容对于激发销售人员的售卖意愿就更加重要。A 公司北分的考勤管理人员意识到这个问题后，安排辅导并协助寿险各个营业部组织和设计早会的培训内容。早会培训由简单的公司通知和业绩报告，升级为产品培训和展业辅导，提升了销售人员开拓客户的技能，使卖不出保单的销售人员学会利用分公司下发的行销辅助品，助力分公司的外部营销活动，拓展客户，促成保单销售。

为了支持销售人员全员参与，A 公司北分策划了外部营销方案，提供了相应的行销辅助品用于帮助销售人员开拓客户。比如新春送福活动，A 公司北分利用春节前后为客户开展短信互动赠送保险福利的营销活动。管理人员只需在早会培训教会销售人员与客户的短信互动操作，时时追踪客户反馈效果，同时还能积累寿险准客户。类似的还有各个主题的调查问卷活动，如客户服务节、六一儿童节等。

根据月份不同，A 公司北分为销售人员制作了相应主题的调查问卷，于公共场合与陌生客户接触填写，收集准客户信息。以上这些销售工具的研发和支持，投入少效果好，让销售人员有充分的理由去开拓新客户，收获更多的客户，达到全员参与销售目的，提升营销活动动力，实现寿险业绩的增长。

第二年（2013 年）A 公司北分的内部营销活动侧重于提升销售人员的售卖技能。

在持续一年改变销售人员的销售意愿之后，A 公司北分在保持活动人力稳健增长的势头下，第二年的内部营销活动侧重于逐步提升销售人员的售卖技能，主要是提高销售出去的每件保单的保费数，就是件均保费。

在既有的每单奖励的基础之上，A 公司北分在第二年人力下降的情况下，要实现提升销售业绩，就不得不提高件均保费，达成任务的增长目标。在内部营销的激励方案设计过程中，A 公司北分充分考虑到对件均保费的激励，单件保费以超过 6000 元为基础，对超过 1 万元的保单给予更高的物质奖励。比如销售单件超过 6000 元的保单获得价值 200 元的蚕丝被，售单件超过 1 万元的保单获得价值 400 元的家用电器的奖励。销售人员面对这样有差异的物质奖励，会努力引导客户选择保费超过 1 万元的寿险产品。在寿险销售的过程中，销售人员也会更倾向于开拓高端客户、提高签单效率、提升件均保费。

初级的寿险营销员只会售卖单一产品，中级的寿险营销员售卖产品组合的方案，高级的寿险营销员售卖的则是寿险的理念和人生的寿险规划。对于年龄差异大、教育背景不同、销售技能参差不齐的寿险销售人员，A 公司北分的内勤管理人员们在产品研讨后，选取了一款人人都会售卖的储蓄型保险产品，既有寿险保障责任又有储蓄理财的功能。相比较于传统的纯保障型的产品，储蓄型的保险产品既有银行存款产品的特质，又比银行存款增加了保险保障功能。初级的销售人员对于保险的意义和功用不能充分的诠释，但是对于储蓄可以很好地讲解，有利于全体销售人员提升售卖保单的件均保费。

在每日的早会上，出勤人员对这款产品进行解读和培训，练习探讨这个产品的销售技巧，所用的投保示例均是单件保费万元以上的设计方案。以每份 1 万元保费为例，如果客户投保 10 份就是 10 万元保费，相应地客户获得的保障和收益就成 10 倍增长。除了早会培训，A 公司北分产生的高保费保单的售卖案例，被编写成课件用在各种培训班，传授给所有销售人员，提升他们的售卖技能。单一产品的反复培训，使该产品根植在销售人员的心里，他们面对客户展业时，会很自然地为客户介绍这款产品。结合着公司当时的奖励方案，促成客户认可和签单。销售人员的培训是提高生产力至关重要的环节。在 A 公司北分的内外勤努力配合下，内部营销活动对销售人员的激励得到最大的发挥。

第三年（2014年）A公司北分的内部营销活动侧重用绩优的销售人员的标杆力量影响其他销售人员，从而提高更多销售人员的销售意愿、提升其销售技能。

A公司北分的内勤管理人员意识到要建立一个销售人员的绩优组织，且通过这些绩优人员的标杆力量持续影响其他销售人员，使更多的销售人员成为绩优人员。

在寿险公司，20%左右的销售人员达成80%左右的销售业绩。但是，如果绩优人员售卖的件数不提高的话，整体业绩的增长就很困难。首先，A公司北分利用A公司已有的绩优奖励政策筛选出一些业绩优秀的销售人员，这些销售人员连续3个月甚至更长时间坚持每月售卖长险产品2件以上，连续获得A公司的奖金。这个每月2件的长险件数标准，对于业绩的增长目标是不足以支持的。A公司北分经过分析，在原有的绩优奖励之外，结合着市场环境的发展变化，成立了一个标准更高的绩优组织，每月4件的长险件数标准，引导销售人员成为新绩优组织的成员。

提高活动人力的人均售卖件数是对销售人员的售卖观念的改变，内部营销活动的激励方案设计，不能单纯在物质方面进行奖励，要结合着精神层面的奖励。比如在绩优组织中，每个月会评选出符合条件的会员，会员可以获得物质上的奖励，每个季度还有资格参加A公司北分组织的培训、会议、聚餐等活动。对于保费贡献突出、件数排名靠前的绩优人员，公司领导单独邀请聚餐，倾听他们对公司各职能部门的服务感受和意见，接受他们提出的改善建议，尤其是对于这些人员在业务上遇到的流程方面的困难开放优先解决的绿色通道。

对于销售人员来说，加入新的绩优组织不只是可以提高收入和获得奖励，也是对个人及团队销售工作的肯定。不同于全体销售人员的激励方案，绩优组织的成员享受更多的奖励资源，有利于其在客户面前展业时自信心的建立，因而激发了销售人员努力维持这个成员身份的决心。

绩优组织在寿险销售队伍中的优越感随着绩优组织成员的增加而传播，A公司北分也会安排这些绩优成员代表在各种大型培训和会议场合做经验分享。结合这些分享的售卖经验，管理人员将案例编辑成教案，在日常早会和培训中对全体销售人员进行培训，内容包括客户的深度开发、产品的组合售卖、客户的售后服务等。

同时，分公司还安排绩优成员到各个职场巡讲，分享自己的销售经验，推动更多的销售人员朝着这个标准努力。改变销售人员的销售习惯是最难的推动工作，也是最有效果且持续有效的成绩，一个销售人员养成了每月多件的售卖习惯，客户量的增加势必带来更多的客户介绍来的客户。销售人员业绩提升带来的高收入，反过来促使其售卖热情持续高涨。绩优组织文化的熏陶，激发普通的营销意愿，以成为绩优销售人员这种荣誉来鼓励其持续的高销售量，最终实现整个分公司的人均件数的提高、销售业绩的增长。

阅读完背景资料，归纳总结该金融机构内部营销的具体措施及措施实施的方案。

表 10－1　　　　　　　　　金融机构内部营销措施及实施方案

内部营销措施	实施方案
培训	
早会	
奖励	
评比	
经验介绍与宣讲	

11　金融营销服务流程策划

金融业因为涉及消费者的资金安全，因此服务标准及流程设计都要受到严格的监管。下面我们首先来了解一下我国目前对金融产品和服务的质量要求和规范标准。

在达到这些标准的基础上，我们再考虑如何采用现代营销工具和方法，提升银行的市场竞争力。换句话说，金融产品（服务）首先应合规、达标，再考虑营销概念中的服务流程策划。

11.1　我国对金融产品服务质量管理的标准规范

随着我国金融产业的发展及金融消费市场的膨胀，针对各项服务的国家管理标准也制定出来。金融关乎千家万户的资金财富安全，有效的规范和管理，是金融乃至国家经济健康发展的基础。

我国根据金融产品与服务在发展中出现的问题，针对性地对具体业务的服务标准制定了国家标准，是提升金融行业整体经营水平，保护消费者权益的重要手段。

例如，国家质量监督检验检疫总局、国家标准化管理委员会 2015 年发布中华人民共和国国家标准公告，批准《银行营业网点服务基本要求》等 9 项国家标准。具体如表 11 - 1 所示。

表 11 - 1　　银行营业网点服务基本要求列表

序号	国家标准编号	国家标准名称	代替标准号	实施日期
1	GB/T 32312—2015	银行业客户服务中心服务评价指标规范		2016 - 06 - 01
2	GB/T 32313—2015	商业银行个人理财服务规范		2016 - 06 - 01
3	GB/T 32314—2015	商业银行客户服务中心服务外包管理规范		2016 - 06 - 01
4	GB/T 32315—2015	银行业客户服务中心基本要求		2016 - 06 - 01

续 表

序号	国家标准编号	国家标准名称	代替标准号	实施日期
5	GB/T 32316—2015	金融租赁服务流程规范		2016－06－01
6	GB/T 32317—2015	商业银行个人理财客户风险承受能力测评规范		2016－06－01
7	GB/T 32318—2015	银行营业网点服务评价准则		2016－06－01
8	GB/T 32319—2015	银行业产品说明书描述规范		2016－06－01
9	GB/T 32320—2015	银行营业网点服务基本要求		2016－06－01

金融营销策划人员可以结合自己工作内容，熟悉相关的标准内容，提升策划工作的专业性。

金融业在世界各国都是受到严格监管的行业。目前形成了世界通行的行业标准，对金融业开展各项业务的标准化指导。为了和国际接轨，我国也专门成立相关机构承担了金融标准研究与制定的工作。金融业中的各项工作均受到国际或者国内的标准化指导，才能实现金融服务的全球化。那么标准是如何产生的，这个直接关系到金融业务的开展，因此，作为从业人员是需要了解其运行及管理机制。

案例阅读 11－1 金融标准化技术委员会①

我国金融标准制定的归口单位是全国金融标准化技术委员会（SAC/TC180）（以下简称金标委）。金标委是国家标准化管理委员会授权，在金融领域内从事全国性标准化工作的技术组织，负责金融业标准化技术归口管理工作和国际标准化组织中银行与相关金融业务标准化技术委员会（ISO/TC68、TC222）的归口管理工作。国家标准化管理委员会委托中国人民银行对金标委进行领导和管理。金标委下设证券、保险、印制三个分技术委员会，分别负责开展证券、保险、印制专业标准化工作。

第一届金标委于 1991 年成立，委员 33 人。第二届金标委于 2002 年成立，委员 56 人。第三届金标委于 2012 年 5 月成立，委员 49 人，专家 55 名，来自中国人民银行有关司局及直属单位、银保监会、证监会，银行、证券、保险等金融机构，以及标准

① 资料来源：金标委简介，http：//www. cfstc. org/jinbiaowei/2929448/2929452/index. html.

化研究机构等多家单位。截至2016年7月共发布金融行业标准共计201项；已发布金融国家标准共计78项。金融标准的颁布实施，促进了金融业技术与管理进步，对金融业发展产生了重大影响，为金融业的健康发展奠定了坚实基础，取得了显著的社会效益和经济效益。

金标委秘书处是金标委的常设机构，负责处理金标委的日常事务，包括组织制定行业标准体系、组建标准工作组、组织标准制（修）订、标准复审、宣传培训等，秘书处设在中国人民银行科技司。

关于金融服务和产品的质量标准国际国内已经出台了详细的标准。为了让学员们对相关内容有所了解，本书将已有的相关行业标准信息附在书后。

金融机构在具体的服务和产品提供过程中，可以采用标准化的程序来保证金融服务的质量和规范。例如，银行对如何处理客户投诉进行了处理流程的规范。服务人员按照这个流程处理投诉，尽可能地保证服务质量的稳定。案例阅读11－2说明了平安集团的平安保险是如何设计客户投诉处理流程。

案例阅读11－2　保险公司客户投诉处理流程①

我们很荣幸为您提供优质的服务，如您有任何关于保险产品销售或服务方面的意见，请通过以下渠道联系我们，期盼您一如既往地支持我们的工作！

投诉渠道：

全国统一投诉电话：95511－1－9；电话人工受理时间：8：00—22：00

投诉办理须知：

1. 投诉资格人可以是保单的投保人、被保险人和受益人。投诉资格人可委托他人进行投诉。

2. 委托亲访投诉时，需提供投诉资格人的委托书及有效证件复印件，受托人的有效证件原件。

3. 亲访投诉时，需填写投诉受理单，并提供与投诉事项有关的证据资料；通过其他方式投诉的，可后续补充相关的证据资料。

4. 客服中心人员受理亲访投诉后，会向您提供回执作为投诉受理的凭证。

5. 自投诉受理之日起2个工作日内会有投诉处理人员与您取得联系，一般案件10个工作日内反馈您处理意见。

6. 信函及接待地址、传真号码、投诉受理电子邮箱等投诉渠道，请关注各省级分公司及分支机构公布信息。

---

① 客户投诉处理流程—平安人寿保险官网，http：//life. pingan. com/kehufuwu/kehutousuliucheng. jsp.

投诉处理流程如图 11－1 所示。

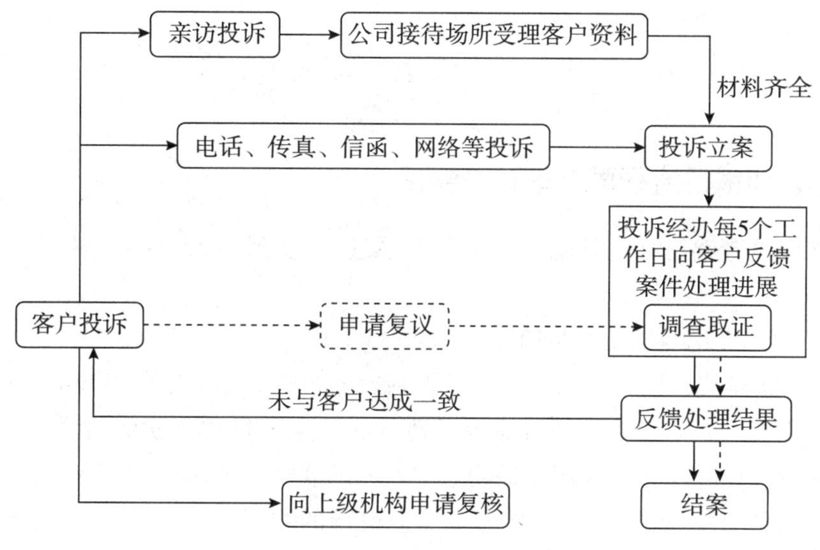

图 11－1 投诉处理流程

再例如，商业银行通过规定服务框架来保证相关服务的规范性和服务标准的统一性。

每个商业银行的服务对象和服务理念都有所差异。一般而言，商业银行的服务流程是根据服务对象的需要而设计的。目前主要可以归纳为两种架构模式：一是矩阵模式流程管理架构，如花旗银行、汇丰银行主要采用这一模式，金融服务实施双重管理、双线考核；二是独立事业部管理的流程架构，在总行的整体战略框架下，各部门具有较大的经营自主权，目前荷兰银行、德国商业银行等机构主要采用这一服务模式，业务独立经营、独立核算、垂直管理。

国内商业银行一般有三种构架模式。

一是总行统一管理，内部设业务条线，层层授权、任务分解和考核，工、农、中、建四大国有控股商业银行在内的多数银行目前均采用该种模式。

二是在各分行设立专业化网点和支行，该模式一般为地方性银行或股份制银行采用。

三是总行层面设立事业部，相对独立的开展服务，民生银行、招商银行等采用。

实践中，混合模式也有范例，如华夏银行在总行和分行层面设有业务部门的同时，在各地设有专营业务机构。招商银行在设立事业部的同时，也设有专业支行。

11.2 服务流程设计与创新的理论依据

11.2.1 金融机构服务流程的描述

流程描述对于客户和金融机构工作人员都十分必要，也是最常见的流程管理工具。当前的流程图已经主要依靠计算机软件来完成。

Word、Excel 都可以做简单的流程图。还有专门开发的软件。学员可以根据实际工作的需要选择相应的软件。

由于相关软件数量庞大，且不断出现功能更加强大的软件，本书不对其进行罗列说明。

11.2.2 商业银行流程再造理论与实践

业务流程再造就是对业务流程环节和关系进行重新设计，目的是提高整个组织的运行效率。

1. 流程再造理论与发展背景简介

20 世纪 70 年代，西方国家放松金融管制。金融机构为了尽快提升市场竞争力，便借鉴企业组织架构变革经验，进行流程再造。这是金融机构一次大规模的服务流程创新。花旗银行（Citi Bank）采用了通用电器发明的战略业务单元组织架构。20 世纪 80 年代中期，这种组织架构逐渐成为国际大型银行的主导架构。从美国银行业 1980—1996 年再造情景看，银行流程再造取得的成效是显著的。在英国，巴克莱（Barclays Bank）、劳埃德（Lloyds Bank）、米特兰银行（Midland Bank）和国民西敏寺（National Westminster Bank）四大银行 20 世纪 80 年代以来先后推行了流程再造，成本降低都在 15% ~30%。到 20 世纪 90 年代中期，世界排名前 1000 家的众多欧洲银行都开展了再造活动。

通过业务流程再造，金融机构在资产规模、资产质量、金融创新能力、经营管理水平、业务范围和专业人才及高新技术方面显著提高了经营效率。

2. 流程再造理论的常见模式和基本步骤

国内外流程再造理论可以分为以下五类再造模式。

（1）迈克尔·哈默的四阶段模式及操作。

尽管迈克尔·哈默并没有系统地总结归纳流程再造的方法步骤，但是有学者通过对他著作的研读，基于对迈克尔·哈默观念的深入理解，替他总结出四阶段模式。

第一阶段，确定再造队伍。产生再造领导人，任命流程主持人，任命再造总管，必要时组建指导委员会，组织再造小组。

第二阶段，寻求再造机会。选择要再造的业务流程，确定再造流程的顺序，了解客户需求和分流程。

第三阶段，重新设计流程。召开重新设计会议，运用各种思路和方法重构流程。

第四阶段，着手再造。向员工说明再造理由，愿景宣传，实施再造。

（2）乔·佩帕德和菲利普·罗兰的五阶段模式及操作。

第一阶段，营造环境。这一阶段的具体工作有：树立愿景；获得有关管理阶层的支持；制订计划，开展培训；辨别核心流程；建立项目团队，并指定负责人；就愿景、目标、再造的必要性和再造计划达成共识。

第二阶段，流程的分析、诊断和重新设计。主要分为九个子步骤：组建和培训再造团队；设定流程再造结果；诊断现有流程；诊断环境条件；寻找再造标杆；重新设计流程；根据新流程考量现有人员队伍；根据新流程考量现有技术水平；对新流程设计方案进行检验。

第三阶段，组织架构的重新设计。主要分为六个子流程：检查组织的人力资源情况；检查技术结构和能力情况；设计新的组织形式；重新定义岗位，培训员工；组织转岗；建立健全新的技术基础结构和技术应用。

第四阶段，试点与转换阶段。主要分为六个子流程：选定试点流程；组建试点流程团队；确定参加试点流程的客户和供应商；启动试点、监控并支持试点；检验试点情况，听取意见反馈；确定转换顺序，按序组织实施。

第五阶段，实现愿景。主要分为四个子流程：评价流程再造成效；让客户感知流程再造产生的效益；挖掘新流程的效能；持续改进。

（3）威廉姆·J. 凯丁格的六阶段模式及操作。

威廉姆·J. 凯丁格等人在调查 33 家咨询公司在企业推行流程再造的实践经验以后，归纳出了流程再造的六个阶段及 21 项任务。

第一阶段，构思设想。主要包括四项任务：得到管理者的承诺和管理愿景；发现流程再造的机会；认识信息技术 /信息系统的潜力；选择流程。

第二阶段，项目启动。主要包括五项任务：通知股东；建立再造小组；制定项目实施计划和预算；分析流程外部客户需求；设置流程创新的绩效目标。

第三阶段，分析诊断。主要包括两项任务：描述现有流程；分析现有流程。

第四阶段，流程设计。主要包括四项任务：定义并分析新流程的初步方案；建立新流程的原型和设计方案；设计人力资源结构；信息系统的分析和设计。

第五阶段，流程重建。主要包括四项任务：重组组织结构及其运行机制；实施信息系统；培训员工；新旧流程切换。

第六阶段，监测评估。主要包括两项任务：评估新流程的绩效；转向连续改善活动。

（4）芮明杰和袁安照的七阶段模式及操作。

复旦大学的芮明杰、袁安照（1999）较早对流程再造的步骤进行了研究，他们认为应该包含七个阶段 32 个子步骤。

第一阶段，设定基本方向。主要分为五个子步骤：明确企业战略目标，将目标分解；成立再造流程的组织机构；设定改造流程的出发点；确定流程再造的基本方针；给出流程再造的可行性分析。

第二阶段，现状分析。主要分为五个子步骤：企业外部环境分析；客户满意度调查；现行流程状态分析；改造的基本设想与目标；改造成功的判别标准。

第三阶段，确定再造方案。主要分为六个子步骤：流程设计创立；流程设计方案；改造的基本路径确定；设定先后工作顺序和重点；宣传流程再造；人员配备。

第四阶段，解决问题计划。主要分为三个子步骤：挑选出近期应该解决的问题；制订解决此问题的计划；成立一个新小组负责实施。

第五阶段，制订详细再造工作计划。主要分为五个子步骤：工作计划目标与时间表的确认；预算计划；责任、任务分解；监督与考核办法；具体的行动策略与计划。

第六阶段，实施再造流程方案。主要分为五个子步骤：成立实施小组；对参加人员进行培训；发动全员配合；新流程试验性启动、检验；全面开展新流程。

第七阶段，继续改善的行为。主要分为三个子步骤：观察流程运作状态；与预定改造目标比较分析；对不足之处进行修正改善。

（5）潘国友的四阶段模式及操作。

华中科技大学的潘国友和陈荣秋等还提出了一个四阶段模式十七个子步骤。

第一阶段，再造策划（Plan）。主要分为七个子步骤：识别客户及其需求；树立愿景；明确再造战略；确定再造领导人；营造再造环境；组建再造小组，指定流程主持人；制订再造实施计划。

第二阶段，重新设计流程（Reengineering/Redesign）。主要分为四个子步骤：翻新流程；新流程试验；新流程完善；新流程检验。

第三阶段，流程规范化（Systematize）。主要分为四个子步骤：对新流程规范化、制度化；设计新的组织结构；构建新的岗位系列，指导和培训员工；建设新的 IT 结构和信息管理系统。

第四阶段，再造实施（Do）。主要分为两个子步骤：新旧流程切换；评估新流程。上述四个阶段循环进行，可根据需要并行作业。潘国友还据此提出了企业流程再造系统模式的循环模型。该模型由一个大圆和一个与之相切的小圆组成，外切圆表示企业流程再造的循环过程，内切圆是流程翻新阶段的循环过程。

11.2.3 流程再造理论的发展及其在金融机构的应用

"互联网+"推动了金融机构的流程再造与金融行业的创新发展并行发展。

1. 产品服务个性化

中信银行引入了产业链营销模式，针对大型企业及上下游企业的不同需求和特点，再造授信作业流程，如针对生产厂家和经销商，开发了"汽车金融服务网络"；针对家电行业，推出"保兑仓"业务等。这些产品既为企业提供了通畅的融资渠道，也使银行能够更有效地扩大客户群体。事实上，大规模产品定制在实体制造企业已经不是一个新鲜概念，戴尔电脑（Dell）、利维牛仔裤（Levi's）等均通过客户选择、规模生产和定制组合的方式实现了相当程度的服务个性化。客户可以根据自己的偏好，选择不同的配置，来满足差异化的产品需求。这一点，商业银行的服务也可以借鉴，即设计不同类型的服务模块，通过客户的选择实现服务的个性化。当然，这与我们后面提到的业务单元制、后台集中化密不可分。

2. “互联网 +”下的金融业务重整

大型商业银行推进机构扁平化改革，其目的在于缩短代理链条，减少管理层次，提高管理效率，增强市场反应能力。如中国银行大部分二级分行对城区网点实现了直接管理，取消了城区管辖支行；民生银行打破了以支行为单元小而全的经营模式，建立了区域销售组织架构。再如，工商银行对部分省分行，直辖市和直属分行也实现了扁平化管理，这对于并行作业、学习一体化、工作团队化都会起到积极的促进作用。同时，机构扁平化与业务单元制、后台集中化相辅相成，最终有利于实现商业银行的产品服务个性化。

3. 金融服务与金融消费的紧密结合

提供金融服务的不仅有金融机构，还有非金融机构。目前在支付领域发生的金融服务创新就是由非金融机构的流通企业根据消费者的实际需要设计推行的。由于贴近消费者的需要，简单、便利的支付服务在很短的时间内改变了信用卡、现金支付习惯，买卖双方以至于上年纪的消费者也能够很快适应并使用自如。这是对金融机构业务流程再造的最大启示。

案例阅读 11 -3　蚂蚁金服：不只是有个支付宝那么简单①

支付宝/蚂蚁金服在中国国内的故事已经众所周知，但在海外，它的业务并没有得到很好的理解。

蚂蚁金服的核心——支付宝，阿里巴巴，尤其是淘宝平台提供在线支付服务。淘宝是中国最接近 eBay 和亚马逊的网站。支付宝被设计成为一款担保工具，作为可信的中介帮助买卖双方完成交易。

在上述阶段，支付宝有点像 PayPal。这也是支付宝像 PayPal 的唯一阶段。

但是，支付宝在中国远远不止是支付网关，它已变成了日常生活中的必备工具。支付宝因地制宜地进入了中国消费者的生活：支付宝 App 可以叫出租车、预订火车票、买单、购买电影票、联系医生、为手机充值、向好友转账以及分摊消费账单。此外，还可以使用支付宝二维码在超市或服装店付款。线下业务已占蚂蚁金服业务量的 30%，并且仍在增长。目前，蚂蚁金服不倾向于被视为数字钱包，而是生活方式的赋能工具。

对蚂蚁金服/支付宝来说，或许最具变革意义的时刻发生在 2013 年，这一年蚂蚁金服推出了名为余额宝的产品。余额宝成功的首要经验在于简化零钱的理财购买条件和手续服务。

---

① 案例改编自：一文带你了解蚂蚁金服：不只是有个支付宝那么简单［EB/OL］. http：//www. techweb. com. cn/internet/2017 -05 -15/2524043. shtml.

余额宝推出的初衷是蚂蚁金服注意到用户将一些资金存放在支付宝中。由于本身不是银行，支付宝无法支付利息，所以推出了一只货币基金，为用户闲置的资金提供投资回报。

金融创新中，服务流程的创新不仅仅是为了提高服务效率，也是市场机会的开发。借助互联网等先进的技术对服务流程进行创新，有利于金融更好地服务经济和社会，服务消费者。

本章小结

金融机构的服务流程是当前金融创新中的重要领域。在信息技术的支持下，金融服务流程的重新设计或者改造成为可能，并且在提高金融服务效率方面发挥了更加突出的作用。本章对服务流程的标准制定及体系、服务流程书面说明的撰写、服务流程再造的理论进行了讲解，供学员建立基本的概念，以理解和完成自己承担的营销策划工作。

复习思考题

1. 国家对金融产品和金融服务如何进行质量管理和标准化管理？
2. 解释“流程再造”。
3. 论述“流程再造”对金融机构的意义。

实训项目

一、实训目标

熟悉并了解金融服务流程再造的基本理念和工作内容。

二、实训内容

1. 阅读本章所附的案例阅读 11－4 银行再造刻不容缓。

2. 选择两家同行业的金融机构，如两家银行，两家证券公司，两家基金公司，两家保险公司。

3. 对比两家金融机构在同一业务上的服务流程和效率，记录该对比项目上的数据。

4. 基于以上数据，展开消费者调查，对消费者的需求与金融机构的服务进行比对，研究两家金融机构在该服务上获得消费者满意度的成绩（可以采用对态度量化的方法）。

5. 在以上分析基础上，研究两家金融机构分别需要在哪些服务流程环节进行改进或者改造，并形成分析报告。

案例阅读11－4　银行再造刻不容缓①

我国商业银行深化改革深化中，内部银行再造是其基础工程。商业银行以客户为中心、以市场为导向，稳步推进内部组织再造、流程再造和体系再造，以期为深化改革奠定坚实基础。未来中国商业银行谁在后续的改革路上走得更积极、更稳健，谁就能得到更多的认可，取得更好的成绩。竞争主要在于流程再造工程的设计。组织推进上，看谁看得准、组织得好、执行得坚决而彻底。

中国的商业银行前十年大多经过资产重组、引资、上市等“组合式”体制改革和制度完善。这些年业务发展步伐加快了，经营理念更新了，资源配置能力增强了，内部管理和协调能力以及客户服务能力增强了，产品创新与风险控制能力都有长足的进步。过去十年是改革开放以来银行业进步最快、变化最大的十年。

起因于美国次贷危机的金融海啸使众多西方银行遭受重创。为应对危机冲击并尽快从危机中走出来，多数西方银行重新审视之前快速发展和过度创新带来的负面影响，将目光聚焦到自身架构、流程以及业务体系上，重新思考商业银行的主营业务，下大决心调整资源配置以提升服务实体经济的有效性；重新审查业务流程，强调加固核心价值链，去除多余流程、业务和作业，以求降低成本、提高效率；重新强调外包战略，分享专业进步带来的好处。

银行再造以流程为核心，探索更为先进的经营机制，而新的银行经营机制的建立与运作与四个核心原则有关。

其一，追求效能第一原则。效能是银行经营的有效性，是指以合适的产品、数量、价值，在合适的地点和时间提供给目标客户，从而满足客户需求。

其二，讲究虚实结合原则。传统银行在功能上追求“大而全”或“小而全”。银行再造提倡银行不必广泛参与，而应该把充分利用外部专业化服务公司当作重要的经营战略，走“大而精”或“小而精”之路，即根据客户需要和自身情况，仅选择、保留、培养和运用最关键、最有优势的业务流程，将其他流程分化到社会中去，外包给各类专业公司来处理，并且予以弥补整合。这就是银行流程再造中的功能虚化原则。

其三，资源集成配置原则。与传统银行金融生产方式所推崇的“分工的哲学”不同，新时期银行金融生产方式的理论基础是“集成的哲学”：客户个性化的需求对金融产品或服务的有效性提出了更高的要求，只有银行所动员的资源在不同层次上的快速有效集成才能对此予以支持和保证。银行再造强调借信息技术对银行进行深刻的改造，

---

①　案例改编自：马翠莲．交行私人银行中心副总裁桂泽发：银行再造刻不容缓［N］．上海金融报，2017－02－07（A05）．

以避免银行资源分割，实现资源集成利用，形成核心能力。资源集成的目的在于获得更好的金融服务生产的有效性；资源集成应是多层次、全方位的。

其四，系统运作原则。坚持注重流程最优，重新思考和设计业务流程，强调流程中每一个环节上的活动尽可能实现最大化增值，尽可能减少无效的或不增值的活动。从整体流程全局最优而不是局部最优出发，设计和优化业务流程中的各项活动。正确处理业务流程、管理流程和支持保障流程以及稽核监督流程的相互关系。

12 金融营销服务的硬件及环境

提示金融机构服务质量的有形展示体系包括硬件和服务环境。由于互联网、大数据的广泛应用，金融营销渠道的多元化和网络化，有形展示的服务环境也从营业网点、ATM 自助银行，拓展到手机银行、App 平台和微信平台。因此，金融机构支撑服务品质的有形展示的内涵也不断扩展。

本章将从营销策划的角度，而非运营管理的角度，来简要介绍有形展示的主要组成要素及其在提升服务品质中的作用。

12.1 营业网点

目前我国已经有了《银行营业网点服务评价准则》（GB/T 32318—2015）。对我国金融机构营业网点的硬件设施及环境的相关规定并未制定。但是，金融机构的营业网点是金融机构建立社会公众品牌形象最为重要的标志，也是营销策划中特别需要重视的策划内容。

营业网点的硬件及环境展示主要体现在网点的室内设计上。室内设计是建筑设计的组成部分，旨在创造合理、舒适、优美的室内环境，以满足使用和审美要求。室内设计以人在室内空间的行为活动为基础。平面布置应根据对空间的使用要求，按照人们在空间内的行为模式作出安排，金融机构的营业网点是客户和工作人员处理金融业务的空间，因此，考虑到客户与工作人员的情绪、业务处理的便利性、绿色环保等方面的要求，营业网点的硬件布局和其他实物的空间布局设计有其特有的要求：

1. 金融机构的营业网点的空间布局

金融机构的营业网点在空间布局上，突出了四个区域：门头橱窗、咨询引导、客户等候区和业务办理区。

这四个区域的空间设计和有形展示的布局对客户和工作人员从不同角度产生暗示和影响，特别是在对客户的宣传和说服效果方面，有不可替代的作用。

门头橱窗区域的设计及有形展示的布局直接影响到所有客户与非客户对金融机构的直观判断。一家金融机构是否能够在第一时间赢得社会的关注和好感，门面的形象和专业性功不可没。

咨询引导区域一般由取号机和信息咨询柜台等组成。引导区所在位置以及有形展示的颜色、款式、咨询台上各种资料的摆放等，都是网点是否有高质量的管理和高品质的专业水准的直接证明。

客户等候区的展示性实物主要是由座椅、宣传品（传单、宣传架、电视等）、服务设施（自动饮水机等）、装饰物（绿色植物等）组成。

业务办理区是金融机构营业网点的核心区域。主要由业务台面、隔离窗、麦克风及喇叭、点钞机、密码输入机及调节心情用的装饰物等组成。不同类型金融机构的业务办理区域的组成实物会有所不同。图 12－1 是沈阳某银行大堂设计。

图 12－1　沈阳某银行大堂设计

资料来源：http：//image. baidu. com/search/detail？ct＝503316480&z＝0&ipn＝d&word＝银行大堂.

2. 不同办公区域的有形展示

金融机构面对不同的客户群体。一般零售客户在营业大厅办理业务。而贵宾及大客户一般在贵宾室办理业务。目前的常规做法是贵宾室的有形展示在设计上更加突出富贵和品位，以迎合顾客的心理需要。图 12－2 是德意志银行营业厅。

图 12－2　德意志银行营业厅

另外，金融机构办公室也是有形展示的重要部分。办公室不仅是工作人员办公的地方，也是接待、洽谈业务的场地。合理的有形展示能够创造适宜的办公气氛，展示金融机构的定位和目标，如图 12－3 所示。

图 12－3　业务办公区

12.2　网上经营平台

金融机构的网上经营平台是目前消费者接触金融机构的主要渠道之一。网站的页面设计对顾客的体验和评价有直接的影响。

网站对顾客的态度影响主要由三个主要因素构成：页面的整体视觉效果；功能链接的速度以及反馈速度；信息的及时有效性。以此保证客户与机构进行沟通的实时性、安全性、功能及操作的方便程度。

页面的整体视觉效果：目前的金融机构网上营业平台的页面主要设计特点是：简明清新。色彩选用朴素柔和，页面主色彩种类不宜超过三种，尽量保持大方。色彩过多，绚丽复杂，容易造成网页阅读和信息搜寻的疲劳烦躁，降低顾客的满意度。不同的页面设计风格如图 12－4 至图 12－8 所示。

图 12－4　招商证券网站页面设计风格

图 12－5　渣打银行网上银行页面设计风格

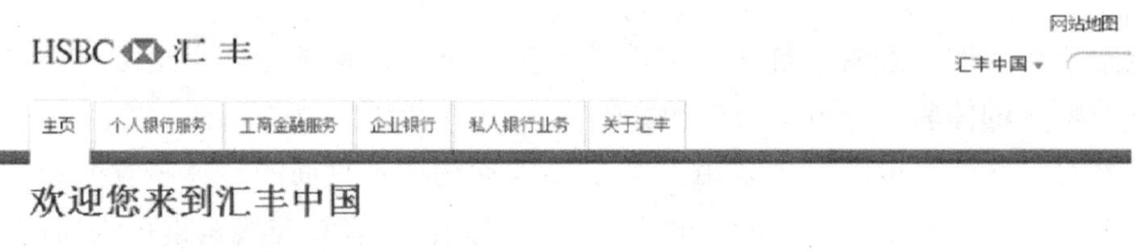

图 12－6　汇丰中国网站主页面设计风格

金融机构网页主页面的信息及功能链接的设计结构特点是：按照顾客所属的细分市场，归类其所需的服务。具体模式如下。

目标市场 A：金融产品及服务系列。

图 12－7 AIA（友邦）网站主页面设计风格

图 12－8 英国保诚网站主页面设计风格

目标市场 B：金融产品及服务系列。

其他分类服务或产品。

举例来说：银行的网页均在主页明确地将目标市场分为个人用户、企业用户、高净值用户、其他归类信息。例如，①汇丰银行的目标市场：个人银行服务（一般顾客），工商金融业务，私人银行业务（高净值个人客户）；②渣打银行的目标市场：个人银行服务，企业银行服务；③中国银行的目标市场：公司金融，个人金融，银行卡，电子银行（网上账户管理入口）；④农业银行的目标市场：个人服务，企业服务，“三农”服务，小微企业服务。

信息的及时有效性：金融机构的网站上均有多种联系方式公布：统一服务电话，在线服务沟通等都是目前最为普遍的方法。网上银行的安全性与信息沟通的及时性一方面取决于技术，另一方面也取决于操作流程设计的严谨性和管理方法。

12.3 手机 App

手机 App 是目前推广应用最快的金融服务渠道。消费者通过移动终端的 App 应用，实时便捷地管理其金融需求。App 设计的风格和服务程序对于使用者的感受会产生影响。

图 12－9 至图 12－11 是国外不同金融机构设计的 App 界面风格。

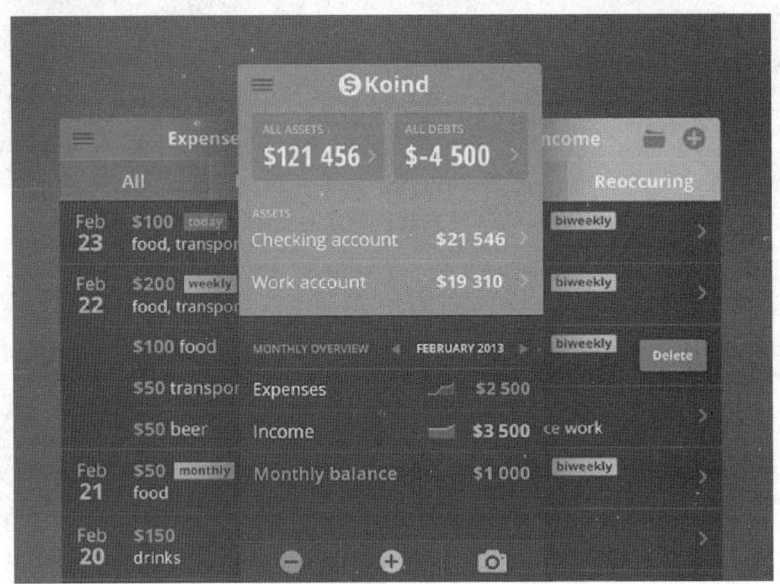

图 12－9　国外金融机构 App 界面风格之一

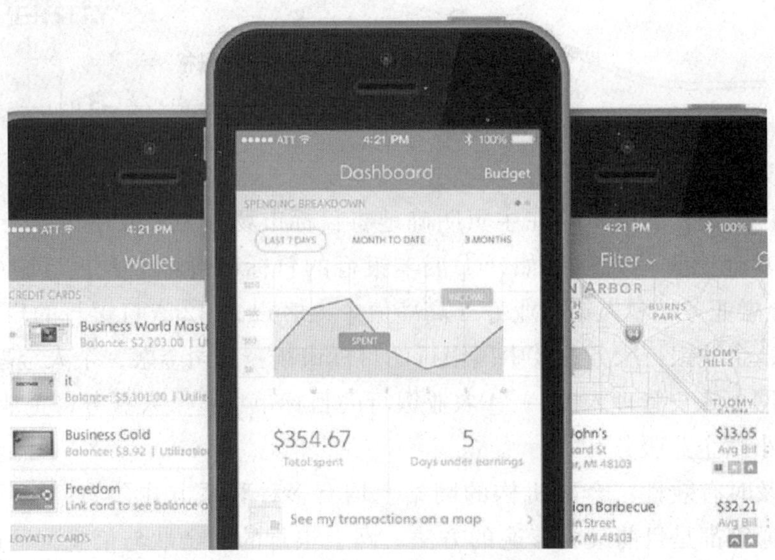

图 12－10　国外金融机构 App 界面风格之二

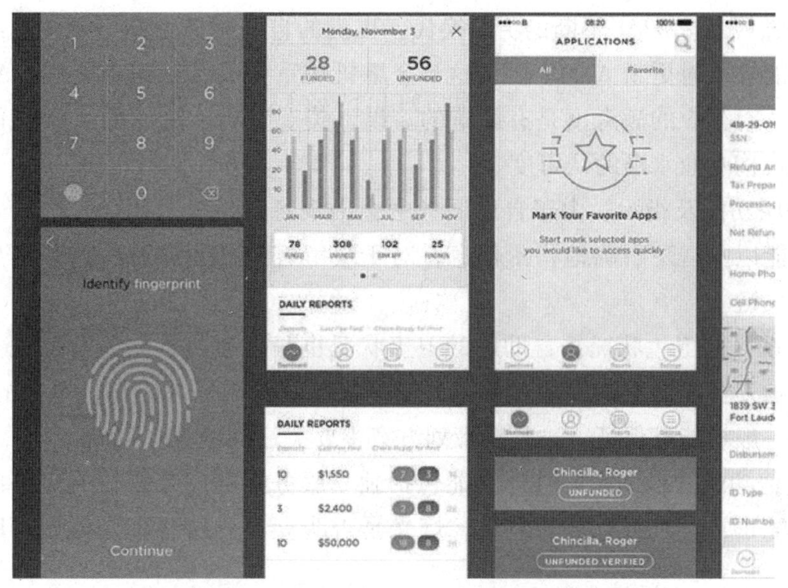

图 12－11　国外金融机构 App 界面风格之三

资料来源：http：//www. sj33. cn/digital/uisj/201501/42058. html.

（1）界面设计：金融机构的手机 App 平台，界面风格与金融机构的整体形象吻合一致，力求简洁、明快、专业。

（2）系统：操作功能人性化，功能展示设计友好，后台系统响应迅速。

12.4　微信平台

微信平台是金融机构提供服务和产品的重要渠道。微信平台的整体设计，信息版面的友好性，购买程序及客服功能的及时顺畅都是客户感受金融机构专业水准和经营实力的重要窗口。

（1）界面。根据手机阅读的特征，界面简单、干净、明确。颜色选择与金融机构的品牌形象一致。

（2）功能。平台的功能区设计合理，指示简明易懂，链接能够及时响应。

（3）信息推送。微信的特点是信息的及时性。任何客户关注的当期热点问题，都能在金融机构的微信平台上得到反馈，以吸引顾客的注意力，增加阅读信息的满意度。

（4）互动。微信的功能特色就是强大的互动性。顾客可以随时与金融机构进行沟通。因此，金融机构的微信平台上也要管理好互动这个环节。

12.5　ATM 自助

金融机构的 ATM 自助服务区在银行最为常见。自助区一般由以下硬件组成。

（1）机器设备。ATM 不断的更新换代，提供的自助服务也越来越多。绝大部分的金融机构都能够及时更新 ATM。因为这是金融机构重要的营销渠道之一。ATM 的功能及新旧程度，对客户的满意度是有影响的。设计美观、功能全面的 ATM，能够让客户增强对金融机构专业水准的认可度。

（2）呼叫功能及指示。由于自助服务中会出现各种意外，因此，与金融机构的联系、呼叫功能以及清楚明确地指示信息，对于缓解客户的紧张感，增强客户的满意和信任，十分关键。

（3）自助区的卫生状况。自助区的卫生状况也是金融机构要注意的地方。大型的自助区，特别是营业网点附设的自助区，卫生状况一般较好。但是，单独的 ATM 服务亭的卫生，一般不能够保证。这是在策划方案中要关注的地方。

（4）其他功能。自助区的其他功能包括独立服务间的门是否设有完好的门锁，摄像头是否功能正常，是否有报警装置，灯光是否明亮等。这些都是体现自助服务水准的重要细节。

12.6 设计策划

服务的硬件与环境策划，主要通过室内设计师的设计方案实现。而金融机构的管理系统，如计算机系统等则是由金融机构工程技术人员完成。

1. 营业环境的设计

营业环境的设计因地制宜。环境设计重点考虑以下因素。

（1）空间感。进入营业场所，宽敞明亮，各功能区位置合理，利于办事。

（2）色彩。金融机构的营业场所的色彩符合本机构的 CIS 系统。

（3）设备放置位置。自助设备的放置位置对使用的便利性和安全性有影响。需要输入密码的设备，不宜放在人流量大的通道边，不利于客户保护自己的密码隐私。

（4）客户服务设施。根据所在地区的条件，考虑等候区的面积及相关服务设施，如饮水机、报刊栏、金融信息显示屏幕等。

2. 电子平台的设计

我们比较一下国内外部分金融机构官方网站的页面设计，可以看到国内外金融机构在网银页面设计上不同的风格，以及给观者的直观感受。学员们可以根据自己对金融机构核心竞争力、服务种类以及经营理念的理解，提出自己的设计方案（见图 12－12、图 12－13）。

学员还可自行查看花旗银行、蚂蚁金服、瑞士联合银行集团、德意志银行等传统金融巨头和新兴的金融服务经营企业的网页设计，比较其设计风格、网页信息等影响消费者态度和使用效果的特征。

图 12－12 中国银行网上银行主页设计

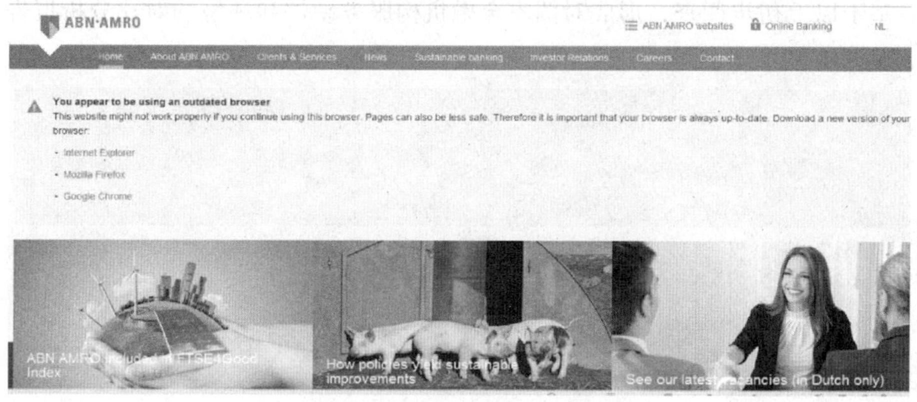

图 12－13 荷兰银行网上银行主页设计

3. 设计与施工的管理

营业网点及设备系统、网页等的设计一般外包完成。金融机构要做好对相关设计图纸、工程预算报价文件、验收证明等一系列资料档案的保存、备份和管理。

本章小结

本章对服务营销 7Ps 要素的最后一个要素“提供服务的硬件与环境”的策划工作进行了阐述。策划人员需要重视与消费者直接接触的金融机构实物组合要素：营业网点的环境和设备、金融机构的互联网官方网站、手机 App、微信平台、ATM 自助系统和设备。

复习思考题

1. 提供服务的硬件和环境在哪些方面影响金融消费者的选择和对金融服务的评价？
2. 金融消费者接触较为频繁的服务提供场所或者平台有哪些？

实训项目

一、实训目标

了解和掌握金融机构服务提供的硬件和环境设计的基本理念。

二、实训内容

1. 选择一家国内金融机构和一家外资金融机构。
2. 实地走访观察两家金融机构的营业网点：网点设备条件、环境、地理位置。
3. 浏览或使用其电子网站界面平台，描述其平台设计的风格、界面的浏览舒适度。
4. 访问金融机构客户，调查其对环境、及硬件设备的感受。
5. 基于以上初步调查，形成对两家金融机构服务硬件和环境的对比分析报告。

参考文献

[1] 赵占波．金融营销学［M］．北京：北京大学出版社，2014.

[2] 杨米沙，张丽拉，刘志梅，等．金融营销［M］．北京：中国人民大学出版社，2011.

[3] 艾沃琳，杜克．金融服务营销手册［M］．王国胜，缪成石，赵健明，译．广州：广东经济出版社，2009.

[4] 代星．品牌推动金融服务营销［N］．中国经济时报，2007－09－12（A01）．

[5] 张宝山．商业银行小企业组织架构改革的目标模式与路径探索［J］．新金融，2012（12）：29－34.

附　录

为了让从事金融策划的工作人员全面了解对金融行业做出的规范性标准，现将已有的相关行业标准信息附在书后，供学员根据自己实际工作所需，选择其中的相关标准，进行查阅。①

附录 A：　已发布金融行业标准目录

序号	行业标准编号	标准名称	首次发布日期	修订发布日期	实施日期
1	JR/T 0001—93	钞票纸	1993－08－20		1993－09－01
2	JR/T 0002—94	点钞机	1995－01－25		1995－01－25
3	JR/T 0005—97	壹元流通币	1994－01－01		
4	JR/T 0006—97	壹角流通币	1994－01－01		
5	JR/T 0007—97	伍角流通币	1994－01－01		
6	JR/T 0001—2000	金库门	2000－03－14		2001－01－01
7	JR/T 0002—2000	组合锁	2000－03－14		2001－01－01
8	JR/T 0003—2000	银行金库	2000－07－04		200－01－01
9	JR/T 0006—2000	印制专用号码机	2000－06－28		2000－06－28
10	JR/T 0007—2000	印制企业事故管理	2000－06－28		2000－06－28
11	JR/T 0008—2000	银行卡发卡行标识代码及卡号	2000－11－10		2001－01－01
12	JR/T 0003. 1—2001	银行卡联网联合安全规范	2001－12－17		2001－12－17
13	JR/T 0003. 2—2001	银行卡联网联合业务规范	2001－12－17		2001－12－17
14	JR/T 0011—2004	银行集中式数据中心规范	2004－12－01		2004－12－01

① 标准目录，http：//www. nifa. org. cn/nifa/2955689/2955727/index. html.

续 表

序号	行业标准编号	标准名称	首次发布日期	修订发布日期	实施日期
15	JR/T 0012—2004	金融业星型网间互联技术规范	2004－12－01		2004－12－01
16	JR/T 0013—2004	金融业星型网间互联安全规范	2004－12－01		2004－12－01
17	JR/T 0015—2004	银行信息化通用数据元	2004－12－01		2004－12－01
18	JR/T 0018—2004	证券登记结算业务数据交换协议	2005－03－25		2005－03－25
19	JR/T 0019—2004	银证业务数据交换消息体结构和设计规则	2005－03－25		2005－03－25
20	JR/T 0020—2004	上市公司分类与代码	2005－03－25		2005－03－25
21	JR/T 0021—2004	上市公司信息披露电子化规范	2005－03－25		2005－03－25
22	JR/T 0023—2004	证券公司信息技术管理规范	2005－03－25		2005－03－25
23	JR/T 0024—2004	国际收支统计间接申报银行接口规范通用要素	2004－12－01		2004－12－01
24	JR/T 0014—2005	银行信息化通用代码集	2005－02－18		2005－02－18
25	JR/T 0026—2006	银行业计算机信息系统雷电防护技术规范	2006－09－04		2006－09－04
26	JR/T 0027—2006	征信数据元 数据元设计与管理	2006－11－21		2006－11－21
27	JR/T 0028—2006	征信数据元 个人征信数据元	2006－11－21		2006－11－21
28	JR/T 0030. 1—2006	信贷市场和银行间债券市场信用评级规范 第 1 部分：信用评级主体规范	2006－11－21		2006－11－21

续　表

序号	行业标准编号	标准名称	首次发布日期	修订发布日期	实施日期
29	JR/T 0030. 2—2006	信贷市场和银行间债券市场信用评级规范 第2部分：信用评级业务规范	2006－11－21		2006－11－21
30	JR/T 0030. 3—2006	信贷市场和银行间债券市场信用评级规范 第3部分：信用评级业务管理规范	2006－11－21		2006－11－21
31	JR/T 0038—2007	保险标准化工作指南	2008－01－18		2008－01－18
32	JR/T 0035—2007	保险行业机构代码编码规范	2007－12－27		
33	JR/T 0044—2008	银行业信息系统灾难恢复管理规范	2008－02－13		2008－02－13
34	JR/T 0039—2009	征信数据元 信用评级数据元	2009－01－24		2009－01－24
35	JR/T 0042—2009	征信数据交换格式 信用评级违约率数据采集格式	2009－01－24		2009－01－24
36	JR/T 0046—2009	证券期货业与银行间业务数据交换消息体结构和设计规则	2009－03－11		2009－03－11
37	JR/T 0047—2009	保险公司统计分析指标体系规范	2009－03－02		2009－03－02
38	JR/T 0049—2009	寿险公司柜面服务规范	2009－03－02		2009－03－02
39	JR/T 0052—2009	银行卡卡片规范	2009－05－18		2009－07－01
40	JR/T 0054—2009	巨灾保险数据采集规范	2009－04－03		2009－04－03
41	JR/T 0055. 1—2009	银行卡联网联合技术规范 第1部分：交易处理	2009－06－01		2009－07－01

续 表

序号	行业标准编号	标准名称	首次发布日期	修订发布日期	实施日期
42	JR/T 0055.2—2009	银行卡联网联合技术规范 第2部分：报文交换	2009-06-01		2009-07-01
43	JR/T 0055.3—2009	银行卡联网联合技术规范 第3部分：文件数据格式	2009-06-01		2009-07-01
44	JR/T 0055.4—2009	银行卡联网联合技术规范 第4部分：数据安全传输控制	2009-06-01		2009-07-01
45	JR/T 0055.5—2009	银行卡联网联合技术规范 第5部分：通信接口	2009-06-01		2009-07-01
46	JR/T 0056—2009	票据影像交换技术规范 影像采集	2009-09-02		2009-11-01
47	JR/T 0057—2009	票据影像交换技术规范 数据元	2009-9-02		2009-11-01
48	JR/T 0058—2010	保险信息安全风险评估指标体系规范	2010-07-15		2010-07-15
49	JR/T 0059—2010	证券期货经营机构信息系统备份能力标准	2011-04-14		2011-04-14
50	JR/T 0060—2010	证券期货业信息系统安全等级保护基本要求	2011-12-22		2011-12-22
51	JR/T 0061—2011	银行卡名词术语	2011-06-10		2011-06-10
52	JR/T 0062—2011	金融工具常用统计术语	2011-04-02		2011-04-02
53	JR/T 0063—2011	金融工具统计分类及编码	2011-04-02		2011-04-02
54	JR/T 0064.1—2011	金融工具统计计值 第1部分：存款	2011-04-02		2011-04-02

续 表

序号	行业标准编号	标准名称	首次发布日期	修订发布日期	实施日期
55	JR/T 0064. 2—2011	金融工具统计计值 第2部分：贷款	2011-04-02		2011-04-02
56	JR/T 0065—2011	银行间市场基础数据元	2011-06-02		2011-06-02
57	JR/T 0066—2011	银行间市场业务数据交换协议	2011-06-02		2011-06-02
58	JR/T 0067—2011	证券期货业信息系统安全等级保护测评要求	2011-12-22		2011-12-22
59	JR/T 0068—2012	网上银行系统信息安全通用规范	2012-05-08		2012-05-08
60	JR/T 0069—2012	信用增进机构业务规范	2012-08-21		2012-08-21
61	JR/T 0070—2012	信用增进机构风险管理规范	2012-08-21		2012-08-21
62	JR/T 0071—2012	金融行业信息系统信息安全等级保护实施指引	2012-07-06		2012-07-06
63	JR/T 0072—2012	金融行业信息系统信息安全等级保护测评指南	2012-07-06		2012-07-06
64	JR/T 0073—2012	金融行业信息安全等级保护测评服务安全指引	2012-07-06		2012-07-06
65	JR/T 0074—2012	保险业IT服务管理基本规范	2012-11-29		2012-11-29
66	JR/T 0075—2012	医保数据交换规范	2012-09-19		2012-09-19
67	JR/T 0084—2012	证券期货业网络时钟授时规范	2012-12-26		2012-12-26
68	JR/T 0085—2012	证券投资基金编码规范	2012-12-26		2012-12-26

续 表

序号	行业标准编号	标准名称	首次发布日期	修订发布日期	实施日期
69	JR/T 0086—2012	证券投资基金参与方编码规范	2012-12-26		2012-12-26
70	JR/T 0087—2012	股指期货业务基金与期货数据交换接口	2012-12-26		2012-12-26
71	JR/T 0088.1—2012	中国金融移动支付 应用基础 第1部分：术语	2012-12-12		2012-12-12
72	JR/T 0088.2—2012	中国金融移动支付 应用基础 第2部分：机构代码	2012-12-12		2012-12-12
73	JR/T 0088.3—2012	中国金融移动支付 应用基础 第3部分：支付应用标识符	2012-12-12		2012-12-12
74	JR/T 0088.4—2012	中国金融移动支付 应用基础 第4部分：支付账户介质识别码	2012-12-12		2012-12-12
75	JR/T 0089.1—2012	中国金融移动支付 安全单元 第1部分：通用技术要求	2012-12-12		2012-12-12
76	JR/T 0089.2—2012	中国金融移动支付 安全单元 第2部分：多应用管理规范	2012-12-12		2012-12-12
77	JR/T 0090—2012	中国金融移动支付 非接触式接口规范	2012-12-12		2012-12-12
78	JR/T 0091—2012	中国金融移动支付 受理终端技术要求	2012-12-12		2012-12-12
79	JR/T 0092—2012	中国金融移动支付 客户端技术规范	2012-12-12		2012-12-12
80	JR/T 0093.1—2012	中国金融移动支付 远程支付应用 第1部分：数据元	2012-12-12		2012-12-12

续 表

序号	行业标准编号	标准名称	首次发布日期	修订发布日期	实施日期
81	JR/T 0093.2—2012	中国金融移动支付 远程支付应用 第2部分：交易模型及流程规范	2012－12－12		2012－12－12
82	JR/T 0093.3—2012	中国金融移动支付 远程支付应用 第3部分：报文结构及要素	2012－12－12		2012－12－12
83	JR/T 0093.4—2012	中国金融移动支付 远程支付应用 第4部分：文件数据格式规范	2012－12－12		2012－12－12
84	JR/T 0093.5—2012	中国金融移动支付 远程支付应用 第5部分：短信支付技术规范	2012－12－12		2012－12－12
85	JR/T 0093.6—2015	中国金融移动支付 远程支付应用 第6部分：基于安全单元（SE）的安全服务技术规范	2012－12－12	2015－12－22	2015－12－22
86	JR/T 0094.1—2012	中国金融移动支付 近场支付应用 第1部分：数据元	2012－12－12		2012－12－12
87	JR/T 0094.2—2012	中国金融移动支付 近场支付应用 第2部分：交易模型及流程规范	2012－12－12		2012－12－12
88	JR/T 0094.3—2012	中国金融移动支付 近场支付应用 第3部分：报文结构及要素	2012－12－12		2012－12－12
89	JR/T 0094.4—2012	中国金融移动支付 近场支付应用 第4部分：文件数据格式规范	2012－12－12		2012－12－12
90	JR/T 0095—2012	中国金融移动支付 应用安全规范	2012－12－12		2012－12－12

续 表

序号	行业标准编号	标准名称	首次发布日期	修订发布日期	实施日期
91	JR/T 0096. 1—2012	中国金融移动支付 联网联合 第 1 部分：通信接口规范	2012 – 12 – 12		2012 – 12 – 12
92	JR/T 0096. 2—2012	中国金融移动支付 联网联合 第 2 部分：交易与清算流程规范	2012 – 12 – 12		2012 – 12 – 12
93	JR/T 0096. 3—2012	中国金融移动支付 联网联合 第 3 部分：报文交换规范	2012 – 12 – 12		2012 – 12 – 12
94	JR/T 0096. 4—2012	中国金融移动支付 联网联合 第 4 部分：文件数据格式规范	2012 – 12 – 12		2012 – 12 – 12
95	JR/T 0096. 5—2012	中国金融移动支付 联网联合 第 5 部分：入网管理规范	2012 – 12 – 12		2012 – 12 – 12
96	JR/T 0096. 6—2012	中国金融移动支付 联网联合 第 6 部分：安全规范	2012 – 12 – 12		2012 – 12 – 12
97	JR/T 0097—2012	中国金融移动支付 可信服务管理技术规范	2012 – 12 – 12		2012 – 12 – 12
98	JR/T 0098. 1—2012	中国金融移动支付 检测规范 第 1 部分：移动终端非接触式接口	2012 – 12 – 12		2012 – 12 – 12
99	JR/T 0098. 2—2012	中国金融移动支付 检测规范 第 2 部分：安全芯片	2012 – 12 – 12		2012 – 12 – 12
100	JR/T 0098. 3—2012	中国金融移动支付 检测规范 第 3 部分：客户端软件	2012 – 12 – 12		2012 – 12 – 12

续 表

序号	行业标准编号	标准名称	首次发布日期	修订发布日期	实施日期
101	JR/T 0098.4—2012	中国金融移动支付 检测规范 第4部分：安全单元（SE）应用管理终端	2012-12-12		2012-12-12
102	JR/T 0098.5—2012	中国金融移动支付 检测规范 第5部分：安全单元（SE）嵌入式软件安全	2012-12-12		2012-12-12
103	JR/T 0098.6—2012	中国金融移动支付 检测规范 第6部分：业务系统	2012-12-12		2012-12-12
104	JR/T 0098.7—2012	中国金融移动支付 检测规范 第7部分：可信服务管理系统	2012-12-12		2012-12-12
105	JR/T 0098.8—2012	中国金融移动支付 检测规范 第8部分：个人信息保护	2012-12-12		2012-12-12
106	JR/T 0017—2012	开放式基金业务数据交换协议	2005-03-25	2012-05-17	2012-05-17
107	JR/T 0099—2012	证券期货业信息系统运维管理规范	2013-01-31		2013-01-31
108	JR/T 0100—2012	期货经纪合同要素	2013-01-31		2013-01-31
109	JR/T 0101—2013	银行业软件测试文档规范	2013-03-14		2013-03-14
110	JR/T 0102—2013	银行业产品说明书描述规范	2013-03-14		2013-03-14
111	JR/T 0025.3—2013	中国金融集成电路（IC）卡规范 第3部分：与应用无关的IC卡与终端接口规范	2005-03-10	2013-02-05	2013-02-05

续 表

序号	行业标准编号	标准名称	首次发布日期	修订发布日期	实施日期
112	JR/T 0025.4—2013	中国金融集成电路（IC）卡规范 第 4 部分：借记/贷记应用规范	2005-03-10	2013-02-05	2013-02-05
113	JR/T 0025.5—2013	中国金融集成电路（IC）卡规范 第 5 部分：借记/贷记应用卡片规范	2005-03-10	2013-02-05	2013-02-05
114	JR/T 0025.6—2013	中国金融集成电路（IC）卡规范 第 6 部分：借记/贷记应用终端规范	2005-03-10	2013-02-05	2013-02-05
115	JR/T 0025.7—2013	中国金融集成电路（IC）卡规范 第 7 部分：借记/贷记应用安全规范	2005-03-10	2013-02-05	2013-02-05
116	JR/T 0025.8—2013	中国金融集成电路（IC）卡规范 第 8 部分：与应用无关的非接触式规范	2005-03-10	2013-02-05	2013-02-05
117	JR/T 0025.10—2013	中国金融集成电路（IC）卡规范 第 10 部分：借记/贷记应用个人化指南	2005-03-10	2013-02-05	2013-02-05
118	JR/T 0025.11—2013	中国金融集成电路（IC）卡规范 第 11 部分：非接触式 IC 卡通讯规范	2005-03-10	2013-02-05	2013-02-05
119	JR/T 0025.12—2013	中国金融集成电路（IC）卡规范 第 12 部分：非接触式 IC 卡支付规范	2005-03-10	2013-02-05	2013-02-05

续 表

序号	行业标准编号	标准名称	首次发布日期	修订发布日期	实施日期
120	JR/T 0025. 13—2013	中国金融集成电路（IC）卡规范 第13部分：基于借记/贷记应用的小额支付规范	2005-03-10	2013-02-05	2013-02-05
121	JR/T 0025. 14—2013	中国金融集成电路（IC）卡规范 第14部分：非接触式IC卡小额支付扩展应用规范	2013-02-05		2013-02-05
122	JR/T 0025. 15—2013	中国金融集成电路（IC）卡规范 第15部分：电子现金双币支付应用规范	2013-02-05		2013-02-05
123	JR/T 0025. 16—2013	中国金融集成电路（IC）卡规范 第16部分：IC卡互联网终端规范	2013-02-05		2013-02-05
124	JR/T 0025. 17—2013	中国金融集成电路（IC）卡规范 第17部分：借记贷记应用安全增强规范	2013-02-05		2013-02-05
125	JR/T 0004—2013	贵金属纪念币 金币	2000-06-28	2013-06-27	2013-06-27
126	JR/T 0005—2013	贵金属纪念币 银币	2000-06-28	2013-06-27	2013-06-27
127	JR/T 0076. 1—2013	支付业务统计指标 第1部分：指标设计与体系框架	2013-05-08		2013-05-08
128	JR/T 0076. 2—2013	支付业务统计指标 第2部分：支付环境统计指标	2013-05-08		2013-05-08
129	JR/T 0076. 3—2013	支付业务统计指标 第3部分：支付服务组织统计指标	2013-05-08		2013-05-08

续 表

序号	行业标准编号	标准名称	首次发布日期	修订发布日期	实施日期
130	JR/T 0076.4—2013	支付业务统计指标 第4部分：人民币银行结算账户统计指标	2013-05-08		2013-05-08
131	JR/T 0076.5—2013	支付业务统计指标 第5部分：支付工具统计指标	2013-05-08		2013-05-08
132	JR/T 0076.6—2013	支付业务统计指标 第6部分：支付系统统计指标	2013-05-08		2013-05-08
133	JR/T 0076.7—2013	支付业务统计指标 第7部分：统计指标编码方法和代码结构	2013-05-08		2013-05-08
134	JR/T 0079—2013	保险业信息系统运行维护工作规范	2013-12-02		2013-12-02
135	JR/T 0080—2013	石油石化行业巨灾保险数据采集规范	2013-11-25		2013-11-25
136	JR/T 0083—2013	人身保险伤残评定标准及代码	2014-01-17		2014-01-17
137	JR/T 0078—2014	银行间市场数据接口	2014-01-16		2014-01-16
138	JR/T 0103—2014	证券交易数据交换编解码协议	2014-02-10		2014-02-10
139	JR/T 0104—2014	证券期货业非公开募集产品编码及管理规范	2014-02-10		2014-02-10
140	JR/T 0105—2014	银行数据标准定义规范	2014-03-06		2014-03-06
141	JR/T 0016—2014	期货交易数据交换协议	2005-03-25	2014-12-26	2014-12-26
142	JR/T 0045.1—2014	中国金融集成电路（IC）卡检测规范 第1部分：借记/贷记应用卡片检测规范	2008-04-30	2014-07-30	2014-07-30

续 表

序号	行业标准编号	标准名称	首次发布日期	修订发布日期	实施日期
143	JR/T 0045. 2—2014	中国金融集成电路（IC）卡检测规范 第2部分：借记/贷记应用终端检测规范	2008－04－30	2014－07－30	2014－07－30
144	JR/T 0045. 3—2014	中国金融集成电路（IC）卡检测规范 第3部分：借记/贷记应用个人化检测规范	2008－04－30	2014－07－30	2014－07－30
145	JR/T 0045. 4—2014	中国金融集成电路（IC）卡检测规范 第4部分：非接触卡片检测规范	2014－07－30		2014－07－30
146	JR/T 0045. 5—2014	中国金融集成电路（IC）卡检测规范 第5部分：非接触终端检测规范	2014－07－30		2014－07－30
147	JR/T 0107. 1—2014	统计数据和元数据交换（SDMX）第1部分：框架	2014－08－28		2014－08－28
148	JR/T 0107. 2—2014	统计数据和元数据交换（SDMX）第2部分：信息模型 UML 概念设计	2014－08－28		2014－08－28
149	JR/T 0107. 3—2014	统计数据和元数据交换（SDMX）第3部分：SDMX－ML 模式和文档	2014－08－28		2014－08－28
150	JR/T 0107. 4—2014	统计数据和元数据交换（SDMX）第4部分：SDMX－EDI 语法和文档	2014－08－28		2014－08－28

续 表

序号	行业标准编号	标准名称	首次发布日期	修订发布日期	实施日期
151	JR/T 0107.5—2014	统计数据和元数据交换（SDMX）第5部分：注册表规范 逻辑功能和逻辑接口	2014-08-28		2014-08-28
152	JR/T 0107.6—2014	统计数据和元数据交换（SDMX）第6部分：SDMX 技术说明事项	2014-08-28		2014-08-28
153	JR/T 0107.7—2014	统计数据和元数据交换（SDMX）第7部分：Web 服务用法指南	2014-08-28		2014-08-28
154	JR/T 0124—2014	金融机构编码规范	2014-09-19		2014-09-19
155	JR/T 0077—2014	集合资金信托计划文件示范文本	2014-10-16		2014-10-16
156	JR/T 0106—2014	信托业务分类及编码	2014-10-16		2014-10-16
157	JR/T 0115—2014	金融信用信息基础数据库用户管理规范	2014-11-02		2014-11-02
158	JR/T 0117—2014	征信机构信息安全规范	2014-11-17		2014-11-17
159	JR/T 0122—2014	非金融机构支付业务设施技术要求	2014-11-24		2014-11-24
160	JR/T 0123.1—2014	非金融机构支付业务设施检测规范第1部分：互联网支付	2014-11-24		2014-11-24
161	JR/T 0123.2—2014	非金融机构支付业务设施检测规范第2部分：预付卡发行与受理	2014-11-24		2014-11-24
162	JR/T 0123.3—2014	非金融机构支付业务设施检测规范第3部分：银行卡收单	2014-11-24		2014-11-24

续　表

序号	行业标准编号	标准名称	首次发布日期	修订发布日期	实施日期
163	JR/T 0123. 4—2014	非金融机构支付业务设施检测规范第 4 部分：固定电话支付	2014 - 11 - 24		2014 - 11 - 24
164	JR/T 0123. 5—2014	非金融机构支付业务设施检测规范第 5 部分：数字电视支付	2014 - 11 - 24		2014 - 11 - 24
165	JR/T 0108—2014	非金融企业债务融资工具承销业务规范	2014 - 11 - 24		2014 - 11 - 24
166	JR/T 0116—2014	银行业标准化工作指南	2014 - 12 - 09		2014 - 12 - 09
167	JR/T 0110—2014	证券公司客户资料管理规范	2014 - 12 - 26		2014 - 12 - 26
168	JR/T 0111—2014	证券期货业数据通信协议应用指南	2014 - 12 - 26		2014 - 12 - 26
169	JR/T 0112—2014	证券期货业信息系统审计规范	2014 - 12 - 26		2014 - 12 - 26
170	JR/T 0126—2015	银行与合作方业务数据一致性处理规范	2015 - 05 - 20		2015 - 05 - 20
171	JR/T 0022—2014	证券交易数据交换协议	2005 - 03 - 25	2014 - 02 - 10	2014 - 02 - 10
172	JR/ T 0113—2015	银行业会计凭证基本信息描述规范	2015 - 07 - 22		2015 - 07 - 22
173	JR/T 0114—2015	网银系统 USBKey 规范安全技术与测评要求	2015 - 08 - 31		2015 - 08 - 31
174	JR/T 0125—2015	商业银行内部控制评价指南	2015 - 10 - 21		2015 - 10 - 21
175	JR/T 0118—2015	金融电子认证规范	2015 - 10 - 27		2015 - 10 - 27
176	JR/T 0129—2015	电子现金跨行圈存技术规范	2015 - 11 - 10		2015 - 11 - 10
177	JR/T 0109. 1—2015	智能电视支付应用规范 第 1 部分：交易处理说明	2015 - 11 - 30		2015 - 11 - 30

续 表

序号	行业标准编号	标准名称	首次发布日期	修订发布日期	实施日期
178	JR/T 0109. 2—2015	智能电视支付应用规范 第2部分：报文接口规范	2015-11-30		2015-11-30
179	JR/T 0109. 3—2015	智能电视支付应用规范 第3部分：数据安全传输控制规范	2015-11-30		2015-11-30
180	JR/T 0109. 4—2015	智能电视支付应用规范 第4部分：通信接口规范	2015-11-30		2015-11-30
181	JR/T 0109. 5—2015	智能电视支付应用规范 第5部分：终端规范	2015-11-30		2015-11-30
182	JR/T 0131—2015	金融业信息系统机房动力系统规范	2015-12-10		2015-12-10
183	JR/T 0132—2015	金融业信息系统机房动力系统测评规范	2015-12-10		2015-12-10
184	JR/T 0127. 1—2015	保险机构投诉处理规范 第1部分：术语	2015-08-10		2015-08-10
185	JR/T 0127. 2—2015	保险机构投诉处理规范 第2部分：分类与代码	2015-08-10		2015-08-10
186	JR/T 0127. 3—2015	保险机构投诉处理规范 第3部分：统计分析指标	2015-08-10		2015-08-10
187	JR/T 0128—2015	农业保险数据规范	2015-08-18		2015-08-18
188	JR/T 0133—2015	证券期货业信息系统托管基本要求	2016-01-13		2016-01-13
189	JR/T 0048—2015	保险基础数据模型	2009-03-02	2015-08-03	2009-03-02
190	JR/T 0032—2015	保险术语	2007-12-28	2016-01-04	2009-03-02
191	JR/T 0033—2015	保险基础数据元目录	2007-12-27	2015-08-18	

续 表

序号	行业标准编号	标准名称	首次发布日期	修订发布日期	实施日期
192	JR/T 0034—2015	保险业务代码集	2007-12-28	2016-01-4	
193	JR/T 0036—2016	再保险数据交换规范	2007-12-28	2016-11-21	
194	JR/T 0031—2016	银行保险业务人寿保险数据交换规范	2007-03-16	2016-04-05	2016-04-05
195	JR/T 0037—2016	银行保险业务财产保险数据交换规范	2008-01-18	2016-04-05	2016-04-05
196	JR/T 0134—2016	存款统计分类及编码	2016-06-02		2016-06-02
197	JR/T 0135—2016	贷款统计分类及编码	2016-06-02		2016-06-02
198	JR/T 0136—2016	金融 IC 卡行业一卡多应用规范	2016-06-27		2016-06-27
199	JR/T 0130—2016	银行业软件异常分类	2016-07-01		2016-07-01
200	JR/T 0142—2016	银行卡清算业务设施技术要求	2016-07-13		2016-07-13
201	JR/T 0138—2016	银团贷款业务技术指南	2016-07-19		2016-07-19
202	JR/T 0001—2016	银行卡销售点（POS）终端技术规范	2001-03-30	2016-09-06	2016-09-06
203	JR/T 0002—2016	银行卡自动柜员机（ATM）终端技术规范	2001-11-29	2016-09-06	2016-09-06
204	JR/T 0120.1—2016	银行卡受理终端安全规范 第 1 部分：销售点（POS）终端	2016-09-06		2016-09-06
205	JR/T 0120.2—2016	银行卡受理终端安全规范 第 2 部分：受理商户信息系统	2016-09-06		2016-09-06
206	JR/T 0120.3—2016	银行卡受理终端安全规范 第 3 部分：自助终端	2016-09-06		2016-09-06
207	JR/T 0120.4—2016	银行卡受理终端安全规范 第 4 部分：电话支付终端	2016-09-06		2016-09-06

续 表

序号	行业标准编号	标准名称	首次发布日期	修订发布日期	实施日期
208	JR/T 0120.5—2016	银行卡受理终端安全规范 第5部分：PIN输入设备	2016-09-06		2016-09-06
209	JR/T 0149—2016	中国金融移动支付 支付标记化技术规范	2016-11-09		2016-11-09
210	JR/T 0139—2016	公司金融顾问	2016-12-28		2016-12-28
211	JR/T 0145—2016	资本市场交易结算系统核心技术指标	2016-07-20		2016-07-20
212	JR/T 0146.1—2016	证券期货业信息系统审计指南 第1部分：证券交易所	2016-11-08		2016-11-08
213	JR/T 0146.2—2016	证券期货业信息系统审计指南 第2部分：期货交易所	2016-11-08		2016-11-08
214	JR/T 0146.3—2016	证券期货业信息系统审计指南 第3部分：证券登记结算机构	2016-11-08		2016-11-08
215	JR/T 0146.4—2016	证券期货业信息系统审计指南 第4部分：其他核心机构	2016-11-08		2016-11-08
216	JR/T 0146.5—2016	证券期货业信息系统审计指南 第5部分：证券公司	2016-11-08		2016-11-08
217	JR/T 0146.6—2016	证券期货业信息系统审计指南 第6部分：基金管理公司	2016-11-08		2016-11-08
218	JR/T 0146.7—2016	证券期货业信息系统审计指南 第7部分：期货公司	2016-11-08		2016-11-08
219	JR/T 0147—2016	保险公司参与社会医疗保险服务	2016-08-10		2016-08-10

续 表

序号	行业标准编号	标准名称	首次发布日期	修订发布日期	实施日期
220	JR/T 0053—2016	机动车保险数据交换规范	2009-04-03	2016-12-16	2016-12-16
221	JR/T 0050—2016	寿险单证	2009-03-02	2016-12-26	2016-12-26
222	JR/T 0150—2016	企业财产保险标的分类	2016-12-21		2016-12-21
223	JR/T 0151—2016	期货公司柜台系统数据接口规范	2017-02-07		2017-02-07
224	JR/T 0140—2017	中小银行信息系统托管维护服务规范	2017-02-14		2017-02-14
225	JR/T 0152—2017	化学原料及化学制品制造业责任保险风险评估指引	2017-04-26		2017-04-26
226	JR/T 0153—2017	不宜流通人民币 纸币	2017-05-25		2017-05-25
227	JR/T 0051—2017	产险单证	2009-03-02	2017-04-27	2017-04-27
228	JR/T 0154—2017	人民币现金机具鉴别能力技术规范	2017-07-06		2018-01-01
229	JR/T 0156—2017	移动终端支付可信环境技术规范	2017-12-11		2017-12-11
230	JR/T 0137—2017	银行经营管理指标数据元	2017-12-21		2017-12-21

2017 年 12 月 31 日

附录 B：已发布金融国家标准目录

序号	标准编号	标准名称	首次发布日期	修订发布日期	实施日期
1	GB/T 13497—1992	全国清算中心代码	1992-04-30		1993-03-01
2	GB/T 15150—1994	产生报文的银行卡 交换报文规范 金融交易内容	1994-07-30		1995-01-01
3	GB/T 15733—1995	金融电子化基本术语	1995-11-03		1996-06-01

续 表

序号	标准编号	标准名称	首次发布日期	修订发布日期	实施日期
4	GB/T 16711—1996	银行业 银行电信报文银行标识代码	1996－12－26		1997－07－01
5	GB/T 17373—1998	合质金化学分析取样方法	1998－06－16		1998－12－01
6	GB/T 8930—2001	合质金锭	1988－03－24	2001－02－13	2001－08－01
7	GB/T 18307—2001	粗银化学分析方法	2001－02－13		2001－08－01
8	GB/T 20547.2—2006	银行业务 安全加密设备（零售）第2部分：金融交易中设备安全符合性检测清单	2006－09－18		2007－03－01
9	GB/T 20548—2006	金融零售业务 商户类别代码	2006－09－18		2007－03－01
10	GB/T 12184—2007	信息处理 磁墨字符识别 印制规范	1990－02－01	2007－09－05	2007－12－01
11	GB/T 21077.2—2007	银行业务 证书管理 第2部分：证书扩展项	2007－09－05		2007－12－01
12	GB/T 21078.1—2007	银行业务 个人识别码的管理与安全 第1部分：ATM和POS系统中联机PIN处理的基本原则和要求	2007－09－05		2007－12－01
13	GB/T 21081—2007	银行业务 密钥管理相关数据元（零售）	2007－09－05		2007－12－01
14	GB/T 21082.4—2007	银行业务 密钥管理（零售）第4部分：使用公开密钥密码的密钥管理技术	2007－09－05		2007－12－01
15	GB/T 12406—2008	表示货币和资金的代码	1990－07－05	2008－07－01	2008－12－01

续表

序号	标准编号	标准名称	首次发布日期	修订发布日期	实施日期
16	GB/T 15249. 1—2009	合质金化学分析方法 第1部分：金量的测定 火试金重量法	1994-10-07	2009-05-06	2009-10-01
17	GB/T 15249. 2—2009	合质金化学分析方法 第2部分：银量的测定 火试金重量法和EDTA滴定法	1994-10-07	2009-05-06	2009-10-01
18	GB/T 15249. 3—2009	合质金化学分析方法 第3部分：铜量的测定 碘量法	1994-10-07	2009-05-06	2009-10-01
19	GB/T 15249. 4—2009	合质金化学分析方法 第4部分：铅量的测定 EDTA滴定法	1994-10-07	2009-05-06	2009-10-01
20	GB/T 15249. 5—2009	合质金化学分析方法 第5部分：汞量的测定 冷原子吸收光谱法	1994-10-07	2009-05-06	2009-10-01
21	GB/T 23697—2009	个人理财 理财规划师的要求	2009-05-06		2009-10-01
22	GB/T 19584—2010	银行卡磁条信息格式和使用规范	2004-09-13	2011-01-14	2011-05-01
23	GB/T 20543. 1—2011	金融服务 国际银行账号（IBAN）第1部分：IBAN的结构	2006-09-18	2011-12-30	2012-02-01
24	GB/T 20543. 2—2011	金融服务 国际银行账号（IBAN）第2部分：注册机构的角色和职责	2011-12-30		2012-02-01
25	GB/T 21078. 2—2011	银行业务 个人识别码的管理与安全 第2部分：ATM和POS系统中脱机PIN处理的要求	2011-12-30		2012-02-01

续 表

序号	标准编号	标准名称	首次发布日期	修订发布日期	实施日期
26	GB/T 21078. 3—2011	银行业务 个人识别码的管理与安全 第3部分：开放网络中PIN处理指南	2011-12-30		2012-02-01
27	GB/T 21079. 1—2011	银行业务 安全加密设备（零售）第1部分：概念、要求和评估方法	2007-09-05	2011-12-30	2012-02-01
28	GB/T 27909. 1—2011	银行业务 密钥管理（零售）第1部分：一般原则	2011-12-30		2012-02-01
29	GB/T 27909. 2—2011	银行业务 密钥管理（零售）第2部分：对称密码及其密钥管理和生命周期	2011-12-30		2012-02-01
30	GB/T 27909. 3—2011	银行业务 密钥管理（零售）第3部分：非对称密码系统及其密钥管理和生命周期	2011-12-30		2012-02-01
31	GB/T 27910—2011	金融服务 信息安全指南	2011-12-30		2012-02-01
32	GB/T 27912—2011	金融服务 生物特征识别 安全框架	2011-12-30		2012-02-01
33	GB/T 27913—2011	用于金融服务的公钥基础设施 实施和策略框架	2011-12-30		2012-02-01
34	GB/T 27926. 1—2011	金融服务 金融业通用报文方案 第1部分：库输入输出方法和格式规范	2011-12-30		2012-05-01

续 表

序号	标准编号	标准名称	首次发布日期	修订发布日期	实施日期
35	GB/T 27926. 2—2011	金融服务 金融业通用报文方案 第 2 部分：注册机构的角色及职责	2011 – 12 – 30		2012 – 05 – 01
36	GB/T 27926. 3—2011	金融服务 金融业通用报文方案 第 3 部分：建模导则	2011 – 12 – 30		2012 – 05 – 01
37	GB/T 27926. 4—2011	金融服务 金融业通用报文方案 第 4 部分：XML 设计规则	2011 – 12 – 30		2012 – 05 – 01
38	GB/T 27926. 5—2011	金融服务 金融业通用报文方案 第 5 部分：反向工程	2011 – 12 – 30		2012 – 05 – 01
39	GB/T 27927—2011	银行业务和相关金融服务 三重数据加密算法操作模式 实施指南	2011 – 12 – 30		2012 – 05 – 01
40	GB/T 27928. 1—2011	金融业务 证书管理 第 1 部分：公钥证书	2011 – 12 – 30		2012 – 05 – 01
41	GB/T 27929—2011	银行业务 采用对称加密技术进行报文鉴别的要求	2011 – 12 – 30		2012 – 05 – 01
42	GB/T 31186. 1—2014	银行客户基本信息描述规范 第 1 部分：描述模型	2014 – 09 – 03		2014 – 12 – 01
43	GB/T 31186. 2—2014	银行客户基本信息描述规范 第 2 部分：名称	2014 – 09 – 03		2014 – 12 – 01
44	GB/T 31186. 3—2014	银行客户基本信息描述规范 第 3 部分：识别标识	2014 – 09 – 03		2014 – 12 – 01

续　表

序号	标准编号	标准名称	首次发布日期	修订发布日期	实施日期
45	GB/T 31186. 4—2014	银行客户基本信息描述规范 第 4 部分：地址	2014 - 09 - 03		2014 - 12 - 01
46	GB/T 31186. 5—2014	银行客户基本信息描述规范 第 5 部分：电话号码	2014 - 09 - 03		2014 - 12 - 01
47	GB/T 30338. 1—2013	证券期货业电子化信息披露规范体系 第 1 部分 基础框架	2013 - 12 - 31		2014 - 07 - 01
48	GB/T 30338. 2—2013	证券期货业电子化信息披露规范体系 第 2 部分 编码规则	2013 - 12 - 31		2014 - 07 - 01
49	GB/T 30338. 3—2013	证券期货业电子化信息披露规范体系 第 3 部分 标引模板	2013 - 12 - 31		2014 - 07 - 01
50	GB/T 30338. 4—2013	证券期货业电子化信息披露规范体系 第 4 部分 实例文档封装格式	2013 - 12 - 31		2014 - 07 - 01
51	GB/T 30338. 5—2013	证券期货业电子化信息披露规范体系 第 5 部分 注册管理规范	2013 - 12 - 31		2014 - 07 - 01
52	GB/T 32312—2015	银行业客户服务中心服务评价指标规范	2015 - 12 - 28		2016 - 06 - 01
53	GB/T 32313—2015	商业银行个人理财服务规范	2015 - 12 - 28		2016 - 06 - 01
54	GB/T 32314—2015	商业银行客户服务中心服务外包管理规范	2015 - 12 - 28		2016 - 06 - 01
55	GB/T 32315—2015	银行业客户服务中心基本要求	2015 - 12 - 28		2016 - 06 - 01

续 表

序号	标准编号	标准名称	首次发布日期	修订发布日期	实施日期
56	GB/T 32316—2015	金融租赁服务流程规范	2015-12-28		2016-06-01
57	GB/T 32317—2015	商业银行个人理财客户风险承受能力测评规范	2015-12-28		2016-06-01
58	GB/T 32318—2015	银行营业网点服务评价准则	2015-12-28		2016-06-01
59	GB/T 32319—2015	银行业产品说明书描述规范	2015-12-28		2016-06-01
60	GB/T 32320—2015	银行营业网点服务基本要求	2015-12-28		2016-06-01
61	GB/T 19583—2016	涉外收支交易分类与代码	2004-09-13	2016-08-29	2017-03-01
62	GB/T 21076—2017	证券及相关金融工具国际证券识别编码体系	2007-09-05	2017-12-19	2007-12-01 2018-07-01
63	GB/T 23696—2017	证券及相关金融工具交易所和市场识别码	2009-05-06	2017-12-29	2009-10-01 2018-07-01